ÓSCAR FÁBREGA

Eso no estaba en mi libro de historia de los cátaros

ALMUZARA

Primera edición en Almuzara: junio de 2022

Editorial Almuzara • Colección Historia

Director editorial: Antonio E. Cuesta López
Editora: Ángeles López
Maquetación: Joaquín Treviño
www.editorialalmuzara.com
pedidos@almuzaralibros.com - info@almuzaralibros.com

Imprime: Black Print

ISBN: 978-84-11310-57-4
Depósito Legal: CO-577-2022
Hecho e impreso en España - *Made and printed in Spain*

A Raquel, como siempre, por las horas robadas y por leer con atención mis cosicas, pese a lo cansinísimo que puedo llegar a ser.

A mis lectoras beta, Alma Leonor López Pilar, Maite F. Muga y Mayte Medina, por darle los últimos pespuntes a esta locura.

A Xavi Bonet y Darren Lorente-Bull, por sus textos.

A Carlos Pascual, Angie Torres Valenti y José Maria de la Portilla, por sus fotos.

A mis amigos y lectores tridimensionales y digitales; va por ustedes.

A Roberto y a Kido; nos veremos en el infierno.

A los cátaros, porque sí.

Me hice cátaro, confundí literatura con oración,
hice un sacrificio humano.

JEAN-PAUL SARTRE, *Les mots*

Los lobos de Francia y los perros de Roma aúllan en los valles del sur. Buscan devorar las ovejas moribundas de Toulouse. Mira estos buitres de pico retorcido, cabezas calvas, vientre blanco y alas negras, rostros bajos y feroces: describen siniestros círculos sobre Montsegur; huelen cadáveres, buscan sepulcros; estas son las aves de los dominicos.

NAPOLEÓN PEYRAT

Solo eres un alma que lleva un cadáver a cuestas.

MARCO AURELIO

Índice

Prólogo

Pero, después de seiscientos años, reverdece el olivo
sobre las cenizas de los Mártires y el oscuro olvido.

Augusto Teulié, *Montsegur, Roche tragique* (1905)

Siempre he pensado que escribir un libro es hacer un poco de historia, pero, si además se trata de un libro histórico, hay que tener cierta precaución en lo que se relata. Decían los antiguos egipcios que «la palabra tiene un valor supremo en la creación de la realidad. Todo lo que se nombra existe, y lo que se escribe existe para siempre». Y si se hace sobre un soporte pétreo en las paredes exteriores de los templos, donde se narran las historias de sus faraones como hacían ellos, aún más, pero creo que no andaban nada equivocados. La exposición de unos hechos históricos conforma una «realidad social y cultural» que es vivida plenamente por aquellos que, sin cuestionarla, la aceptan como cierta. Esto pasaba antes, y sigue pasando actualmente.

Sabemos que, durante siglos, la Iglesia se encargó de dar su versión sobre el catarismo. Ahora bien, esto hay que separarlo de una corriente occitana de historiadores, poetas y escritores (Félibrige), con cierta relevancia en la sociedad occitana a finales del siglo xix y hasta mediados del xx, que trataron de revertir esa versión negativa sobre qué fue la herejía cátara y cómo afloró creando un corpus literario que, aunque bien documentado, trataba con un excesivo politiqueo y romanticismo una epopeya occitana que nos presentaron repleta de gazapos para el profano en la materia; una extensa bibliografía que intentaron legitimar con aquella errónea y repetidísima profecía de Guilhem de Bélibaste (o Balibasta), conocido como el último cátaro, según la cual «a los 700 años reverdecerá el laurel». Sí, he dicho errónea, ya que ni siquiera la frase original es exactamente esa. La versión más antigua de esta frase pertenece a un libro *felibrés* titulado *Montségur, roche tragique*, en el que encontramos un prefacio escrito en forma de soneto por Augusto Teulié (en 1905) dedicado a Napoleon Peyrat —ya les hablará Óscar de este personaje—. Exactamente, dice: «Mais, aprets sies cents ans, verdejo l'oulivie» («Pero, después de seiscientos años, reverdece el olivo»). Además de que no dice setecientos, sino seiscientos, ni siquiera es un laurel... Pero, entonces, ¿esta frase la dijo Bélibaste o no? Pues tampoco. Más adelante, en el mismo libro, se encuentra un poema dedicado a Arthur Cassou escrito por Prosper Estieu, del que también hablará Óscar cuando nos lleve hasta Rennes-le-Château, en el que habla de Bélibaste y de un retorno del catarismo que se produciría seiscientos años después... Si tenemos en cuenta que Bélibaste fue pasto de las llamas en 1321 y que este soneto fue escrito en 1905, son más o menos los seiscientos años que menciona el poema.

Existe algún que otro ejemplo más que me gustaría contarles para darle más sentido a la frase del pensamiento egipcio que les comenté anteriormente. Me refiero a Fernand Niel, un ingeniero y escritor que escribió diversos libros sobre cátaros y que manejaba buena documentación, pero que divulgó en 1949 la idea de que el castillo situado en lo alto del *pog* de Montsegur correspondería a ciertas alineaciones astrológicas orquestadas por los cátaros cuando construyeron la fortaleza que vemos actualmente. Nada más lejos de la realidad: tanto la documentación como las excavaciones arqueológicas han demostrado que el castillo actual no tiene nada que ver con el antiguo *castrum* de Montsegur sitiado entre 1243 y 1244 por los cruzados, excepto por su enclave. Lo mismo sucede con el resto de los castillos de la conocida ruta cátara, aunque se puedan conservar en algunos de ellos unos pocos vestigios de la época. En realidad, son enclaves fortificados y castillos de nobles occitanos que fueron destruidos y reconstruidos varias veces a lo largo de los siglos. Es decir, la hipótesis de este señor, por muy sugerente y atractiva que pueda parecernos, es falsa. Aun así, ha llevado a miles de personas a creer erróneamente en las supuestas alineaciones cátaro-solares. Qué cosas...

Y esto hace —o debería hacer— que cualquiera que pretenda escribir con rigor sobre un hecho histórico sienta una gran responsabilidad y un pesar sobre los hombros, ya que de sus investigaciones y planteamientos se dilucidarán unos hechos que serán aceptados por los profanos en la materia que confíen plenamente en la honestidad de quien se lo cuente. O como ya dije, así debería ser, porque todos conocemos nombres de divulgadores famosísimos que no tienen ningún problema en difundir su nombre junto a cualquier patraña pseudohistórica, por muy desmentida que esté por historiadores, arqueólogos, investigadores y documentalistas que hayan aportado todo tipo de evidencias frente a la desfachatez consciente de la ignorancia supina. Como reza el dicho egipcio, «lo que se escribe existe para siempre», y como el tiempo es implacable, terminará por poner en su lugar a todos, de la misma forma que ahora, siglos o décadas después de legar sus escritos a la posteridad, podemos situar a los inquisidores en su justo contexto, o a Peyrat y Niel como investigadores interesantes pero errados en sus propuestas.

Así, comprender y explicar con rigor un hecho histórico no es una tarea fácil, se requiere del conocimiento y la unión epistemológica de un metódico conjunto de ciencias —son decenas—, y todo ello para extraer una idea que facilite una visión lo más completa e imparcial posible que nos permita comprender nuestro pasado. En esto reside la dificultad de escribir un libro sobre cátaros. Rectifico: la dificultad de escribir *un buen libro* sobre cátaros, que es lo que ustedes tienen entre sus manos. Esto implica un conocimiento extraordinario sobre muchísimas de esas disciplinas y, aunque se ha escrito mucho sobre cátaros, y son muchos los autores que han hablado sobre ellos —algunos de forma excelente—, no todos pueden, han sido capaces o han querido plasmarlo en una correcta contextualización.

Sobre cátaros y catarismo se podría escribir una enciclopedia de más de 40 tomos, y muy posiblemente no terminaríamos de comprender qué fue aquel fenómeno religioso disidente del cristianismo que se extendió por la Europa del medievo.

Es cierto que disponemos de una excelente fuente documental de la cual podemos extraer parte de lo que fue aquella sociedad cátaro-occitana exterminada a sangre y fuego hace siete siglos. Las crónicas de la Cruzada y la Inquisición son las fuentes más extensas; los inquisidores, en especial, nos dejaron valiosísimos testimonios al registrar miles de interrogatorios y cientos de sentencias desde 1232. Además, nos han llegado algunos documentos cátaros auténticos, en concreto tres rituales y dos tratados teológicos —que muy probablemente están separados entre ellos por tres o cuatro décadas— y las actas de un concilio cátaro que se celebró en 1167 en Saint-Félix-Lauragais, cerca de Toulouse, aunque hay quien pone en duda la autenticidad de este último. Si bien estos pocos documentos cátaros son un verdadero tesoro, presentan un agudo problema, y es que, aunque el mero hecho de su existencia ya nos delata algún tipo de estructura religiosa, no nos dicen mucho de su historia ni de su jerarquía.

Mediante un estudio amplio de esta documentación y un verdadero conocimiento sobre religiones, los historiadores han llegado, con bastante acierto, a reconstruir las conexiones con otras «herejías» y los movimientos de esos otros cristianos que conceptualizamos bajo el nombre de «cátaros» durante unos 3 o 4 siglos.

¿Qué implica todo esto que acabo de contarles? Pues una enorme dificultad que se encuentran los historiadores a la hora de establecer en qué creían exactamente aquellas gentes. Esto es así en tal grado que tanto el significado espiritual como el valor intrínseco que puedan ver algunas personas en esas enseñanzas cátaras —y que se le pueden atribuir algunas corrientes neocátaras en la actualidad— no provienen más que, a falta de documentación, de la pura subjetividad. Los cátaros ya no existen.

Pero todo esto es despejado por Óscar con una claridad apabullante. No se limita a ilustrarnos con la contextualización de unos hechos históricos, sino que se adentra en parte del pensamiento religioso de aquellos *bons homes* y *bones dones* en su contexto local, social y cultural, y, además, con una certera interpretación. En pocas palabras, el conocimiento aplicado de la historia, de las religiones —sobre todo del cristianismo y sus derivaciones, y de su figura central— que se muestra en este libro está a la altura de los más grandes estudiosos de las religiones a nivel mundial. Como les decía antes, tiempo al tiempo, verdaderamente están ante una obra escrita por alguien que sabe de qué habla.

Y es que escribir un libro como el que están empezando a leer es hacer historia. Óscar lo ha vuelto hacer de la forma en la que solo él sabe hacerlo, y con un tema que merecía ser tratado con mirada crítica, imparcial y utilizando el método histórico para elucidar con mucha claridad los puntos más controvertidos.

Los lectores que no tengan conocimiento sobre los cátaros podrán hacerse una adecuada idea de su historia gracias a una de las más certeras obras que existen en nuestra lengua sobre ellos; y si ya tienen conocimiento previo sobre el catarismo, podrán comprobar lo que les digo. Y les puedo asegurar —y Óscar sabe que soy inclemente con estos temas— que no es peloteo al autor, que inmerecidamente me ha brindado la oportunidad de hacer un poquito de historia junto a él, aunque siempre pueden arrancar las hojas de este prólogo, olvidarse de mí y centrarse en lo verdaderamente interesante, que es lo que viene a continuación. Simplemente, acomódense, lean, generen en su mente imágenes medievales y déjense llevar por la maravilla del riguroso espectáculo histórico que se nos abre en estas páginas, y ya me dirán si esto que les digo sobre el contenido de este libro y sobre su autor es cierto o no.

Xavi Bonet
Sant Vicenç de Montalt
22-02-2022

A modo de introducción

Desocupados lectores: no recuerdo bien el día exacto, pero fue un domingo de finales de 2021. Andaba dándole los últimos retoques a este libro que tienen entre sus manos, centrado en la parte más tediosa, las dichosas revisiones, las malditas revisiones finales. Agobiado como estaba, y siempre preocupado por mantener este cuerpo serrano que la evolución me ha dado, me lancé aquella mañana junto a mi querida Raquel a dar nuestro rutinario paseo de varios kilómetros por la orilla de este *Mare Nostrum* que me vio nacer. Íbamos a lo nuestro, criticando a alguna cuñada o intentando solucionar el mundo, cuando pasó algo fascinante, algo que, sin la más mínima duda, podría ser considerado como una extraordinaria casualidad. Una serendipia de esas.

El caso es que lo vi venir. Íbamos a lo nuestro, como decía, cuando percibí que un grupo de tres mujeres, enmascarilladas, pero con unas miradas que me llamaron mucho la atención, se dirigían directas hacia mí. Cuando llegaron a nuestra vera, una de ellas se acercó y me preguntó si podría dirigirme unas palabras. «Faltaría más, joven», contesté con mi habitual elegancia. Rauda, sacó de su bolso un cartelico, a la vez que me empezaba a hablar de la reunión que se anunciaba en el susodicho cartel. Les calé de tirón. Eran miembros de un extravagante movimiento espiritual, una pretendida iglesia cátara creada por un señor que asumió el modesto nombre de Juan del Grial y que, por diferentes motivos que habría que estudiar con denuedo, cuenta con numerosos miembros en España.

Ya es casualidad que entre todos los deambulantes, entre todos los chiquillos, entre todos los *runners* vestidos de fluorescente, aquellas señoras se acercasen a mí. Claro, imagino que, en su afán proselitista, se acercarían amablemente a otros tantos para intentar captarlos y que se uniesen a su *meeting*. Pero eso no evita la casualidad.

Repito, yo andaba dándole las últimas pinceladas a este libro, un libro sobre el catarismo en el que, por supuesto, ¡hablaba de ellos! Una explicación racional podría ser que se quedaron con uno de los tatuajes que llevo en mi brazo izquierdo, una cruz occitana; pero yo prefiero decantarme por una hipótesis a lo Coelho: el universo había conspirado para que se produjese aquella extraña conjunción entre un historiador descreído y estudioso de los cátaros y aquellas buenas damas. Llámenme loco.

Sea como fuere, no dudé en comentarles a las señoras la curiosa circunstancia que nos unía. Ellas, por supuesto, estuvieron de acuerdo con mi propuesta *coelhiana*, aunque pensaron que el artífice era el propio Juan del Grial, que desde no sé dónde estaba moviendo los hilos.

Estuvimos hablando un ratillo, tampoco mucho, y tampoco les presté demasiada atención. Conozco perfectamente las narrativas de estos vendedores ambulantes de espiritualidad. Pero hay algo que me llamó mucho lo atención, como ya anuncié párrafos atrás: sus miradas. Transmitían jovialidad, felicidad, dicha, incluso amor, si me apuran. Pero yo, malpensado y poco inclinado a quedarme con las primeras lecturas, interpreté aquello de otro modo. Les cuento: ¿conocen a Marshall Applewhite? ¿No? Se trata de uno de los fundadores de Heaven's gate («Puerta del cielo»), una secta ovni que nació en 1974 y que se hizo mundialmente conocida —ya lo era en Estados Unidos— cuando entre el 22 y el 25 de marzo de 1997 protagonizaron un suicidio masivo: 39 miembros se quitaron la vida con barbitúricos y alcohol. Applewhite estaba entre ellos. Pues bien, las miradas de aquellas señoras cátaras me recordaron a las que tenían los miembros de este culto en los vídeos de despedida que grabaron antes del trágico desenlace. Lo entenderán mejor si se animan a ver una soberbia serie documental de HBO titulada *Heaven's Gate: The Cult of Cults*, que para más inri, había visto unos días antes. Tenían las mismas miradas. Y aquello, como comprenderán, estimados lectores, me pareció muy significativo, aunque no quiero expresar con esto que crea que el destino de aquellas señoras cándidas vaya a ser similar al de los miembros de *Heaven's Gate*. No hay nada, por ahora, que permita pensarlo.

Tampoco me quiero enrollar mucho con esta anécdota, tengo mucho que contar y las páginas son limitadas. Pero me resultó bonito comenzar este libro así. Por supuesto, no fui a la reunión, más por pereza que por falta de ganas.

En cualquier caso, esto me sirve para lanzar al aire un interrogante esencial sobre el tema que nos ocupa, los cátaros: ¿por qué estamos hablando de estos herejes siete siglos después de su exterminio, a comienzos de este confuso y extraño siglo XXI? Intentaré solucionar el enigma. De hecho, gran parte de lo que aquí leerá serán respuestas a esta pregunta. Y lo haré siguiendo la senda marcada por esta brillante colección. Porque, si bien existen muchos libros de historia sobre los cátaros, muchos de ellos bastante malos, en este libro, además de historia pura y dura, encontrarán un sinfín de curiosidades y anécdotas que no suelen leerse en estas obras.

Otro de mis objetivos será acabar con algunas ideas preconcebidas y equívocas que muchas personas tienen en torno a estos nobles herejes de la Edad Media, que, en parte, se deben al mal hacer de determinados investigadores y divulgadores —también hay algún historiador— que durante décadas, especialmente a partir del *boom* cátaro de los años setenta, crearon una serie de mitos modernos en torno a ellos. Ni eran unos jipis pacifistas del siglo XII ni eran anarquistas, ni reivindicaban la independencia de Occitania, ni eran unos rebeldes que estaban en contra de todo dogma religioso, ni tuvieron nada que ver con el Santo Grial ni con María Magdalena. Eran, simple y llanamente, creyentes y practicantes de una forma muy particular y radical de cristianismo, con su propia jerarquía, sus ritos, su moral, y con una interesante interpretación de las Escrituras y una cosmogonía bastante alejada de la católica —y de su prima hermana ortodoxa—. Este aspecto me interesa especialmente, como comprenderán los que hayan leído algún proyecto mío anterior y sepan de mi interés por los movimientos religiosos de ayer y de hoy. La apuesta de los cátaros resulta sumamente sorprendente desde nuestra perspectiva actual, pero, si la situamos en su contexto, podemos vislumbrar cómo es posible que algo tan herético, respecto a la omnipresente ortodoxia de la Iglesia católica, pudiese llegar a triunfar de forma masiva, durante cerca de cuatro siglos y por media Europa Occidental.

Esta última frase encierra otros dos aspectos importantísimos. Por un lado, cuatro siglos es mucho tiempo. Echen cuentas y vean todo lo que ha cambiado el mundo en los últimos 400 años. Es cierto que la mitad de ese periodo vivieron en la clandestinidad y en una constante persecución, pero ahí estuvieron. Por otro lado, como decía, anduvieron por media Europa. Aunque se tiende a considerar que solo hubo cátaros en el sur de Francia, hay que tener en cuenta que estos ni fueron los primeros ni fueron los únicos. Hubo por todos lados, desde los Balcanes hasta los Pirineos, desde el Mediterráneo hasta el mar del Norte, desde los Alpes hasta la Selva Negra alemana. Hasta en León hubo. Y en algunos sitios, como en Occitania o Italia, llegaron a ser algo masivo y peligroso para la Iglesia de Roma. Por supuesto, les hablaré de ellos, pero este libro se centrará en los cátaros de Occitania, los que más trascendencia tuvieron, los que fueron perseguidos por la cristiandad católica, los que llegaron a crear una iglesia alternativa y populosa... ¿Por qué? Además de porque fueron perseguidos durante más de cien años y exterminados a sangre y fuego, porque allí, en la Tierra de Oc, una enorme región situada en el centro de Europa occidental, llegaron a constituir una seria amenaza para la Iglesia y para los franceses del norte, con su rey al mando, que vieron en la cruzada contra los cátaros una oportunidad de oro para hacerse de una vez por todas con unos cuantos condados conflictivos e independientes —con matices, como veremos—. Y también porque solo a ellos, a los buenos hombres y las buenas damas languedocienses, se les ha relacionado con algunos temas chulísimos que merece la pena conocer.

Esta será la trinidad que formará la estructura de este libro: quiénes fueron, por qué les persiguieron y exterminaron y cómo se manipuló su historia para llegar a convertirse en lo que muchos creen fueron.

El autor en las cercanías de Montsegur.

Un último apunte que creo importante remarcar y señalar: los hechos históricos se deben aprehender siempre desde dos perspectivas: *emic/etic*. La perspectiva *emic* los recrea desde el punto de vista de sus protagonistas; la perspectiva *etic* los describe desde el punto de vista del observador (etnólogo, historiador, periodista, juez, etc.). La unión de ambas es lo correcto, ya que quedarse con una de ellas solo hace que las conclusiones estén sesgadas. Y no, interpretar los hechos del pasado no siempre es presentismo, ya que no se trata de juzgarlos, sino de recrearlos y explicarlos desde la distancia que dan el tiempo y el saber acumulado. Esa es mi intención, en pocas palabras…

PD. Esto de «desocupados lectores» con lo que inicié esta quizás demasiado larga introducción es mi particular homenaje al Quijote. Y es que, esta maravillosísima obra no comienza, como muchos creen, con eso de «en un lugar de la Mancha de cuyo nombre no quiero acordarme». No. Antes hay un prólogo de Cervantes que comienza así, aunque en singular. No me negarán la grandeza de este detalle del maestro.

Una necesaria contextualización

Aquello era un caos. El occidente europeo era un caos. Y eso es necesario entenderlo bien para que podamos aprehender con todos los matices la historia de los cátaros.

Tras la disolución del Imperio romano en una miríada de pequeños reinos y territorios gestionados por aristócratas, llegó el Imperio carolingio, que terminó desintegrándose precisamente por la acción de los condes, propietarios de extensos dominios, que, en la práctica, se hicieron con el poder político que los reyes les habían otorgado para gestionar sus tierras. Se convirtieron en señores banales y su poder fue creciendo durante la etapa carolingia (siglos VIII-X). De este modo, a comienzos del siglo X el poder había pasado de ser supuestamente público —esto daría para una larga conversación— a ser privado. Por si fuera poco, los condes, para garantizarse alianzas, repitieron la jugada, concediendo poderío a familias nobles más pequeñas (vizcondes, castellanos, caballeros) sobre áreas cada vez más pequeñas. Y estos, a su vez, hicieron lo mismo con los campesinos que vivían en sus tierras.

En resumidas cuentas, se formó una curiosa estructura de varias capas en las que todos, excepto los de más abajo, los de siempre —los «nadie», que diría Galeano—, tenían sus tierras, sus poderes —todos—, sus castillos y sus propios guerreros. Y los pobres reyes pasaron a ser considerados como *primus inter pares*, los primeros entre los iguales. Los iguales eran, en este orden: el rey y su familia, la alta nobleza, los condes y duques, y los caballeros y castellanos —la baja nobleza—. Y esto sin tener en cuenta la Iglesia, que también tenía sus poderes, sus tierras y sus propias jerarquías, además de gozar, como casi siempre, de un estatus jurídico y económico especial.

El catarismo eclosionó en el preciso momento en el que se produjo lo que se conoce en el argot de los historiadores como la transformación feudal, aproximadamente entre los años 950 y el 1050. Por un montón de motivos que tampoco pretendo detallar, se dieron una serie de cambios que enfrentaron a todos con todos: reyes y nobles, nobles entre ellos, nobles y campesinos, reyes y curas, curas y todos… El principal fue la aparición del binomio señor-vasallo, un pacto bilateral de dos integrantes de escalones distintos mediante el que establecían derechos y obligaciones mutuas. Los vasallos prometían *concilium et auxilium*, corte y auxilio, sobre todo militar, pero también administrativo y judicial. El señor, a cambio, les otorgaba un feudo, unas tierras, tierras en las que vivían personas, que también eran entregadas, y la gestión de las rentas que estas producían, de las que un pequeño porcentaje subía hacia el señor. Como es lógico, en este pacto entre caballeros —las mujeres, como ha venido siendo norma, poco pintaban en esto— se producía una delegación del poder político, lo que implicaba que el vasallo era prácticamente independiente de hacer y deshacer, siempre y cuando cumpliese con su señor… Pero, con el paso del tiempo, se acabaron formando enormes feudos hereditarios que se pasaban de generación en generación, lo que en más de una ocasión llevó a guerras entre señores y vasallos, y entre los propios vasallos.

Claro, el vasallo, a su vez, también era señor, ya que vivía del trabajo casi esclavo de los campesinos que germinaban y malvivían, atados a la tierra y sin libertades reales, aunque esto era bastante diferente según la zona y fue cambiando con el tiempo, cuando los que vivían en el señorío dejaron de ser una propiedad más del señor y recobraron cierta libertad que, por supuesto, no salía gratis. Tenían que pagar por todo: por usar la tierra, por los molinos, por los hornos, hasta por los bosques y los ríos… Además, tenían que pelear en las guerras de sus señores cuando la cosa se ponía fea y alojar a las tropas, y alimentarlas. Hasta por casarse o por traspasar sus míseras propiedades tenían que pagar, casi como ahora nosotros. Por si fuera poco, también tenían que entregar el diezmo a la Iglesia. Pero al menos ya no eran esclavos.

Por otro lado, surgieron unos nuevos invitados, los caballeros, que pasaron de depender del señor a independizarse, con su correspondiente cachito de tierra, y a autogobernarse.

Nacía así el feudalismo, una curiosa organización socioeconómica que triunfó en Europa durante unos cuantos siglos, una complicada red de jerarquías, alianzas y linajes en continua competencia y lucha. En realidad, lo que había pasado es que el modelo carolingio del que antes les hablaba —que giraba en torno a la relación reyes-condes— se había extendido a todos los territorios y escalas sociales. Tan sencillo como eso.

Por otro lado, a la vez que se dio un gran crecimiento en la producción agrícola, ayudado en parte por la difusión de nuevas técnicas y por la extensión de los terrenos, ganados al bosque, las famosas roturaciones, se produjo un enorme desarrollo de lo que Marx llamó «el mundo urbano». Surgieron nuevas ciudades, crecieron las existentes, se expandió exponencialmente el comercio, florecieron los gremios artesanales urbanos, se desarrollaron el cambio de moneda y el crédito, y nacieron nuevas clases sociales: la alta burguesía, compuesta por banqueros (muchos de ellos templarios) y grandes comerciantes, socios de los nobles; la baja burguesía, pequeños comerciantes y artesanos, y, como siempre, los currantes y todo un maremágnum de marginados que pululaban por los arrabales.

Lo importante para el tema que nos ocupa, como verán, es que las ciudades gozaban de cierta independencia política y económica, siempre con el consentimiento de los nobles de turno.

CON LA IGLESIA HEMOS TOPADO

La Iglesia, como ya adelanté, tenía un buen número de tierras, también con sus campesinos dependientes; y además, recibían donaciones —obligatorias— de todos los estratos sociales.

Pero claro, llegó a acumular tal poder y tanta riqueza que surgieron los inevitables enfrentamientos con los señores laicos, que hasta llegaron a nombrar sacerdotes. Rápidamente encontraron una solución: la «paz de Dios». Sus siempre dispuestos representantes terrenales asumieron la obligación de garantizar la paz, ya que los reyes, a los que anteriormente Dios les había concedido este privilegio, no lo hacían. En la práctica, la Iglesia no lo consiguió, más que nada porque los señores laicos eran familiares y colegas de los señores feudales, y de la misma clase social.

Esto de la paz de Dios se garantizaba mediante algo que establecieron entre el 1024 y el 1030 dos obispos franceses, Adalberón de Laón y Gerardo de Cambray, que decidieron y sentenciaron cómo debía ser la sociedad cristiana perfecta: oradores, los primeros, los eclesiásticos, encargados de garantizarnos la salvación; guerreros (nobles incluidos), que ya saben lo que hacen, y labradores, que curraban para todos. Dios había creado este orden, así que solo quedaba acatarlo.

Claro, había que diferenciar entre la Iglesia secular y los grupos monacales, entregados al *ora et labora*, entre los que destacan con diferencia los benedictinos de la orden reformada de Cluny.

Por otro lado, el desarrollo del feudalismo, siempre ávido de tierras y de honores para los nobles, llevó a varios movimientos militares curiosos que se hicieron en nombre de Dios. Aunque ya antes habían comenzado las conquistas de los reinos cristianos de los dominios musulmanes en la península ibérica, por esta misma época, en el siglo XI, la cristiandad puso su vista en el Cercano Oriente, en Tierra Santa. Así, en el año 1095, el papa Urbano II (1042-1099) convocó la primera cruzada, con el objetivo claro y contundente de acabar con los infieles que ocupaban ilegalmente Jerusalén. Fue la primera, pero hubo seis o siete más —según se mire—, entre 1095 y 1270, algunas apuntaron hacia otros objetivos como Egipto, Túnez o Siria.

Aunque el motivo era religioso, las riquezas de los territorios controlados por los mahometanos atrajeron a un sinfín de caballeros de media Europa, que, de camino, se ganaban la siempre ansiada salvación eterna. Y aunque el motivo era religioso —repito—, también

Representación del asedio de Jerusalén de 1099 en un manuscrito medieval.

la jerarquía de la Iglesia tenía mucho que ganar con todo esto: además de algún botín que otro, que también, prestigio y poder frente a sus mayores enemigos durante muchas décadas, los emperadores alemanes. Para ello, no dudaron en formar un propio ejército, los *milites christi*, compuesto por varias órdenes que seguro que ustedes conocen.

Pero no salieron del todo bien los planes de la Iglesia, al menos no por entonces. Las cruzadas fueron un fracaso —siempre con los necesarios matices— y una carnicería. Dos siglos después, la cristiandad había perdido toda Tierra Santa de nuevo. La paz de Dios, tampoco. Europa continuó dividida, peleada y fragmentada.

Además, le salieron unos incómodos herejes que...

Esta unión entre el poder civil y económico y el poder religioso hizo que la Iglesia de aquellos tiempos se viese implicada en actividades bastante turbias, como el nicolaísmo, el matrimonio o el amancebamiento de los curas y clérigos, e incluso obispos, que hasta tenían hijos que en ocasiones heredaban el cargo, práctica muy extendida hasta que en el año 1059 el papa Nicolás II (c. 995-1061) la prohibiese; o la simonía, la venta de bienes religiosos, ya sean cargos, sacramentos, indulgencias, reliquias o, incluso, la absolución ante un proceso judicial eclesiástico; de nuevo, Nicolás II legisló contra esto, aunque el principal perseguidor fue el gran reformista Gregorio VII (c. 1020-1085). De poco sirvió en realidad. Aunque es cierto que los curas dejaron de casarse y de vivir con sus concubinas, la simonía, ahora institucionalizada y reglada por la propia Iglesia, continuó existiendo, provocando, unos siglos después, la explosión que supuso la propuesta reformista de Lutero.

Y un último pero importante detalle: hasta esta época, el fervor popular les había dado mucha importancia a los distintos santos, a los que consideraban excelentes intermediarios con la divinidad ante cualquier tipo de necesidad que surgiese. Pero a partir del siglo x, en parte gracias al ímpetu de los benedictinos, creció exponencialmente el culto a la Virgen María, que se desarrolló con especial ahínco en Francia, como demuestra la enorme profusión de catedrales góticas que se construyeron en honor a la Notre-Dame.

Ahora bien, para entender cómo brotó la herejía hay que entender en qué creían aquellas gentes, o en qué necesitaban creer.

Aunque todos la esperaban con ansia, la segunda venida de Jesús aún no se había producido. Sus motivos tendría. Pero, llegar, llegaría. O al menos eso pensaban muchos en aquella complicada época, por lo que tocaba esperar y, especialmente, asegurarse de estar libre de pecado para garantizarse la salvación. Aquellas buenas gentes, cuando tomaban conciencia de que se acercaba al momento inexorable de la muerte, se veían en la necesidad extrema de intentar salvar su alma, y para ello, como veremos, se agarraban a cualquier clavo.

La Iglesia no pudo responder con tino al afán popular, en parte porque todos apreciaban las profundas contradicciones entre las riquezas que poseían y disfrutaban y la humildad que mostraban Jesús y sus apóstoles; pero también por su clara asociación con el poder civil y por la corrupción moral sistematizada. Todo esto se hablaba en la calle, pero también en el seno de la propia Iglesia, donde se discutían asuntos tan delicados como el culto a los santos, la eucaristía, la importancia de lo material, a veces por encima de lo espiritual, o la veracidad de la salvación según Roma.

TODO TIENE UN FINAL

El final del catarismo coincidió con un momento sociocultural complicadísimo, que también tiene un nombre: la crisis feudal. Así, a comienzos del siglo XIV, por un buen número de factores que no vienen al caso, se produjeron varias crisis simultáneas que cambiaron por completo el mundo europeo y que abrieron las puertas al Renacimiento.

Como consecuencia de un cambio climático brutal —con inviernos extremos, especialmente fríos y húmedos, tanto que hasta el Támesis y el Ródano se congelaron—, la deforestación y la mayor demanda de alimentos, como consecuencia del aumento de población de los siglos anteriores, se produjo una crisis demográfica excepcional. Aunque es muy difícil dar cifras precisas, se cree que durante la Gran Hambruna de 1315-1322 entre un 10 y un 25 % de la población de ciudades y pueblos falleció. Además, esto llevó a numerosos conflictos sociales y a que en muchos casos se practicase el canibalismo y el infanticidio.

Para más inri, tan solo veinticinco años después llegó la pandemia más devastadora y terrible de la historia de la humanidad: la peste negra, que entre 1347 y 1353 acabó con decenas de millones de personas —de nuevo, las cifras son complicadas, aunque se maneja un intervalo de 80-200 millones, solo en Eurasia, lo que supondría entre el 30 % y el 60 % de la población del supercontinente.

Esto coincidió con el desarrollo definitivo de las ciudades, con lo que ello conlleva (crecimiento de la burguesía, infraestructuras, hacinamiento de las clases menos favorecidas, etc.), a la vez que el mundo rural sufría profundos cambios al decaer las estructuras feudales, pero también por el éxodo hacia las ciudades y el cambio hacia una agricultura comercializada, lo que implicaría el auge de distintos tipos jerarquizados de agricultores y ganaderos. Además, este proceso fue parejo a la larga transición que condujo a Europa desde el caduco y decadente feudalismo al incipiente capitalismo y la economía de mercado. Pero esa ya es otra historia...

Con esto creo que pueden ustedes formarse una idea, general pero acertada, de cómo estaba ordenado —si quiere verse así— el occidente europeo en la época que nos ocupa, los siglos XI, XII, XIII y un poquito del XIV. Pero, como veremos posteriormente, el éxito de los cátaros tuvo mucho que ver con las particularidades, algunas realmente extravagantes, de los lugares concretos en los que con más virulencia se fue extendiendo la herejía, Occitania, especialmente, y el norte de Italia. Allí todo era distinto, pero igual...

LANGUEDOC

La historia en Occitania era bastante diferente a la de la Francia feudal del norte. Es importante entender que aquello no era Francia. Por este motivo, cuando nos centremos en la persecución sistemática que sufrieron los cátaros desde principios del siglo XIII, hablaré también de «invasión francesa» o de «invasores franceses».

Occitania no era una región política, sino, más bien, una región lingüística, en la que se hablaba la lengua *d'òc*, con unos límites más o menos definidos, pero no exactos. Las fronteras, *grosso modo*, las marcaban el golfo de Vizcaya, al oeste; los Alpes occidentales, al este; el Macizo central y el río Loira, al norte —donde, según los occitanos, comenzaba Francia—; y el Mediterráneo y los Pirineos al sur. A su vez, Occitania estaba dividida en siete regiones históricas (que en parte coinciden con la administración política actual): al sur, el Languedoc, la región en la que se centrará nuestra trama; en la zona oriental, el Delfinado y la Provenza; Lemosín y la Auvernia al norte, y Gascoña y Cuyena al oeste. El Valle de Arán, que en la actualidad pertenece a Cataluña, era parte del Languedoc, mientras que el actual departamento francés de los Pirineos Orientales era y es de lengua y cultura catalana.

En la práctica, aunque con estos matices que comentaba, cuando se habla de Mediodía francés (el *Midi*, o *Mièjorn* en occitano) se habla de la Occitania.

Es importante entender que para aquellas gentes, que no se consideraban franceses, el idioma, la lengua *d'òc*, era un claro signo identitario. Se trata de una lengua romance, nacida tras la desmembración del Imperio romano, especialmente a partir del siglo VIII, que resultó propiciada por las características geológicas de la región, poco dada a padecer de invasiones importantes (ni los celtas ni los germanos llegaron a influir demasiado, al contrario de lo que sucedió en el norte de Francia). Su época de esplendor coincide con la

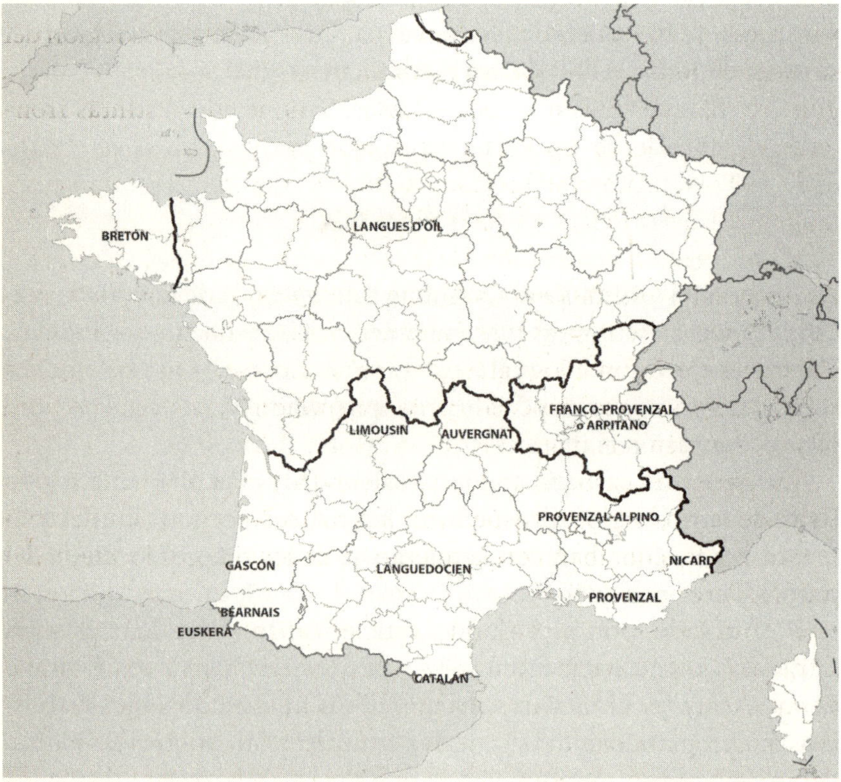

Mapa con los distintos idiomas y dialectos hablados en Francia. Elaborado por el autor.

epopeya cátara, entre el siglo XI y el siglo XIII, cuando brilló especialmente la lírica occitana y el *fin'amor*, que, como también veremos, guarda algunas curiosas relaciones con el catarismo.

Hoy en día, cerca de dos millones de personas continúan hablando usualmente este idioma en sus distintos dialectos, aunque muchos más lo entienden y lo usan de forma ocasional. En el Valle de Arán se habla, por ejemplo, una variedad: el aranés, cooficial en Cataluña.

Por si no lo sabe, *òc* significa «sí». Curiosamente, el francés antiguo es conocido también como la lengua de *oïl*, y *oïl* también significa «sí» (*oui* en francés moderno).

Como ya sabemos, Occitania y Francia, y en general toda Europa occidental, eran un hervidero de reyes, reyezuelos, condes y vizcondes, vasallos y señores, que estaban a la gresca casi siempre, cuando no se casaban entre ellos, con un desmedido afán por expandir sus dominios y sus riquezas a costa de los demás.

La división territorial del interior de Occitania fluctuó durante toda la época en la que por sus tierras anduvieron los buenos cristianos, presentes de modo especial en el Languedoc, la difusa región del sureste, al norte de los Pirineos. Pero, en general, podemos distinguir tres bloques más o menos estables, aunque con distintas fronteras: el condado de Toulouse, controlado por los Sant Géli; el condado de Foix, íntimamente relacionado con las comarcas catalanas y aragonesas del otro lado de los Pirineos; y las regiones de Carcasona, Narbona, Albi y Béziers, que estaban en manos de los Trencavel. Además, estos últimos eran vasallos de los primeros, lo que provocaba continuas tensiones y enfrentamientos. Significativamente, los Trencavel apoyaron a los cátaros —con matices—, mientras que los condes de Toulouse, especialmente Raimundo V, luchaban contra ellos —también con matices—.

En cualquier caso, en todos estos condados y vizcondados, a lo largo de varios siglos, prosperaron los cátaros porque, en mayor o menor grado, contaban con la tolerancia de los señores locales y del pueblo. Pero ¿por qué?

Por un lado, por el profundo anticlericalismo que unos y otros sentían. Los señores locales, sobre todo los de baja alcurnia, desde tiempo atrás, ya se habían enfrentado a la Iglesia confiscando diezmos y apropiándose de las tierras y riquezas de algunas abadías, del mismo modo que se resistían a que el nombramiento de obispos y curas no dependiese de ellos. Además, nunca terminaron de tomarse en serio las imposiciones sobre el matrimonio de la reforma gregoriana, ni se negaron a emplear a judíos, pese a la prohibición eclesiástica, ni persiguieron la usura. Era muy común, cuando no se quería hacer algo, exclamar: «Prefiero ser cura que hacer tal cosa». Así pues, este anticlericalismo endémico explica que incluso muchos fieles católicos se uniesen sin dudarlo al bando de los enemigos de la Iglesia cuando comenzó la persecución y la invasión francesa. Además, los cátaros apoyaron a los nobles en este enfrentamiento abierto con el papado.

Pero, sobre todo, hay que tener en cuentas las particularidades de la nobleza local, estructurada también mediante relaciones feudales, como en el norte, pero con una diferencia importante: en Occitania no existía el derecho de primogenitura, que otorgaba al primer varón nacido la herencia de cargos, tierras y fortuna. En el norte tampoco existía desde mucho tiempo atrás: los reyes merovingios y carolingios dividían su herencia entre todos sus hijos varones, algo que, como podrán imaginar, provocaba numerosos juegos de tronos y guerras entre hermanos. Fueron los reyes capetos los que a partir del año 987 instauraron la primogenitura. Y en parte es comprensible: así se evitaba la división de las tierras, el poder y, en definitiva, el linaje. Y claro, el resto de aristócratas adoptaron modelos similares... pero no en el sur. Allí imperó el Código de Teodosio, del año 395, según el cual los hijos e hijas no casados tenían iguales derechos en el reparto de los bienes paternos.

La importancia de todo esto es extraordinaria, especialmente si lo analizamos desde la perspectiva de la antropología del parentesco. Me explico: la familia en la Edad Media —y en los siglos siguientes, incluso en la actualidad, aunque en menor grado— era el núcleo de la vida social y económica. Durante la Baja Edad Media eran habituales lo que se conoce como familias extendidas, una red de parentesco que englobaba no solo al núcleo doméstico, comprendido por personas de hasta tres generaciones (padres, hijos, abuelos), sino a todos los familiares laterales de un matrimonio (tíos, primos, sobrinos). Funcionaban como pequeñas comunidades cerradas insertadas dentro de comunidades más amplias. Pero claro, en el medio rural no era raro que todos los habitantes de un pueblo fuesen familia. Y lo mismo pasaba con los nobles. Conforme se fue desarrollando el feudalismo, que fue parejo a una enorme expansión demográfica, se hizo necesario anular el riesgo de una excesiva disolución de los derechos, cargos y posesiones. Por eso se aplicó el derecho de primogenitura tanto entre los reyes, como entre los señores feudales y los agricultores terratenientes. Esto hizo que las familias extendidas, aunque siguieron funcionando de una manera simbólica, fuesen sustituidas por los linajes basados en la consanguineidad patrilineal, es decir, por la herencia transmitida por los padres a su varón primogénito. A nivel pragmático, tenía todo el sentido del mundo: no solo evitaba la dispersión del patrimonio y el poder, sino que también creaba una cohesión interna y externa. De ahí que el matrimonio, piedra angular del sistema, terminase siendo convertido en un sacramento, con ciertos matices, en el Tercer Concilio de Letrán (1179). Establecía entre Dios y un hombre y una mujer un lazo, y había que dejar claro quién ataba el lazo.

En Occitania, especialmente en el Languedoc, la primogenitura tardó en instalarse, y solo lo hizo tras la cruzada y la conquista por parte de los franceses. La aristocracia occitana estaba compuesta por unos cuantos clanes familiares, que a menudo se mezclaban entre sí. Por debajo, más miembros de estos clanes familiares, pero de menos alcurnia, señores de pequeños villorrios o aldeíllas, a veces más pobres que algunos agricultores venidos a más, todo consecuencia de la tradicional división de la herencia.

Pero no había nadie por encima de los condes y vizcondes, la cúspide del poder civil local, si bien había algunas relaciones de vasallaje con los reyes de Aragón o los condes de Barcelona, pero de carácter más bien simbólico, salvo alguna destacada excepción.

Comprender la existencia de esta miríada de clanes y clanecillos familiares mezclados entre sí es esencial para aprehender con toda su intensidad lo intrincada que llegó a estar la herejía de los buenos cristianos en la compleja telaraña social del Languedoc. Durante la segunda mitad del siglo XII y la primera década del XIII no había clan familiar que no contase entre sus miembros con algún perfecto o alguna perfecta. Y no solo eso, como veremos, muchas de las grandes damas de la aristocracia local recibieron el *consolament* y se marcharon de sus castillos a vivir en una casa cátara junto a otras iniciadas. Eran las madres, las abuelas, las hermanas, las tías, de los señores y coseñores locales. Y por supuesto, cómo no, también hubo muchos grandes señores que fueron consolados y se echaron al monte a llevar una vida pastoral e itinerante.

En resumidas cuentas, el catarismo triunfó en esta región de Occitania por su estructura social y su particular idiosincrasia, además de por el anticlericalismo endémico.

Castrum

Todo esto guarda relación con el *incastillamento*, o el *enchâtellement*, un curioso fenómeno que se dio tanto en el norte de Italia como en Occitania entre los siglos XI y XII, tras el colapso del Imperio carolingio y la multiplicación de señoríos. Consistía en la creación de nuevas villas amuralladas compuestas por casas que se construían en torno a una pequeña fortaleza, situada generalmente en la cima de una pequeña colina, en la que solían vivir los señores del *castrum*, como se conoce a este tipo de comunidades. Su función era básicamente defensiva, pero el hecho de que viviesen juntos todos los habitantes, casa con casa, desde los comerciantes y artesanos, agricultores y banqueros, hasta los curas y los señores, hizo que se creasen unos sistemas de retroalimentación que favorecían a todos.

Así, aunque en los folletos turísticos se venden determinadas rutas por lo que denominan «castillos cátaros», haciendo referencia

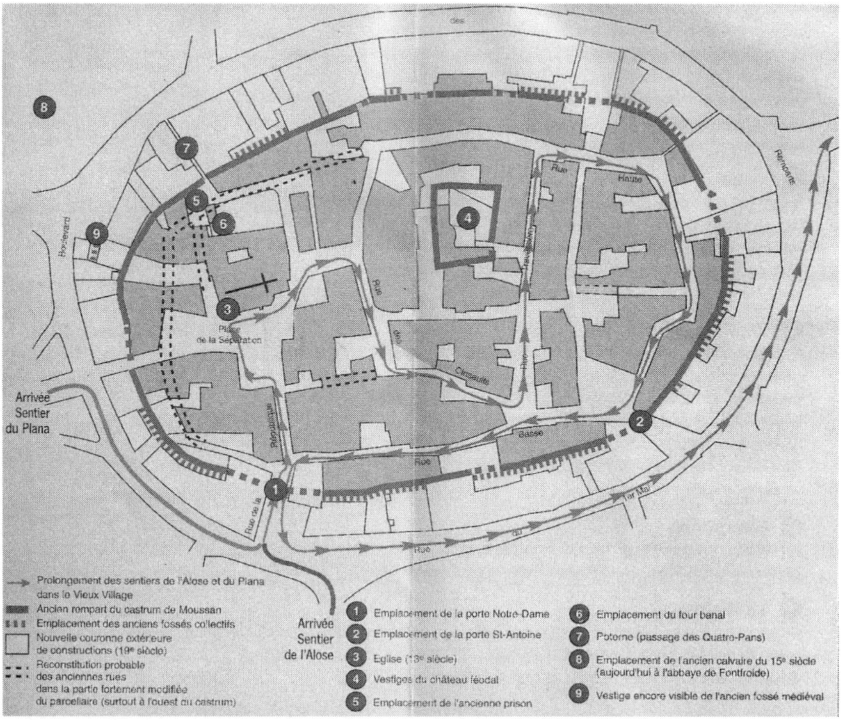

Plano del antiguo *castrum* de Moussan.

a las majestuosas fortalezas del Aude y el Ariège, como Montsegur, Quéribus, Puivert, Peyrepertuse o Puilaurens, los verdaderos castillos cátaros eran estas villas encastilladas. Allí, como en los burgos de las grandes ciudades —que también protagonizaron un desarrollo notable, sobre todo por la maña que siempre han tenido los occitanos para el comercio—, fue donde los cátaros encontraron su sitio y donde se expandió la herejía.

Por desgracia, he de decir que la mayoría de esos castillos tan bonitos y turísticos no tuvieron nada que ver con los cátaros; es más, casi todos fueron construidos por los reyes de Francia tras la cruzada para que sirviesen de frontera con el poderoso reino de Aragón, incluido el propio castillo de Montsegur, donde sí que se desarrolló una próspera comunidad cátara.

Si algún día pasan por el Languedoc y quieren ver un ejemplo perfecto de este tipo de poblaciones, no duden en visitar el centro histórico de la bellísima Moussan, en el Aude, a escasos kilómetros de Narbona. Hay alguno más, pero, lamentablemente, muchos fueron destruidos durante la cruzada, y otros por el paso del tiempo y las nuevas edificaciones.

Pero no se trató de un fenómeno puramente rural y campesino. Al contrario. En todo el sur se produjo una tendencia clara hacia el desarrollo de la vida urbana, a lo que contribuyó el crecimiento demográfico de los siglos XI y XII. En las prósperas ciudades languedocianas, en Toulouse, en Carcasona, el Albi, en Narbona, la burguesía mercantil llegó a tomar parte del poder político, a costa de los señores aristócratas, gracias al floreciente comercio —ayudado por las cruzadas de Oriente y el auge de la navegación— y a la figura de los consulados, una institución que se encargaba de disminuir las trabas, impuestos y exigencias que los señores imponían al movimiento de mercancías y productos. Esta defensa de la libertad de los burgueses, centrada en su prosperidad económica, terminaba viniéndole bien al pueblo llano. El dinero otorgaba el poder real, y los burgueses lo tenían, en muchas ocasiones más que los nobles locales. Por eso no dudarán en enfrentarse a los invasores franceses y a la Iglesia católica durante la cruzada, y aún después, ya que venían dispuestos a implantar su ya decadente sistema feudal. No es que apoyasen al catarismo, aunque muchos sí lo hacían, sino que no estaban dispuestos a perder sus privilegios adquiridos a base de esfuerzo y gracias a una nobleza bastante endeble y paupérrima.

PRIMERA PARTE
¿Quiénes fueron?

Y no sabemos ni su nombre

Porque es preciso que entre vosotros haya herejes, para que se hagan manifiestos entre vosotros los que son aprobados.

Pablo de Tarso, Corintios 11, 19

Como habrán podido comprobar, constantemente he usado el término «cátaro» para referirme a los protagonistas de este libro. Está hasta en el título. Pero no es correcto. O sí, según se mire. El problema es que esa palabra no la usaron en ningún momento aquellas gentes. Al contrario, todo parece indicar que se lo sacó de la manga, allá por 1165, un renano llamado Eckbert de Schönau (1120-1184), abad del monasterio benedictino de Tréveris (en la actual Alemania), que propuso en su obra *Sermones adversus Catharos* que el calificativo que se usaba para referirse a ellos, *cati* en latín, *catiers* en la lengua de *oïl*, o *ketter* en alemán, procedía del vocablo griego *katharos*, que significa «puros». Ellos ni de lejos se hubiesen calificado a sí mismos así.

¿De dónde sacó esta supuesta relación etimológica? De algunos padres de la Iglesia, como Eusebio de Cesarea, que lo usó para referirse a los seguidores de Novaciano, un heresiarca del siglo III que fundó la Iglesia de los puros, o Basilio de Cesarea, que hizo lo propio para hablar de los montanistas. Más tarde, Agustín de Hipona lo latinizó, siendo el primero, que sepamos, que usó el término «cátaro»; y lo hizo para referirse a los maniqueos. Aquí está la clave: Eckbert de Schönau estaba convencido, como casi todos los que se enfrentaron a la herejía en aquella época, de que los «cátaros» de su época eran herederos de los antiguos maniqueos.

Sea como fuere, en 1179, en las actas del Tercer Concilio de Letrán apareció por primera vez ese término haciendo referencia al brote herético que estaba extendiéndose por el Occidente europeo, junto a otras denominaciones, como «patarinos» o «albigenses».

Además, tanto «cátaros» como *cati* o *catiers* tenían un tono peyorativo. ¿Por qué? No está muy claro. El teólogo del siglo XII Alain de Lille planteó que esto de *cati* procedía del término latino *catus* («gato»), y que les llamaban así por su supuesta afición de besar el trasero de los gatos para congratularse con Lucifer: «Se dice que son cátaros del gato, porque, como se dice, besan el trasero del gato, en cuya forma, como dicen, se les aparece Lucifer», comentó De Lille.

Es importante entender que, salvo excepciones concretas, la palabra «cátaro» se usó en la Edad Media solo para designar a los herejes del Rin. Solo a partir del siglo XIX se le dio una aplicación más amplia.

Tampoco es válido el conocido término «perfecto/a», que hace referencia a los iniciados consolados, a los miembros del «clero» cátaro, si me permiten la expresión, ya que solo aparece en los escritos e informes de la Inquisición. Y lo mismo sucede con otra denominación que se hizo muy común: «albigenses». Fue una generalización absurda y sin fundamento de los cruzados. Tampoco es válido llamarles «maniqueos», concepto que empleó también la Iglesia, al menos en los primeros tiempos, cuando aún no tenían muy claro qué eran. Aunque también es cierto que en aquella época se usaba ese término para referirse en general a los herejes, como pasaba con «arriano», que en alguna ocasión se usó también para referirse a estas gentes.

Eckbert de Schönau informó de otras denominaciones: «Entre nosotros, en el país germánico, se los llama "cátaros", pero son llamados *piphles* en Flandes, y en Francia "tejedores", por sus vínculos con el tejido». Esto último es cierto: en Occitania, sobre todo en la región de Albi, se les denominaba *texerantes* porque, como veremos más adelante, muchos practicaban este oficio en los burgos occitanos e italianos. Lo de *piphles*, en cambio, no está tan claro. No se sabe muy bien qué significa.

Para complicar aún más la cosa, en algunos textos eclesiásticos se les llama *bulgari*, *bugri* o *bougres*, es decir, búlgaros, por la extendida creencia, ya desarrollada en su época, de que los cátaros procedían los bogomilos búlgaros. Luego hablaremos de esto.

En otros lugares de Francia, como en el condado de Champagne, se empleaba «publicanos». Así se conocía en Roma a los recaudadores de impuestos, como se atestigua incluso en el Nuevo Testamento. Tampoco está claro el motivo, aunque quizás tenga que ver con sus actividades comerciales y monetarias, uno de los aspectos más desconocidos de los cátaros, de lo que también hablaremos.

En Italia, además de un derivado de «cátaro», *cazzari* o *gazzari*, se usaba el vocablo «patarino». Esto procede de una revuelta contra los abusos y los trapicheos del clero que se produjo en el siglo XI en algunas ciudades del norte de Italia y que fue conocida como la Pataria. Curiosamente, tras la reforma gregoriana, muchos patarinos llegaron a ser beatificados, lo que nos lleva a la sorprendente paradoja de que el mismo término se empleaba para santos y para herejes. Cosas de la historia. O de la Iglesia...

Por último, eran conocidos como «bogomilos» en el Oriente europeo, aunque también les llamaban *phundagiatas* o *phundagiagitas*, que viene a significar «portador de zurrón», una clara referencia a su apariencia de monjes vagabundos.

En los pocos documentos que se conservan se autodenominaban como «verdaderos cristianos», «buenos cristianos», «buenos hombres» (*bons homes* en occitano), «buenas mujeres» (*bonas donas*) o, simplemente, «cristianos» y «apóstoles». Y así les llamaban también sus vecinos. Incluso aparece en algunas declaraciones ante la Inquisición la expresión «amigos de Dios». Para sus seguidores, que creían en sus ideas pero aún no habían sido iniciados, usaban el simple vocablo «creyentes».

Por otro lado, empleaban el nombre *Gleisa de Dio* o *Sancta Gleisa* para referirse a su comunidad, en contraposición con *Gleisa romana* o *Gleisa malignant romana*, como se referían a la Iglesia católica.

Una vez aclarado esto, he de decir que, pese a su incorrección, a lo largo de estas páginas usaré el término «cátaro» por mero pragmatismo y porque con el paso de los siglos ha perdido el matiz peyorativo —gracias, en parte, a los movimientos románticos occitanistas de comienzos del siglo XX y de la década de 1970—; e indistintamente usaré conceptos más acertados, como «buenos hombres», «buenas mujeres» o «buenos cristianos». Del mismo modo, tiraré del concepto «perfecto» cuando necesite discriminar entre los iniciados consolados —que hayan recibido el *consolament*— y los creyentes de a pie, pero siempre desde la absoluta conciencia de su incorrección.

Además, no dudaré ni un momento en usar la palabra «hereje», pero lo haré sin ningún tipo de matiz religioso o peyorativo. Me acojo a la segunda acepción de la Real Academia: «Persona que disiente o se aparta de la doctrina o normas de una institución, una organización, una academia, etc.»; definición sin matices espirituales que encaja mucho mejor con la etimología del término, que procede del latín *hereticus*, más o menos, «opción, alternativa, elección»; y que a su vez proviene del griego *hairesis*, «decisión o separación», y de *hairetikós*, «el que libremente elige algo». Así, para mí, en este contexto, y en casi todos, más que como algo negativo, la palabra «hereje» representa algo encomiable y digno de remarcar.

¡Que vivan los herejes!

Fuentes

Sabemos mucho sobre los cátaros, más de lo que se podría pensar en un primer momento, y más de lo que muchos vendedores de humo, empeñados en defender no sé qué misterios indefendibles, han afirmado.

Tenemos, como es lógico, una enorme cantidad de información procedente de las fuentes católicas, desde escritos apologéticos teóricos escritos por algunas eminencias —en su mayoría monjes dominicos y cistercienses—, destinados a formar a los inquisidores y obispos para luchar contra los herejes en la arena de la contrapredicación, a los miles de testimonios tomados durante los interrogatorios masivos que se hicieron, especialmente, durante y después de la Cruzada Albigense —no exagero cuando hablo de «miles»—. Estos últimos documentos son muy reveladores, ya que en muchas ocasiones se trata de la confesión de antiguos perfectos o creyentes que narraron con un grado pasmoso de detalle cómo era su día a día, en qué creían y cuáles eran sus prácticas. Gracias a ellos podemos conocer muchísimos aspectos sobre los cátaros que, sin duda, se habrían perdido entre las brumas del tiempo. Por este mismo motivo conocemos muy poco sobre los que fueron exterminados antes de los procesos inquisitoriales, como los herejes de Renania o del norte de Francia.

Los primeros, los escritos anticátaros, si bien en un primer momento mostraban un conocimiento más que limitado de la nueva herejía, relacionándola con la brujería y el culto al diablo, con el paso de los años se acabaron convirtiendo en completos y trabajados tratados de una erudición extraordinaria, centrados siempre en atacar las creencias más llamativas y heréticas de estas gentes, como su dualismo exacerbado o su negación de la humanidad de Jesús y de la Eucaristía. Algunos de ellos, como la *Suma contra los herejes*, de Alain de Lille (de 1190), la *Suma contra los cátaros y los valdenses*, de Moneta de Cremona (de 1240) o la *Suma contra los cátaros y los pobres de Lyon*, de Rainier Sacconi (de 1250), aportan una enorme cantidad de información.

Por otro lado, pese a la implacable persecución, también se conservan varios escritos de los propios herejes, pocos, pero muy interesantes. Cinco, para ser exactos: tres en los que se describen sus rituales, y dos tratados, uno de ellos incompleto. Este último se conoce con el brillante título de *Tratado anónimo* y consiste en una lista de referencias del Nuevo Testamento que los perfectos podían usar para legitimar sus ideas, especialmente las más complicadas. Más importante es el otro tratado, conocido como *Libro de los dos principios*, cuyo autor se cree que fue Juan de Lugio, hijo mayor y obispo de la iglesia cátara de Desenzano, en el norte de Italia. Se escribió entre 1230 y 1250 y contiene una diáfana y trabajada exposición de los principios dualistas radicales de algunos cátaros italianos (los albanensianos), que coincidían con los de los occitanos.

En los otros tres documentos se narra con pelos y señales en qué consistía el *consolament*, el principal ritual y el único sacramento cátaro, y cuáles eran los pasos que debían seguirse. Uno de ellos está escrito en latín y formaba parte del mismo volumen en el que estaba el *Libro de los dos principios*, pero los otros dos están en occitano; uno apareció junto a una traducción en este mismo idioma del Nuevo Testamento (se conserva en la Biblioteca Municipal de Lyon) de principios del siglo XIII, mientras que el otro fue descubierto en la biblioteca del Trinity College de Dublín, entre un grupo de textos valdenses procedentes del norte de Italia. Se trata de otro movimiento apostólico y evangélico que brotó en el siglo XII a partir de las ideas de Pedro Valdo y sus pobres de Lyon; aunque fueron perseguidos como herejes, y masacrados durante siglos, y pese a que terminaron uniéndose a los protestantes, la Iglesia de Roma les terminó perdonando: el propio papa Francisco lo expresó así: «Os pido perdón por las actitudes y comportamientos no cristianos, incluso inhumanos, que en nuestra historia hemos tenido contra vosotros. En nombre de Cristo Jesús, perdonadnos» (Arcuri, 2018).

Los tres textos coinciden en casi todos los pasos del *consolament*.

En tercer lugar, además de los documentos católicos y de los pocos textos cátaros que tenemos, desde el siglo XVIII se ha generado una extensa literatura en torno al catarismo. La primera gran obra monográfica fue la extensísima *Histoire générale du Languedoc*, escrita al alimón por Claude de Vic y Dom Joseph Vaissète, don monjes benedictinos occitanos que dedicaron quince años a elaborarla y que se publicó entre 1730 y 1749. Uno de los primeros especialistas en historia de las religiones que puso el foco sobre los cátaros fue el teólogo protestante Charles Schmidt, que en 1848 publicó una completa y monumental historia sobre estas gentes, *Histoire et doctrine de la secte des Cathares ou Albigeois*, aunque, como es normal, con algunos errores que los descubrimientos posteriores han puesto en evidencia.

Por otro lado, tenemos al pastor Napoleón Peyrat, un personaje esencial del renacer romántico occitano y de la exaltación de los cátaros, idealizados hasta límites insospechables por este señor, que se produjo desde finales del siglo XIX. Suya es la culpa de gran parte de lo que se ha vertido sobre Montsegur. Luego llegó Otto Rahn con su alocada y a la vez maravillosa obra *La cruzada contra el Grial*, que se publicó en 1934, donde mezcla sin pudor las que pensaba que eran las creencias cátaras (a su parecer, gnósticas) con el occitanismo emergente y la mitología ocultista germánica. Suya es la culpa de la eclosión de lo que podríamos denominar sin errar como «catarismo esotérico», aunque la cosa venía de antes…

Además, otro ocultista, Déodat Roché, fundó en 1950 la Société du Souvenir et des Études Cathares, que comenzaría a editar al año siguiente un boletín titulado *Cahiers d'Études Cathares*. Roché mezcló en su coctelera un neocatarismo a su manera con la antroposofía y algunas cositas más.

Curiosamente, de la sociedad de Roché surgió una de las figuras esenciales del estudio científico y serio del catarismo: el gran René Nelli, que en 1959 publicó una obra esencial, *Ecritures Cathares*, en la que recoge algunos documentos de origen auténticamente cátaro, dos tratados y tres rituales.

Nelli forma parte, junto a Jean Duvernoy, Michel Roquebert y Anne Brenon, del cuarteto de estudiosos que, sin duda, más ha hecho por esclarecer la verdadera historia del catarismo, especialmente del occitano. El epicentro de este movimiento revisionista y crítico está en el Centre National d'Études Cathares, que Nelli fundó en Carcasona en 1981, y que entre 1982 y 1999 dirigió la gran Anne Brenon, su principal discípula.

Por desgracia, en España hay muy pocos estudiosos serios que hayan tratado el catarismo con el debido respeto, con la suficiente formación y con un mínimo de vergüenza. Pero los hay. Tenemos, por ejemplo, a Paul Labal y su imprescindible obra *Los cátaros; herejía y crisis social* (1984), o a Jesús Mestre y su exitoso libro *Los cátaros; problema religioso, pretexto político* (publicado primero en catalán, en 1994, y un año más tarde en castellano). Y sobre el catarismo en Cataluña, Jordi Ventura y Miguel Aracil.

No hagan caso a los divulgadores que les digan, para argumentar sus imaginativas propuestas, que apenas podemos saber nada sobre los cátaros. Mienten. Gracias a todos estos aportes, los historiadores hemos podido responder con bastante certeza a la pregunta que da título a esta primera parte: ¿quiénes fueron?

Sin duda, eran herejes

¿En que creían? Quizás la pregunta correcta no es esta. Quizás es mejor plantearse en que no creían, ya que, siendo estrictos, gran parte de su sencillo y bien edificado castillo de creencias nació por oposición a lo que no consideraban que era, o que debía ser, el verdadero cristianismo.

Aunque antes hay que partir de una idea clave: no existía una ortodoxia cátara; es decir, no había un canon axiomático que todos respetasen y obedeciesen. Al contrario, los distintos grupos, tanto de Occitania como de Italia, mantenían importantes divergencias en sus creencias, aunque, en esencia, sí que estaban de acuerdo en algunas ideas, especialmente en su particular manera de solucionar un problema que venía de antiguo...

EL ORIGEN DEL MAL

El mal ha estado presente a lo largo de toda la historia de la humanidad. Y el bien.

Cuando los *Homo sapiens*, y posiblemente los neandertales, se lanzaron a intentar racionalizar y comprender aquello que no comprendían, llegaron a varias conclusiones asombrosas. Pronto surgió la idea de que la muerte no era el fin y de que, de alguna manera, o la vida continuaba en otro lugar o renacíamos aquí. De ahí que una de las primeras muestras de religiosidad se evidencie en el afán con que nuestros antepasados realizaron enterramientos con cierta ritualística —aunque algunos estudiosos consideran que esto también guardaba una obvia relación con lo atroz que resultaba ver el proceso de putrefacción del cadáver de un ser querido, o de cualquier otro humano—. Un claro ejemplo lo tenemos en la posición fetal con la que los sapiens comenzaron a enterrar a los suyos. Pero, si nos vamos un poco más lejos, ya el *Homo antecessor* de Atapuerca parecía tener unas ciertas ideas de trascendencia, lo que explicaría el especial interés en lanzar a sus muertos hacia lo más profundo de la famosa Sima de los huesos.

Conforme se fueron complicando las preguntas, se complicaron las respuestas. En un primer momento, nuestros antepasados, y nuestros primillos neandertales, tuvieron que presenciar atónitos un mundo que no podían entender. Del mismo modo que llegaron a la conclusión de que algo de nosotros pervivía tras la muerte del cuerpo, asumieron que quizás todo tenía ese algo. Nació así lo que se conoce como animismo. Pero claro, pronto llegaron a la conclusión de que el aparente orden de lo que les rodeaba, de alguna manera, implicaba que alguien o algo movía los hilos. Además, se tuvieron que enfrentar a unas preguntas determinantes: ¿por qué somos? ¿Por qué existe lo que existe? Así nacieron los dioses —perdone la excesiva simplificación, pero voy con prisa—, unos seres superiores que no solo se encargaban de que todo funcionase, sino que además fueron los que nos crearon, a nosotros, a ellos y a todo. Por si fuera poco, la existencia de estos seres también nos ayudaba de alguna manera a explicar qué era ese algo que nos hacía sobrevivir a la muerte. Quizás, pensaron, tenemos algo de estos dioses en nuestro interior. O quizás somos su creación más preciada, lo que implica que no tiene sentido alguno que muramos. No es posible...

Con el paso del tiempo, cuando nos asentamos en lugares fijos y comenzamos a cultivar plantas y a domesticar animales, los dioses también jugaron un papel esencial en el desarrollo de la civilización: ¿cómo legitimar las normas de convivencia que unos cuantos dictaban sino apelando a que los dioses estaban de acuerdo con ellas? Y ya puestos, las propias instituciones que se auparon a lo más alto de la pirámide social también estaban faltas de justificación; cómo no, los dioses acudieron en su auxilio. Estaban ahí, reyes y sacerdotes, por mandato divino. Así que chitón.

Esto de las leyes es de tremenda importancia. Las leyes, además de regular determinados intercambios económicos y sociales, son las garantes del cumplimiento de las normas morales. De alguna manera, las leyes y la ética se retroalimentan, aunque no siempre, claro.

Fue entonces cuando surgió el problema.

Las normas morales y las leyes se basaban en un axioma clave: la existencia del mal. Lo correcto, moral y legalmente, es el bien, y lo contrario, como es de perogrullo, es el mal. Como hay gente «mala», deben existir normas y leyes que garanticen que sean devueltos al redil, en caso de que no obrasen de mala fe y fuesen capaces de redimirse, o de que sean castigados. Por lo tanto, la lógica parece apuntar a que, si los dioses eran los garantes y la justificación última de la moral y la ley, eran también los defensores del bien. Pero no. Los primeros dioses los hicimos a nuestra imagen y semejanza, y, como nosotros, se dejaban seducir por las bajas pasiones, mataban, robaban, violaban e incumplían en muchas ocasiones las normas que ellos mismos legitimaban. Luego se racionalizó el tema y apareció la idea del pacto: los dioses se comprometían a cuidarnos y a salvarnos

The last judgement, Viktor Vasnetsov, 1904.

a cambio de que se cumpliesen una serie de preceptos morales y de normas. Pero el mal seguía existiendo... ¿Cómo explicar la existencia del mal? ¿Es que había dioses malos? Esa fue la primera explicación. Más tarde, esos dioses fueron degradados y se convirtieron en entidades malignas poderosas, pero de segundo grado, dedicadas en cuerpo y alma a malmeter para que los humanos hiciesen el mal y desobedeciesen a Dios o a los dioses.

El catolicismo y el judaísmo —y el islam, claro—, con sus diferencias, consideran que Dios, omnipotente y omnipresente, podría acabar con el mal en cualquier momento, pero no lo hace por nuestro bien: disponemos de un divino regalo, la voluntad, el libre albedrío, que nos permite elegir qué queremos hacer. No estamos determinados por Dios. Podemos elegir. Ahora bien, Dios nos juzgará algún día por nuestros actos y revisará si hemos cumplido escrupulosamente sus normas. El pacto lo dejaba claro. Por todo esto, tenemos que tener mucho cuidado en no dejarnos seducir por el mal... Así, el papel del mal sería funcionar como criterio para que Dios considere si somos dignos de su gracia.

Pero no todos llegaron a esta brillante conclusión. Otros pensaron que el mal existe porque Dios no puede evitarlo, posiblemente porque hay otro Dios igual de poderoso que el nuestro, el bueno, pero en malo. Y en mitad de una gresca cósmica infinita y eterna estamos nosotros, humanos, demasiado humanos. Fue así como surgieron las propuestas dualistas, que pensaban que este mundo de la materia, en el que usted y yo vivimos, no es real o, si lo es, es de menor calidad que el mundo de los cielos, el mundo de Dios, o el mundo de las ideas, si nos ponemos platónicos. Este mundo corrupto y perecedero no pudo ser creado por el dios bueno, que no puede hacer, por definición, el mal, sino por el dios malo. Y nosotros, pecadores, compartimos ambas experiencias: somos seres de dos mundos; nuestra alma procede del dios bueno, pero está presa en el cuerpo material creado por el malo. El objetivo, como es lógico, consiste en salir huyendo de este vehículo temporal hecho de células y que nuestro verdadero yo regrese al lugar en el que siempre debería haber permanecido, porque claro, ya habíamos estado allí...

Los cátaros, como anteriormente habían hecho los zoroastristas, los gnósticos y los maniqueos, optaron por este camino del dualismo, con todo lo que aquello implicaba, y con lo difícil que era conjugarlo al cien por cien con los Evangelios cristianos. Pero lo hicieron, y lo razonaron bastante bien.

LIBROS SAGRADOS

Solo tenían un libro sagrado, el Nuevo Testamento, pero siempre visto desde una particular exégesis racionalista, aunque a veces optan por la literalidad de los textos, y a veces por interpretarlos desde una perspectiva metafórica. Pero vamos, como los propios católicos.

Los cátaros del sur de Francia usaban el Nuevo Testamento traducido al occitano. Esto tiene su miga, ya que por aquella época todos estaban en latín, un idioma que la gente humilde de las zonas rurales ya no dominaba —sin tener en cuenta que la inmensa mayoría no sabía escribir—. Pero no solo esto: la propia Iglesia no permitía que los fieles leyesen la Biblia para que no surgiesen tentaciones malignas de interpretarla a su manera y, sobre todo, para que no descubriesen las numerosas contradicciones. Bueno, matizo, no es que prohibiese su lectura, como afirman los protestantes —como afirmó Lutero—, sino que se corría el riesgo de que no fuese entendida por todos, por lo que solo las personas preparadas podían leerla. Ya lo dijo san Agustín de Hipona: «Porque no han nacido las herejías sino porque las Escrituras buenas son entendidas mal». Esta es la clave: para no entenderla mal, se recomendaba que solo la leyesen los monjes y sacerdotes.

Que los perfectos cátaros empleasen tiempo y recursos en traducir el Nuevo Testamento guarda relación con la entregada labor pastoral que ejercían, labor en la que eran continuas las referencias a los textos evangélicos. Y claro, para ello usaban una lengua que todos comprendían, el occitano. Como veremos, ya en las referencias históricas más antiguas se deja claro su dominio de los Evangelios.

Es importante tener presente que era su único libro sagrado, más que nada porque algunos investigadores vagos han planteado que solo usaban el Evangelio de Juan, casi siempre con la insana intención de relacionarlos con María Magdalena, el Santo Grial y otras cositas que habrán leído en *El código Da Vinci*, o porque se han pasado a la hora de identificar catarismo y gnosticismo —de hecho, era el único Evangelio que respetaban los gnósticos—. Aunque es cierto que esta extendida y copiada creencia tiene una base real: en efecto, los cátaros sentían una especial predilección hacia este texto, así como por la Primera Epístola de Juan, pero esto se debe a que este Evangelio es el más espiritual de los cuatro canónicos, el más gnóstico, el más elevado —por ese motivo el apóstol Juan, su supuesto autor, aunque no lo fue, es representado tradicionalmente como un águila— y el que muestra a un Jesús menos humano y más divino —perdonen la publi, pero, si quieren saber más sobre este tema, no duden en consultar mi libro *Pongamos que hablo de Jesús* (Planeta, 2017).

De hecho, como veremos dentro de poco, en el rito del *consolament* usaban indistintamente ejemplares del Nuevo Testamento o del Evangelio de Juan. Además, durante esta ceremonia se leía su controvertido y famoso prólogo (Juan 1-14). En especial, apreciaban el comienzo:

> 1 Al principio existía la Palabra, y la Palabra estaba junto a Dios y la Palabra era Dios. 2 Ella estaba al principio junto a Dios. 3 Todo surgió por ella, y sin ella nada surgió de lo que ha surgido. 4 En ella había vida, y la vida era la luz de los hombres. 5 La luz brilla en las tinieblas, y la tiniebla no se apoderó de ella.[1]

Estos cinco versículos son sumamente interesantes y han sido objeto de alguna que otra controversia. Por un lado, el autor de este Evangelio supera la tradición sinóptica, según la cual Jesús era hijo de Dios, al proponer que el hijo era consubstancial con el padre, es decir, eran lo mismo: «La Palabra era Dios». Por otro, llama la atención que se emplee el término «Palabra» (*logos* en griego) de una forma personificada, como sucede también con «sabiduría/Sofía» —concepto que guarda muchísima relación con el anterior; en hebreo estaban totalmente hermanados—. Respecto al tema que nos ocupa, lo interesante está en la palabra que he subrayado del versículo cuarto: «nada». En el Nuevo Testamento cátaro que se conserva, esta frase aparece traducida de otro modo: «Y sin él se hizo la nada». Es decir, los cátaros interpretaban que el mundo físico era esa «nada» en la que nada tuvo que ver Dios... Si bien esto guarda relación con una cesura que introdujo el bueno de san Jerónimo en su traducción del original griego al latín, la *Vulgata*, no me voy a extender en exceso ya que nos desviaría demasiado del tema que nos ocupa. Lo interesante es que esto es un buen ejemplo de la labor exegética que hicieron los cátaros para justificar y legitimar sus creencias con las Escrituras.

---

1 Todas las citas del Nuevo Testamento están tomadas de la sensacional y monumental obra *Los libros del Nuevo Testamento*, coordinada por el gran Antonio Piñero y editada en 2021 por Trotta, ya que cuenta con una traducción excelente y revisada.

Pero, ojo, esto no quiere decir que reescribiesen el Nuevo Testamento. Ni mucho menos. Se trata, simplemente, de diferentes traducciones de conceptos ambiguos y complicados que dan lugar a interpretaciones distintas.

Por último, se sabe que los cátaros usaban otros libros, hoy desaparecidos, en los que se narraban sus particulares creencias sobre Dios y el Diablo, y la caída de las almas, o un libro conocido como *La cena secreta* —aunque recibe otros nombres, como *Preguntas de Juan* o *La ascensión de Isaías*—, en el que, mediante un diálogo entre Juan el Evangelista y Cristo, celebrado en el Cielo, se revela su particular cosmogonía dualista. Existen dos versiones de *La cena secreta*, una extraída de los archivos de la Inquisición de Carcasona y otra que se encuentra en la Biblioteca Nacional de Viena. El gran Javier Sierra publicó en 2004 una fantástica novela con el mismo título en la que especula con la posibilidad de que Leonardo da Vinci pudiese estar influido por las creencias cátaras, lo que explicaría las anomalías que aparecen en algunas de sus obras, como *La virgen de las rocas* o *La última cena*.

LOS DOS PRINCIPIOS

Mi reino no es de este mundo.

Juan 18,36

Quizás no hayan caído en algo importante. Repito: el único libro sagrado era el Nuevo Testamento. ¿Qué pasa entonces con el Antiguo Testamento? Que no, no lo era. Para los cátaros, el dios de la creación, el dios de Noé, de Abraham, de Moisés y de David, era el Maligno, el Diablo, el creador de este mundo material.

Bueno, quizás he exagerado un poco. Sí usaron algunos libros, como los Salmos o el Eclesiastés, y el Éxodo lo interpretaron como una metáfora de su creencia en el exilio de las almas en este mundo y el posterior viaje hacia el mundo de los cielos. En realidad, lo que repudiaban era todo lo que tenía que ver con la creación, como el Génesis y la mayor parte de los textos de los Profetas. Esta idea la compartían con los gnósticos valentinianos, discípulos de Valentín, un heresiarca de Alejandría que vivió en el siglo II y que identificaba al dios de los judíos con el Demiurgo de Platón, el creador de este imperfecto y corrupto mundo material. Esto suponía desligar por completo la trama evangélica de la historia judía, alejándose del que se supone que es el Jesús de la historia, que para estos gnósticos tampoco había sido de carne y hueso… luego volveremos con ellos.

Sea como fuere, los cátaros eran dualistas, aunque no todos veían el dualismo del mismo modo.

Ilustración medieval del infierno, del manuscrito *Hortus deliciarum* (1180); realizada por Herrada de Landsberg.

Por un lado, estaban los que creían que, si bien este mundo material corrupto había sido obra del Maligno, este no tenía el mismo poder que Dios y, de alguna manera, dependía de él. Dios era eterno y supremo, creador de todo lo que existe, mientras que el Diablo era una criatura poderosa pero inferior, que eligió libremente el camino del mal. Esto es lo que se conoce como dualismo moderado o mitigado, que practicaron algunas comunidades italianas (como los albaneses) y orientales (como los bogomilos), y que, en realidad, no era muy diferente del monismo católico.

Otros, en cambio, consideraban que se trataba de dos dioses distintos con el mismo poder y enfrentados entre sí. Se trataría, pues, del dualismo extremo, practicado por los herejes occitanos y los de otras regiones de Italia, como los de Desanzano, una de las diversas comunidades cátaras que allí se desarrollaron.

Algunos investigadores han creído encontrar una secuencia evolutiva aquí: el dualismo mitigado, piensan, por sus evidentes contradicciones —si Dios es bueno, ¿de dónde surgió el mal que eligió el Diablo?, por citar solo una— dio paso, tras un proceso de reflexión y racionalización, al dualismo extremo.

Conocemos en profundidad esta propuesta más radical gracias a una obra que milagrosamente se ha conservado y de la que ya les hablé páginas atrás: el *Libro de los dos principios*, del albanense Juan de Lugio, que hacia 1230 lideró una pequeña revolución dentro del catarismo italiano. Este señor, entre otras cosas, plasmó por escrito una de las consecuencias más importantes de esta postura: el sinsentido del libre albedrío, la clave de la explicación católica para el problema del mal, que existiría, precisamente, para que nosotros, pecadores, podamos elegir el bien y ganarnos la gracia divina. Pero Juan de Lugio, como los cátaros occitanos, renegaba de esto: las criaturas de Dios, nosotros y los ángeles, somos buenas por naturaleza, ya que Dios no puede crear nada malo. Por lo tanto, tampoco podemos elegir libremente el mal, que existía y existe porque era la creación de otra fuerza, el Diablo.

> Todo lo que de bueno se encuentra en las criaturas de Dios procede directamente de él y por él. Él dio su ser al bien y es su causa, como hemos establecido. Pero el mal, si se encuentra en el pueblo de Dios, no procede del verdadero Dios, ni se manifiesta por él; no es Dios quien lo ha hecho existir, pues no es su causa ni nunca lo ha sido. Como dice Jesús, hijo de Syrach: «Dios no ha mandado a nadie a

hacer el mal, y nadie ha dado permiso para pecar» (Eclesiastés 15,20) —entiéndase, inmediata y directamente, por sí mismo—, pues nunca el Mal habría podido proceder espontáneamente de la criatura del Dios bueno.

En ambos casos, hay que tener en cuenta que las ideas dualistas no entraban en contradicción con el Nuevo Testamento, aunque algunos pasajes debieron poner en problemas a los exégetas cátaros. Pero en otros encontraron referencias claras que apoyaban sus ideas o que parecían profetizar sus posteriores tribulaciones, y que no dudaron en emplear en su intensa labor pastoral. Por ejemplo, estos contundentes versículos de Juan:

> Si el mundo os odia, sabed que antes que a vosotros me ha odiado a mí. Si fueseis del mundo, el mundo amaría lo suyo; pero porque no sois del mundo, sino que yo os he elegido del mundo, por ello el mundo os odia. Acordaos de la palabra que os dije: «No es el siervo mayor que su señor». Si a mí me persiguieron también a vosotros os perseguirán: si guardaron mi palabra, también guardarán la vuestra (15,18-20).

También tiraban a menudo de la famosa parábola del árbol bueno y el árbol malo, que, entendida desde esta perspectiva dualista, es más que reveladora, y que incluiría, según su particular exégesis, una referencia clara a la desviada y corrupta Iglesia católica:

> Guardaos de los falsos profetas, que se os acercan vestidos de ovejas, más por dentro son lobos voraces. Por sus frutos los conoceréis. ¿Acaso se recogen uvas de las zarzas o higos de los cardos? Así, el árbol bueno da frutos buenos, y el árbol malo da frutos malos; no puede el árbol bueno dar frutos malos, ni el árbol malo dar frutos buenos (Mateo 7,15-18).

Claro que los católicos también usaban esos mismos versículos de Mateo para atacar a los herejes cátaros, además de encontrar en la siguiente frase una clara justificación de su persecución: «Todo árbol que no da buen fruto se corta y se echa al fuego» (7,19).

En cualquier caso, la Iglesia católica, para poner orden y acabar con las propuestas divergentes que estaban cobrando fuerza —especialmente el gnosticismo dualista, el maniqueísmo y el arrianismo, que no aceptaba que Jesús fuera Dios mismo, negando el concepto de Trinidad—, promulgó durante el célebre Concilio de Nicea del año 325 el llamado «credo niceno», una pomposa declaración en la que resumían las creencias principales, convertidas en dogmas, que debían regir el edificio religioso. Si bien existen diferentes versiones de este credo, la más extendida y popular es la que todos aprendimos de niños en las catequesis, el credo de los apóstoles.

> Creo en Dios, Padre todopoderoso, *creador del cielo y de la tierra.*
> Creo en Jesucristo, su único Hijo, nuestro Señor, que fue concebido por obra y gracia del Espíritu Santo, *nació* de santa María Virgen, padeció bajo el poder de Poncio Pilato, fue *crucificado, muerto y sepultado,* descendió a los infiernos, al tercer día *resucitó* de entre los muertos, subió a los cielos y está sentado a la derecha de Dios, Padre todopoderoso. Desde allí ha de venir a juzgar a vivos y muertos.
> Creo en el Espíritu Santo, la santa Iglesia católica, *la comunión de los santos,* el perdón de los pecados, la *resurrección de la carne* y la vida eterna.
> Amén.[2]

¿SE ENCARNÓ?

Como pueden apreciar, el credo, además de negar el dualismo y reconocer explícitamente que Dios es el creador del Cielo, pero también de la tierra, hace especial hincapié en la naturaleza humana de Jesús, es decir, su encarnación.

Los cátaros también la negaban.

Pensaban, aunque tampoco lo tenían muy claro, que su cuerpo era una simple ilusión. No era un hombre, pero lo parecía. Esto implica que no sufrió las torturas, que no murió en la cruz por nuestros pecados —como defiende la teología paulina, epicentro del catolicismo— y que no resucitó.

Tampoco esta radical creencia era nueva. Desde los primeros tiempos, hubo cristianos que defendían esa idea, tanto que en la Primera Epístola de Juan, escrita en la primera mitad del siglo II, se incluye una referencia apologética:

2 Las cursivas, en esta y en el resto de citas literales donde aparezcan, salvo mención expresa, son mías.

> Queridos, no creáis a cualquier espíritu, sino comprobad si los espíritus son de Dios, porque muchos falsos profetas han venido al mundo. En esto conoceréis el espíritu de Dios: todo espíritu que confiese que Jesús, el Mesías, ha venido en carne es de Dios, y todo espíritu que no confiesa a Jesús no es de Dios; ese el del antimesías, el que habéis oído que viene, y ahora ya está en el mundo. (1 Juan 4, 1-3).

Sin duda, en este párrafo se atacaba duramente a los docetas, una doctrina cristiana que surgió en el siglo I y que consideraba que el cuerpo físico de Jesús lo era solo en apariencia —de ahí el nombre que le dieron a esta creencia, procedente del griego *dokéō* que significa «parecer» o «parecerse a uno»—. Estas ideas estaban relacionadas, además de con los gnósticos, con las posturas filosóficas y dualistas del platonismo, que partían de la convicción de que las aparentes realidades de este mundo son un mero reflejo del mundo real, el mundo de las ideas, y con las posturas antimaterialistas que consideraban que el cuerpo y la materia eran corruptos. Por lo tanto, los docetas pensaban que Jesús no había sufrido la crucifixión porque, realmente, no tenía cuerpo...

No se sabe muy bien cómo ni cuándo surgió esta creencia, aunque ya existía a comienzos del siglo I, o incluso antes. Ignacio de Antioquia, uno de los Padres de la Iglesia, que vivió entre el año 35 y el 108, en su carta a los esmirniotas (de Esmirna, actual Turquía) ataca duramente a algunos docetistas que allí había y que «se apartan de la eucaristía y de la oración, porque no confiesan que la eucaristía no es la carne de nuestro Salvador Jesucristo» (7-1).

Y, como es lógico y coherente, el cristianismo que terminó imperando, el católico, el romano, rechazó el docetismo de forma contundente (en el Concilio de Nicea, celebrado en el año 325), como también hicieron las iglesias ortodoxas y casi todas las protestantes. Jesús, para la mayor parte de los cristianos, tenía una doble naturaleza humano-divina —algunos, como los arrianos, creían justo lo contrario, que fue un simple hombre, aunque elegido por la divinidad; y otros, como los adopcionistas, consideraban que había sido hombre hasta que se bautizó a manos de Juan el Bautista en el Jordán, momento en el que fue adoptado por Dios...—.

Siendo justos, los cátaros no tenían muy trabajado el engorroso problema de cómo explicar entonces la presencia de Jesús en los hechos narrados en los Evangelios. Tenían claro que no se encarnó, que no tenía cuerpo humano, pero lo parecía. ¿Qué era entonces? Lo dicho, no lo tenían muy claro. Algunos testimonios ante la Inquisición comentan que el perfecto de turno les explicó que era como una sombra, no un fantasma, pero algo así; otros pensaban que fue solo una visión… Pero vamos, era Dios, y podía hacer cualquier cosa…

Tampoco debería extrañarnos que esta idea fuese rechazada por completo, las implicaciones de negar la encarnación de Jesús son extraordinarias. Si no tenía cuerpo, no pudo morir en la cruz, el símbolo en el que creían todos los cristianos en tiempos de los cátaros, ni pudo ser enterrado ni resucitar al tercer día.

Además, los dioses no mueren.

«Y si Cristo no resucitó, vana es entonces nuestra predicación, vana es también vuestra fe» (1 Corintios 15,14), como dijo Pablo de Tarso.

«Vana es nuestra fe». Claro, según el cristianismo paulino, que es en el que creen hoy en día la inmensa mayoría de los cristianos, y en el que creían casi todos los de la Edad Media, la muerte formaba parte del plan de Jesús: se entregó voluntariamente a ella como forma de expiación por los pecados de toda la humanidad, nos redimió; y resucitó para evidenciar que es posible la resurrección de los muertos. Así, según Pablo, y los evangelistas, y los autores de las

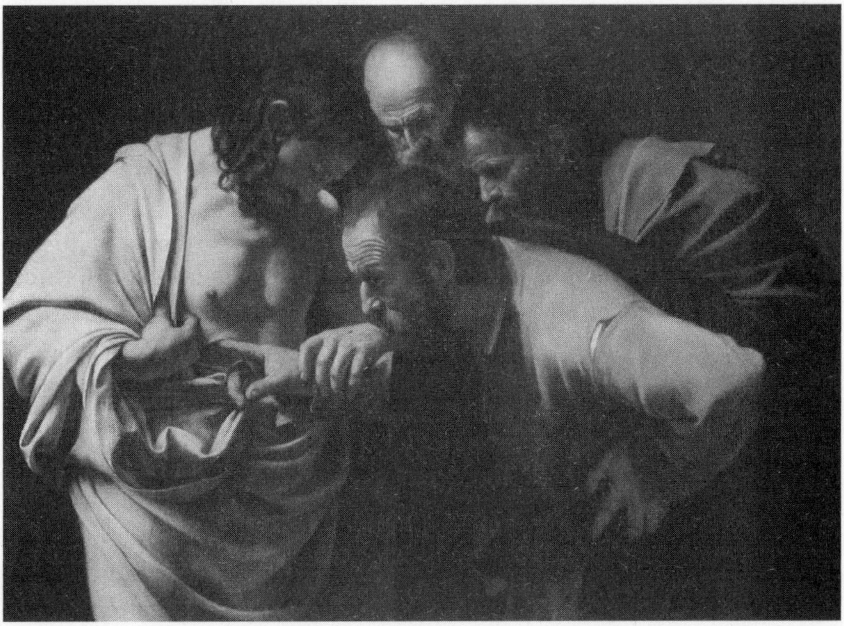

La incredulidad de Santo Tomás, Caravaggio, 1602.

cartas del Nuevo Testamento, todos, el camino de la salvación implicaba una fe rotunda en la muerte redentora de Jesús y en su resurrección, garantía de que tras nuestra propia muerte, resucitaremos y, si hemos cumplido con la norma, ascenderemos a los cielos.

«Vana es nuestra fe», pero los cátaros no lo veían así. No necesitaban que la divinidad se hubiese hecho carne y hubiese resucitado. La salvación no tenía nada que ver con eso. Jesús no se había manifestado con esa intención, sino por otro singular motivo...

TOMAD Y COMED TODOS DE ÉL

Y si no murió, no tiene sentido la Eucaristía. Jesús no tuvo cuerpo ni sangre. ¿Cómo explicar entonces las escenas evangélicas de la Última Cena, presentes en Marcos, Mateo y Lucas? Simbólicamente: para los cátaros, se trata de una metáfora de la buena nueva que Jesús había traído, el mensaje, el conocimiento, la gnosis, que compartía con nosotros y que vertía sobre nuestras conciencias, con el objetivo de que descubriésemos cómo podíamos tomar el camino hacia la salvación.

La disputa del Sacramento, Rafael Sanzio, 1510.

Esto lleva a una nueva afrenta con el catolicismo: el misterio de la transustanciación durante la consagración del sacerdote en las misas era, para los cátaros, una tomadura de pelo. Y es que los católicos, como los ortodoxos y los protestantes —aunque estos, como casi siempre, a su manera, hablen de «consubstanciación»—, defienden que, durante la misa, el sacerdote, gracias a un superpoder que tiene y a la acción del siempre atento Espíritu Santo, convierte toda la sustancia del pan en la sustancia del cuerpo de Cristo, y toda la sustancia del vino en la sustancia de su sangre. Para más inri, defienden que, aunque esto es así, el pan y el vino conservan lo que su particular argot denomina «accidentes eucarísticos», es decir, el color, el peso, el gusto, la textura... y la calidad, claro.

Los descreídos, como siempre, no terminaron de verle la lógica a esto, pero la Iglesia, precisamente en tiempos de los cátaros, lo consideró como una doctrina incuestionable. Y más tarde, durante el Concilio de Trento (entre los años 1545 y 1563), declaró anatema a todo aquel que dudase de que el pan y el vino consagrado contienen «verdadera, real, y sustancialmente el Cuerpo y la Sangre, juntamente con el alma y la divinidad de Nuestro Señor Jesucristo y, por ende, Cristo entero».

Claro, los cátaros, con el idiosincrático sentido del humor que caracteriza a los occitanos, se tomaban todo esto a recochineo. Una anécdota ilustrativa: en cierta ocasión, Pierre Authié, el último gran perfecto, ante la pregunta de un creyente que andaba con dudas, comentó: «Aunque el cuerpo de Jesucristo fuera más enorme que el Bugarach, o cualquier otra montaña, desde que los curas comen de él no debería quedar nada» (Nelli, 1984, 50). El Bugarach, por cierto, es una enorme montaña situado en el Alto Valle de Aude que, desde el *boom* de la Nueva Era en los años sesenta, se ha convertido en uno de los epicentros del misterio y la espiritualidad en Francia. Quizás recuerden que, en 2012, cuando un montón de descerebrados comenzaron a plantear que el fin del mundo era inminente debido a no sé qué profecía maya, se habló de que sería el único sitio que se libraría de la tragedia.

Otro ejemplo: en cierta ocasión, Arnaud Sicre, del que ya hablaremos, le preguntó a Guilhem de Bélibaste, el último mártir cátaro, si creía que la hostia era el cuerpo de Cristo. Bélibaste respondió: «¡Claro que no! Pero haría falta estar realmente desganado para rechazar tal pastelito. Voy a la iglesia para hacer creer que soy católico; de todas formas, allí se puede rezar al Padre celestial tan bien como en cualquier otro lugar» (Nelli, 1984, 139).

Ahora bien, Jesús, según Lucas, les pidió a sus discípulos que repitiesen ese ritual en su honor. Y los cátaros lo hacían, pero solo la parte del pan, ya que, siendo estrictos, a eso se refería Lucas, no al vino. Pero no lo hacían durante ningún ritual, sino en cada comida: el más anciano de los perfectos presentes, hombre o mujer, tras dar gracias a Dios por las viandas, bendecía el pan y lo repartía entre los demás, creyentes incluidos, con un *benedícite* de regalo. En nada se diferencia esto de la tradición cristiana de bendecir la mesa a modo de acción de gracias, casi siempre incluyendo una oración por los necesitados.

Aunque en esto no había nada de sagrado, más allá de que todo lo que hacían los perfectos era sagrado de algún modo, para los

El benedícite, Nicolaes Mae, 1656.

creyentes de a pie ese pan bendito sí que terminó teniendo un valor especial. Era común que, tras recibir con honor a un perfecto en su mesa, conservasen algunos pedazos sobrantes a modo de reliquia. Muchos fueron condenados por la Inquisición simplemente por reconocer que en alguna ocasión habían comido pan bendito.

EL ETERNO PROBLEMA DEL ALMA

Así, Jesús no se manifestó en este mundo en carne y hueso para morir por nuestros pecados y resucitar unas horas después. Se manifestó para salvar nuestras almas, para enseñarnos la autopista hacia el Cielo. Ahora bien, el problema de la salvación, desde la perspectiva dualista de los cátaros, conducía a otro problema muy difícil de solucionar: si nosotros, los humanos, tenemos una parte divina, el alma, que debe romper con este mundo material y regresar junto a Dios, ¿cómo llegaron las almas humanas a este mundo material?

Los dualistas moderados, como los demás cristianos, no tenían inconveniente: Dios había creado todo, incluidos nosotros, que teníamos una parte física y mortal y otra parte espiritual que trasciende a la muerte. Pero esto nos lleva al problema de la animación: ¿cuándo y cómo entra el alma en el cuerpo? Algunos defendían que Dios creaba ambas cosas a la vez, embrión humano y alma, por lo que podríamos hablar, siempre desde el respeto, de animación simultánea. Tertuliano, como Ireneo de Lyon o Clemente de Alejandría, aceptaba esta idea y decía que «ya es un hombre aquel que está en camino de serlo». Pero claro, esto conduce a problemas difíciles de resolver: ¿qué pasa con los gemelos monocigóticos? ¿Y con los abortos naturales?

Otros, como san Agustín, para solucionar este inconveniente, llegaron a la conclusión de que el alma entraba en el cuerpo cuando este ya tenía forma, hacia el tercer mes: «No se puede decir que haya un alma viviente en un cuerpo que carezca de sensación cuando está formada la carne [...] Por lo tanto, el alma no nace en la concepción».

Santo Tomás de Aquino (1224-1274), siguiendo esta senda, pensaba que el alma tenía tres partes: la vegetativa, centrada en cuestiones básicas como la nutrición y la reproducción; la sensitiva, destinada a la percepción de la realidad; y la racional. Con la concepción llega la primera, luego la segunda, y finalmente, la tercera, la que nos hace propiamente humanos (las otras las tienen también los animales). Por lo tanto, para santo Tomás, el alma trascendental es infundida por Dios cuando el proceso de desarrollo del feto está concluido.

Aunque esta propuesta de la animación tardía llegó a tener mucho éxito, la Iglesia católica, que siempre va a lo suyo, cuando tuvo que tomar una posición oficial —en una fecha tan tardía como el siglo XIX, cuando el papa Pío IX (1792-1878) condenó por primera vez el aborto con la encíclica *Apostolica Sedis* (1869)—, se decantó por la animación simultánea. Y lo sigue haciendo, con los problemas que esto conlleva, por ejemplo, ¿qué pasa con los embriones congelados? ¿Tienen alma? Si la tienen y nunca terminan convirtiéndose en humanos, ¿deben ser juzgados? ¿Van al Cielo? No pienso meterme en este lío, ya habrá tiempo.

En todos estos casos, las almas son creadas por Dios constantemente; es lo que se conoce como generacionismo.

Pero los cátaros, como los demás dualistas extremos, no estaban de acuerdo con esto: Dios no podía crear almas para enviarlas a habitar en este mundo corrupto de la materia, así que, pensaban, debían existir desde antes y acabaron en cuerpos materiales por la acción del Diablo. Y ahí es donde tuvieron que tirar de imaginación... No les quedaba otra.

Los dualistas mitigados creían que dios había creado de la nada a los ángeles, y que el Maligno, siempre al quite, con permiso de Dios —esto es importante—, formó todo lo material, incluidos los primeros cuerpos, los de Adán y Eva, en cuyo interior encerró a dos ángeles a los que había conseguido arrastrar durante su rebelión, motivo por el que fue expulsado del Cielo (nace así el pecado original). A partir de ese momento, pensaban, las almas se habían ido reproduciendo de generación en generación, por culpa del maldito sexo, propagando así el pecado original. Esta alucinante idea, herética para los católicos, se conoce como traducianismo, palabro que proviene del latinajo *tradux*, que hace referencia al sarmiento de la vid, al esqueje, del que nace una nueva planta.

Sin embargo, los dualistas extremos, como los cátaros occitanos, fueron más allá y se montaron una fantástica cosmogonía para explicar la presencia de las almas en estos cuerpos materiales: pensaban que el Diablo y sus propios ángeles, tras un duro combate con el arcángel Miguel y sus tropas celestiales, robaron un buen número de ángeles de Dios —un tercio según algunas fuentes, como el erudito católico del siglo XIII Rainier Sacconi— y los metieron en cuerpos humanos o animales —ojo a esto último—.

¿De dónde sacaron esto? Del Nuevo Testamento, claro, concretamente del Apocalipsis:

> Y apareció otra señal en el cielo; mira: un gran dragón, bermellón, que tiene siete cabezas y diez cuernos, y sobre sus cabezas, siete diademas. *Y su cola arrastra la tercera parte de las estrellas del cielo y las arrojó a la tierra* (12,3-4)

La caída de Lucifer, ilustración de Gustave Doré
para *El paraíso perdido* de John Milton.

> Y se produjo una guerra en el cielo: Miguel y sus ángeles luchaban contra el dragón. También lucharon el dragón y sus ángeles, pero no prevalecieron, ni se volvió a hallar un lugar para ellos en el cielo. Y fue arrojado fuera el gran dragón, la serpiente antigua —llamada «Diablo» o «Satanás», el que extravía al mundo entero— fue *arrojada a la tierra*, y sus ángeles fueron arrojados con él (12,7-9).

La diferencia entre los dos dualismos es enorme. Para unos, el Diablo arrastró solo dos almas, que inoculó en Adán y Eva; para los otros, arrastró a un tercio de los ángeles, que debían ser muchos, y la vertió en los animales y los humanos.

Así, los cátaros occitanos veían esta existencia terrenal, que ustedes y yo llevamos lo mejor que podemos, como una especie de exilio forzado, y consideraban que la salvación consistía en regresar a su tierra prometida, el Cielo. Los símiles con el Éxodo no son casuales.

«Tened piedad del alma, que está en prisión», dice el ritual cátaro.

MÁS ALLÁ DE LA MUERTE

Ahora bien, ¿qué pasa tras la muerte? Los cátaros pensaban que los que habían sido consolados, los perfectos, al recibir el Espíritu Santo, tenían acceso al Cielo, siempre y cuando confirmasen su privilegio llevando una vida acorde con los principios de austeridad que defendían. Pero ¿qué pasaba con los creyentes normales que aún no habían recibido el *consolament*, el único sacramento que practicaban?

La solución a esta inquietante pregunta la encontraron algunos cátaros en la transmigración de las almas, en la reencarnación, pero lejos de las concepciones kármicas de las religiones hinduistas. Repito, algunos. No todos creían en esto.

Pensaban, los que lo pensaban, que las almas eran transmitidas por el Diablo de un cuerpo a otro, hasta que finalmente consiguiesen coger la autopista hacia el Cielo. Así, como muchos creyentes y perfectos confesaron ante la Inquisición, todos, tarde o temprano, seremos salvados. Era lógico. Dios no podía permitir, en su infinita bondad, que sus hijos, los ángeles robados, viviesen en este terrible mundo por los siglos de los siglos. Y tampoco tenía sentido para ellos que fuesen castigados a arder en las llamas del Infierno, lugar en el que, por supuesto, tampoco creían. Para los cátaros, este mundo era el Infierno. Ya estábamos castigados. Aquello de lo que hablaban los curas era un fraude, un engaño con el que habían conseguido atemorizar y someter a las gentes.

Este fue, sin duda, uno de los motivos de su éxito.

Pero la ascensión masiva de las almas no era algo mecánico y automático, o quizás sí, pero había que currárselo para que la estancia en la tierra fuese lo más breve posible. Por lo tanto, aunque no había un rollo kármico en sus concepciones sobre la reencarnación, sí que pensaban que los creyentes que no habían llegado a perfectos tendrían otras oportunidades en posteriores vidas. Así, el camino pasaba por ahí, por recibir el Espíritu Santo en el *consolament* y por llevar una vida pura y ascética según marcaba su particular regla. Solo así sus almas tendrían «un buen fin», «una buena muerte», en sus propios términos. Luego volveremos a esto.

De este modo, la principal misión de los cátaros consolados era salvar al máximo de personas posible, y para ello se dedicaban a una actividad pastoral constante por los caminos, *castrum* y ciudades de Occitania —y de los otros lugares donde prosperaron—. Para eso vino Jesús, por eso le envió Dios, para enseñar a sus ángeles robados el camino de regreso al Cielo, y para que estos se lo enseñasen a los demás. Y los cátaros, siglos después, recogieron el testigo.

Cuando todas las almas robadas regresasen a su sitio, este mundo corrupto y tramposo llegaría a su fin, como su creador, el Diablo. Quizás así, desde esta perspectiva, entiendan que para los cátaros su misión era importantísima.

Resumiendo

Así pues, sintetizando todo lo dicho, los cátaros se caracterizaban por una serie de prácticas e ideas muy concretas que permiten diferenciarlos de otros movimientos más o menos heterodoxos que surgieron en la misma época, como los valdenses. Serían, *grosso modo*, los siguientes:

1. Ni existe el infierno ni habrá juicio final, ni tiene sentido aquello del pecado original.
2. No hay más autoridad que la que emana del Nuevo Testamento, en especial de los Evangelios, aunque no dudan en realizar una particular e interesante exégesis desde una perspectiva dualista. El Antiguo Testamento y la Ley mosaica se rechazan casi por completo.

3. La Iglesia romana defiende la creencia en un dios que en realidad es el Diablo. Ellos, en cambio, creían en el dios verdadero.
4. Se niega la naturaleza humana de Jesús, lo que implica que se renuncie a rendir culto tanto a su nacimiento como a su muerte y resurrección. Así pues, ni tiene sentido la eucaristía ni el resto de los sacramentos; de ahí que también rechacen el uso de la cruz como símbolo.
5. Se estructuran en dos grandes grupos: iniciados y creyentes. Los iniciados, tras recibir el *consolament*, guardan una serie de preceptos de un modo estricto: ascetismo riguroso, ausencia de carne en su dieta, pobreza, castidad, y nada de jurar o de mentir.
6. Sobre todo, se caracterizan por el único sacramento que practicaban, el *consolament*, la imposición de manos que redime pecados y asegura la salvación, siempre y cuando se mantenga una vida piadosa y se cumplan con los preceptos anteriores.
7. Se consideraban los herederos de una línea ininterrumpida que comienza con los apóstoles recibiendo el Espíritu Santo en Pentecostés, es decir, con la Iglesia primitiva formada por Jesús. Por eso aseguraban que eran los verdaderos cristianos, y lo demostraron con su forma de vida, con los hechos.
8. Por lo tanto, si su iglesia era la verdadera *Glesia de Dio*, la otra, la católica, era la Iglesia del Mundo, del mal, del Diablo.

No debería extrañarnos, visto lo visto, que los cataros fuesen considerados herejes. Lo fueron. Y fueron perseguidos con especial ahínco y con una violencia desorbitada. Al fin y al cabo, la herejía era el pecado más grave de todos, pues representa una ofensa contra la propia Iglesia y contra Dios. Pero, en este caso, era aún peor, ya que el dios de los católicos, para los cátaros, era el Diablo. No se me ocurre ofensa mayor. Por eso los persiguieron y los mataron. Pero también por negar la humanidad de Cristo, lo que era casi peor, ya que suponía, en la práctica, negar todo el castillo de naipes de la Iglesia católica: la salvación paulina, basada en la fe del poder expiatorio de la muerte de Jesús y en su resurrección, dejaba de tener sentido, como todos sus sacramentos, como todos sus santos, y sus símbolos, y sus dogmas…

No eran maniqueos ni gnósticos, ni católicos, pero…

Ojo, los cátaros no eran maniqueos, por mucho que algunos hayan querido equipararlos, tal y como hicieron los primeros obispos que se alarmaron por su existencia o los inquisidores dominicos. Pero no fueron los únicos: en 1890, el historiador alemán de la Iglesia Ignacio von Döllinger se sacó de la manga una secuencia evolutiva que para nada está clara y que, sin embargo, ha acabado convirtiéndose en un *leitmotiv* presente en muchísimas obras divulgativas sobre nuestros queridos buenos cristianos. Döllinger, que fue excomulgado en 1871 por defender que eso de la infalibilidad papal era una trola —este dogma se estableció en el Concilio Vaticano I de 1870—, planteó que los cátaros procedían de los bogomilos de Bulgaria y que estos, a su vez, surgieron como evolución de dos doctrinas cercanas pero distintas: el gnosticismo y el maniqueísmo, que, a su vez, tomaron muchos elementos del zoroastrismo y el mazdeísmo.

A partir de entonces, otros estudiosos han dado por válida esta secuencia evolutiva.

Ninguna de estas dos ideas es del todo cierta. Ni los cátaros procedían directamente de los bogomilos, aunque fueran influenciados por ellos, ni sus doctrinas descendían de los gnósticos y los maniqueos, aunque guarden ciertos parecidos —lo que sí indica es, al menos, una cierta transmisión de ideas—. Por lo tanto, ni tanto ni tan poco. Evidentemente, las creencias de los cátaros recibieron inspiración de estos dos movimientos, aunque no haya una transmisión clara y localizada. Pero así son las ideas, se van moviendo, fluyen, se reacondicionan a las circunstancias, cambian y viajan.

Los maniqueos, por si no lo recuerdan, eran los seguidores de Manes, un persa del siglo III, cuyo nombre no se conoce —lo de «Manes» era un cargo o un título—, que realizó un curioso ejercicio de sincretismo religioso al unir una particular versión del cristianismo con el dualismo zoroástrico y algunas superficiales adiciones de ética budista. Aunque existe muy poca información sobre su vida, se da por hecho que se crio en una comunidad cristiana ascética. Cuanto tenía unos veinticinco años, una entidad llamada Syzygos («gemelo») se le apareció y le entregó una revelación que cambió su vida por completo y le llevó a predicar que la salvación solo se podía conseguir mediante el conocimiento (la gnosis), el desapego y el desprecio hacia lo material, el vegetarianismo, la castidad y el recato en casi todo.

No en vano, lo esencial de la doctrina era la creencia en la lucha eterna entre dos principios opuestos: el Bien (la luz, Zurván) y el Mal (la oscuridad, Ahrimán). Nuestro espíritu procede del Bien, pero nuestro cuerpo es una creación de Mal. Así, la verdadera salvación consiste en liberar la luz de nuestro espíritu y regresar con el Bien absoluto. Claro, para conseguir esto había que llevar una vida ascética y entregada a la oración. Los que hacían esto eran los *electi*, los «elegidos», los que se salvarían tras la muerte. El resto de creyentes, los *auditores* («oyentes»), se encargaban de atender a los elegidos y no estaban sometidos a sus estrictas normas de conducta en el mismo grado. El objetivo de su vida era conseguir ser un elegido en la siguiente reencarnación. Ese era el plan.

Manes, pese a que rechazaba todo el Antiguo Testamento, terminaría afirmando que era el último de un largo linaje de hombres

Grabado Flammarion, autor anónimo. Ilustración incluida en el libro de Camille Flammarion *L'Atmosphere: Météorologie Populaire* (París, 1888), en su página 163. Texto del pie de la ilustración: «Un misionero medieval cuenta que había encontrado el lugar en el que el Cielo y la Tierra se encontraban».

ilustres enviados por Dios (el Bien), a los que llamaba eones: Set, Noé, Abraham, Henoc, Zoroastro, Hermes, Buda y Jesús. Ah, y Platón. Pero él era el definitivo, el sello de los profetas, título que años después se otorgaría también Mahoma. Además, anunció que era el Paráclito prometido por Jesús según el Evangelio de Juan, el consolador...

Aunque el maniqueísmo se extendió por gran parte de Occidente, especialmente en España, Francia, el norte de Italia y los Balcanes —países todos con presencia cátara— se extendió especialmente por la antigua Persia, Siria, Egipto y algunos lugares del Oriente, como China, donde floreció una próspera colonia que perduró hasta bien entrado el siglo XVII. No saben lo que me gustaría hablarles de esto, pero no es el objetivo de este libro.... Quizás algún día.

Muchos elementos esenciales en el maniqueísmo están ausentes en las creencias de los cátaros, como la delirante mitología astral, su simbolismo o el culto a Manes. Pero otros sí, como habrán podido comprobar. Además, practicaban un rito de iniciación, mediante el que un oyente se convertía en un elegido, que consistía en una imposición de manos...

Así pues, aunque no sepamos cómo se produjo el trasvase ni cómo fue la línea difusionista, el maniqueísmo guarda una evidente relación con el catarismo. Como la guarda con el gnosticismo.

Tampoco eran gnósticos cristianos. Pero sí, también existen un buen número de semejanzas y puntos de encuentro. No voy a meterme en el peligroso berenjenal de intentar explicar en pocas páginas qué es el gnosticismo y quiénes fueron los gnósticos, más allá de decir que fueron un grupo de cristianos que florecieron desde finales del siglo I, o antes incluso, que se extendieron especialmente por Egipto, que escribieron un montón de Evangelios sumamente interesantes, y que, como buenos dualistas que fueron, repudiaban la materia por considerarla impura y aspiraban a ser elevados mediante la gnosis/conocimiento, y mediante una vida austera, recta y entregada a la búsqueda interior, al Pleroma, un lugar divino del que proceden nuestras almas y donde no existe la corrupción de la materia.

Jesús, pensaban, vino a explicarnos que ese era el camino de la salvación, pero no se encarnó realmente, o sí, o solo lo pareció —piensen que había varios tipos de gnósticos—, lo que les llevaba a negar que muriese en la cruz.

Sirvan de ilustración estas palabras de una obra de estas gentes, en *El Segundo Tratado del Gran Set* (uno de los manuscritos hallados en Nag Hammadi), supuestamente del propio Jesús:

> Yo no morí en realidad, sino en apariencia. [...] Pues mi muerte, que ellos creen que acaeció, les acaeció a ellos en su error y ceguera, ya que ellos clavaron a su hombre hasta la muerte. [...] Fue otro, su padre, quien bebió la hiel y el vinagre; no fui yo. Me golpearon con la caña, fue otro, Simón, quien portó la cruz sobre sus hombros. Fue otro sobre el que pusieron la corona de espinas. Pero yo me regocijaba en las alturas sobre toda la riqueza de los arcontes y de los vástagos de su error, de su vacía gloria. Y yo me reía de su ignorancia.

Los cátaros tampoco eran docetas, aunque sus parecidos tenían. Ni eran nestorianistas, que iban más allá en esta deriva y planteaban, como hizo en el siglo IV Nestorio, patriarca de Constantinopla, que en Jesús habitaban dos naturalezas diferenciadas, una divina y otra humana, al contrario que la Iglesia de Roma, que por aquella época decidió que no, que en Jesús no había dos personas, sino una, pero con dos naturalezas... El conflicto se resolvió, como imaginarán, a favor de Roma, que tras varios concilios terminó excomulgando a Nestorio y prohibiendo su doctrina, el nestorianismo, que fue condenada a mediados del siglo V como herética.

Y luego estaban los monofisistas, que planteaban que en Jesús solo había una persona y una naturaleza... Un lío.

Así pues, los cátaros guardaban grandes parecidos con algunas de estas doctrinas anteriores (maniqueos, gnósticos, docetas), que de algún modo, tras mezclarse con otros elementos —como el paulismo, una interpretación extrema de la doctrina paulina respecto a la castidad, el celibato y la santidad de ambas virtudes—, dieron lugar a un proyecto similar, pero diferente.

MÁS PARECIDOS DE LO QUE ELLOS MISMOS PENSABAN...

Eso sí, no debemos menospreciar las semejanzas con los católicos y demás cristianos del momento. Sí, los cátaros tenían unas creencias extremadamente radicales y heréticas, pero, si dejamos a un lado el dualismo, la negación de la humanidad de Jesús y el rechazo de los sacramentos y la Eucaristía, en casi todo lo demás actuaban y pensaban igual.

Por ejemplo, los cátaros celebraban las fiestas del calendario católico (Pascua, Navidad, Pentecostés), aunque las veían de una manera simbólica; compartían con los católicos el mismo aprecio por la castidad, que también debían cumplir los monjes y los curas —aunque no lo hiciesen—, y que era considerada una virtud entre el pueblo llano; mantenían similares disciplinas alimenticias y ayunos —más los monjes que los curas y obispos, que siempre han sido de buen yantar—; y al igual que ellos, tenían prohibido mentir y dañar al prójimo, y matar, y robar...

Y respecto al dualismo, si bien para los católicos Dios fue el «creador del cielo y de la tierra» —como se estableció en el credo aprobado en Nicea en el año 325—, también se considera que este mundo es inferior al mundo celestial, al mundo de los cielos, al que todos los creyentes católicos esperan ascender tras la muerte. El Evangelio de Juan, como vimos, tenía muchos ramalazos dualistas, de ahí que fuese especialmente apreciado por los cátaros y los gnósticos.

Además, no debemos olvidar que durante la Edad Media y los siglos siguientes estuvo muy extendida la idea de que el Diablo estaba malmetiendo y moviendo los hilos para fastidiar a los humanos y desviarlos del recto camino hacia la salvación. Esto fue algo especialmente efervescente en las primeras décadas del segundo milenio, a partir del año 1000, cuando se pensaba que la llegada del Anticristo estaba al caer y que el fin del mundo era inminente. A los propios cátaros se les llegó a considerar como falsos profetas y herramientas del Diablo, como las brujas y otros perseguidos.

Por último, contaban con una jerarquía parecida, aunque mucho menos compleja. En la cúspide del poder no había un papa, claro, sino obispos que eran elegidos por los propios perfectos. Por debajo estaban dos figuras muy curiosas: un «hijo mayor» y un «hijo menor», que servían a los obispos de coadjutores. Cuando un obispo moría, el hijo mayor ocupaba su lugar, y el hijo menor asumía el de este, así que los perfectos elegían entre sus filas un nuevo hijo menor. Luego estaban los diáconos, que no está muy claro cómo conseguían el cargo; y, finalmente, los buenos cristianos consolados de a pie, los perfectos. Ningún obispo estaba por encima de los demás, por lo tanto, no había un obispo de obispos, pero tampoco había diferencia entre estos y los perfectos, más allá de una cierta autoridad moral.

Con esto quiero expresar, simplemente, que el catarismo germinó exactamente en ese estado de las cosas, en un contexto de urgencia escatológica y apocalíptica en el que se veía que la guerra definitiva entre el bien y el mal estaba a la vuelta de la esquina. Su pecado fue llevar estas ideas un paso más allá, enfrentando por completo este mundo del Diablo con el mundo de Dios.

El consolament

Los cátaros no practicaban, como es lógico, ninguno de los siete sacramentos católicos, ni los de iniciación (bautismo, eucaristía y confirmación), ni los de sanación (penitencia, o confesión, y extremaunción), ni los que están al servicio de la comunión (el matrimonio y el conocido como sacramento del orden sagrado, que solo reciben los que son ordenados como sacerdotes). Casi todos, de alguna manera, estaban incluidos en su principal rito, el *consolament* (en occitano) o el *consolamentum* (en latín), del que ya he expuesto algunas ideas.

En algunos de los brotes protocátaros se encuentran indicios claros de que sus protagonistas practicaban el *consolament* o la imposición de manos como vehículo de la salvación. Los canónigos de Orleans, quemados en 1022, lo practicaban: «Te abriremos la puerta de la salvación; entrarás por la imposición de nuestras manos y quedarás limpio de todo pecado; serás colmado por el don del Espíritu Santo que te enseñará sin reservas el sentido profundo y la verdadera dignidad de todas las Escrituras» (Brenon, 1997, 39). Muy cátaro todo. Y no es el único caso. En la comunidad piamontesa del castillo de Monforte, masacrada en 1028, también se practicaba, por parte de una «pandilla de diablos que llevaban hábitos negros» (*ibid.*). Por supuesto, los bogomilos también realizaban algo parecido, así como los herejes de Renania, de los que luego hablaremos.

También es cierto que en estos primeros movimientos hubo dos etapas de este sacramento: una primera en la que funcionaba como un rito de iniciación, como un bautismo, que convertía al sujeto en cuestión en creyente; y una segunda, administrada por un obispo, que tenía más bien un sentido de ordenación y que convertía al creyente en miembro del clero cátaro, en un perfecto, siguiendo con esa tradicional definición. Posteriormente, en la Occitania de finales del siglo XII estos dos pasos se fusionaron en uno solo.

Así, funcionaba como un rito iniciático mediante el que un creyente ordinario pasaba a formar parte de este modo de lo que, salvando las distancias, podía considerarse como el clero de los cátaros. Era, por lo tanto, un bautismo, pero también venía a sustituir los sacramentos de la confirmación y el orden sagrado —de hecho, en los textos cátaros se emplean indistintamente las palabras «bautismo» y «ordenación»—. Y, por supuesto, era un acto redentor, que eliminaba los pecados cometidos hasta entonces, por lo que también sustituía a la penitencia.

El nombre del *consolament* procede de las escrituras cristianas. Exactamente, de algo que se menciona solo en el Evangelio de Juan, donde en varias ocasiones se habla de la futura llegada del Paráclito (*Parákletos*, literalmente «uno llamado al lado del otro», de donde procede también la palabra 'paracleto', que significa «abogado»), un salvador que llegará después de Jesús para morar con los discípulos, consolarles, inculcarles sus enseñanzas y acompañarles en su labor misionera. De hecho, aunque en algunas traducciones aparece como «consejero», «maestro», «ayudante» o «intercesor», en otras, como en la de Reina Valera (1995), que paso a citar a continuación, se le menciona como el «consolador» (*consolator* en latín):

> Y yo rogaré al Padre, y os dará otro Consolador, para que esté con vosotros para siempre: el Espíritu de verdad, al cual el mundo no puede recibir, porque no le ve, ni le conoce; pero vosotros le conocéis, porque mora con vosotros, y estará en vosotros. No os dejaré huérfanos; vendré a vosotros (Juan 14,16-18).

En realidad, según se aclara poco después en este mismo Evangelio, se trataba del Espíritu Santo: «Os he dicho estas cosas mientras estoy con vosotros. Pero el intercesor [el Consolador], el Espíritu Santo, al que el Padre enviará en mi nombre, ese os enseñará todo y os recordará todo lo que yo os he dicho» (Juan 14, 25-26).

El propio Pablo de Tarso hace referencia a esto en alguna de sus cartas, sin denominarle en ningún momento Paráclito, por ejemplo, en Romanos (5, 5): «Porque el amor de Dios ha sido derramado en nuestros corazones por el Espíritu Santo que nos fue dado».

Es más, en los Hechos de los Apóstoles, se narra que Jesús, después de muerto, se manifestó a los apóstoles y les dijo:

El descenso del Espíritu Santo en Pentecostés, Tiziano, 1546.

> Porque Juan bautizó con agua, pero vosotros seréis bautizados con Espíritu Santo después de no muchos días. [...] Recibiréis el poder del Espíritu Santo que vendrá sobre vosotros y seréis mis testigos en Jerusalén, en toda la Judea, en Samaria y hasta el confín de la tierra (1,5; 1,8).

Y justo después «fue elevado y una nube lo sustrajo» (1,9).

Dicho y hecho, unas semanas más tarde, durante el famoso episodio que tuvo lugar en la festividad de Pentecostés —significa «cincuenta días» en griego, y se llama así porque se celebra cincuenta días después de la Pascua judía—, el Espíritu Santo, el Consolador, fue entregado a los apóstoles.

> Estaban todos juntos en el mismo lugar. Y se produjo de repente un sonido desde el cielo como de un viento que irrumpe impetuoso y que llenó toda la casa en la que estaban aposentados; y se les aparecieron unas lenguas como de fuego que se repartieron y se posaron sobre cada uno de ellos; y quedaron todos llenos de Espíritu Santo y comenzaron a hablar en otras lenguas según el Espíritu les concedía expresarse (Hch 2,1-4)

Así, el Paráclito, el Espíritu Santo, sería a la vez el donante y el don entregado.

RITUAL

La ceremonia era bastante sencilla y sin una ritualística nada elaborada, aunque bastante larga. La conocemos gracias a los manuscritos que han llegado hasta nosotros y a las declaraciones de numerosos creyentes y perfectos ante la Inquisición.

El acto se podía celebrar en cualquier lugar, aunque en tiempos de paz solía hacerse en la casa de algún creyente o en alguna casa comunitaria de perfectos o perfectas. El novicio se presentaba junto

Con este QR pueden acceder a una transcripción del texto del ritual occitano del *consolament*, traducido al castellano.

a un padrino, y, tras comprometerse a cumplir la estricta regla de vida —que ya llevaba cumpliendo durante un año o más—, prometía no abandonar la iglesia por ningún motivo. Tras una purificación general y un lavado de manos colectivo, se procedía a la lectura de un largo sermón en el que se explicaba en qué consistía el paso que iba a dar, con las siempre necesarias y legitimadoras referencias evangélicas.

Acto seguido, y en mitad de una abrumadora cantidad de bendiciones, genuflexiones y prosternaciones, los perfectos allí presentes le imponían la mano derecha sobre la cabeza, a la vez que el oficiante le ponía un ejemplar del Nuevo Testamento o del Evangelio de Juan —la ceremonia, generalmente, era oficiada por el obispo local o, en su ausencia, por algunos de sus dos «hijos», aunque en los tiempos de persecución la oficiaba cualquier perfecto—. Después, tras algunas plegarias rituales, y varios padrenuestros y *Adoremus*, se leía

Representación actual del *consolament*.

solemnemente el prólogo del Evangelio de Juan, que el ya consolado besaba para finalizar.

La ceremonia se cerraba con el beso de paz, como sucede en cualquier misa católica, aunque se cree que era en la boca, como hacen los griegos. Eso sí, solo entre los mismos géneros. En caso de que la consolada fuese una mujer, ponían en medio un libro para evitar la tentación. Hay que tener en cuenta que el voto de castidad prohibía, incluso, tocar a una mujer o sentarse a su vera.

Como es lógico, en tiempos de paz se realizaba la ceremonia completa y de una forma pública, en la casa de algún buen cristiano o de un piadoso creyente. Pero cuando la cosa se complicó, además de celebrarse en cualquier lado, se reducía a su mínima expresión.

Herejes antes de morir

El *consolament*, en una versión reducida, también se aplicaba de forma excepcional a los creyentes que estaban cerca de la muerte para la remisión de sus pecados y para que tuvieran, literalmente, «una buena muerte». Por lógica, no se exigía la preparación previa obligatoria para los aspirantes normales. Así, funcionaba de algún modo como la extremaunción. El propio Bernardo Gui, en su *Livre des Sentences*, hablaba de personas que se hacían herejes antes de morir.

Además, el moribundo debía obedecer hasta el momento de su muerte todas las obligaciones de un perfecto, por lo que era habitual que uno de ellos le acompañase en su agonía, incluso durante varios días, para evitar de camino que cayese en algún tipo de tentación. Tras el fatídico deceso, siguiendo algunas tradiciones ancestrales que se hunden en el abismo de los tiempos, el perfecto en cuestión solía permanecer a la vera del difunto durante tres cuatro días más, a la espera de que el alma abandonase el cuerpo y cogiese el camino hacia Dios. De hecho, en muchas casonas occitanas antiguas aún se puede observar una curiosa práctica relacionada con esto: solía quitarse una teja del tejado cuando alguien estaba moribundo para facilitar la huida del alma.

Eso sí, la persona debía estar plenamente consciente y debía aceptar explícitamente ser consolado, y, si podía, debía rezar el *Pater* después. Pero claro, esto no siempre era posible, por lo que llegó a extenderse desde comienzos del siglo XIII lo que se conoce como *convenensa*, un pacto previo que el creyente enfermo hacía con algún perfecto para que, en caso de que enfermase y perdiese la conciencia o el habla, pudiese ser consolado. Esta práctica fue especialmente común durante la decadencia final del catarismo, cuando encontrar a un perfecto se hizo casi imposible; aunque se convirtió en algo habitual, tras la cruzada y antes de la caída de Montsegur (en 1244), que muchos creyentes enfermos se trasladasen hasta este santuario cátaro para ser consolados y esperar allí la muerte.

Lo curioso es que, en caso de que el consolado no falleciese finalmente, sí que tenían que realizar el entrenamiento habitual para, de nuevo, recibir el *consolament* y convertirse en perfectos de pleno derecho. Por este motivo hay quien diferencia entre dos tipos de *consolament*: el que se practicaba a los aspirantes a perfectos y el de los enfermos o heridos que estaban cerca de la muerte.

Ojo, era usual que la familia, si podía, entregara un dinerillo o algunos objetos de utilidad a la iglesia por las molestias causadas. Al fin y al cabo, el finado había conseguido la salvación.

IMPOSICIÓN DE MANOS

Los cátaros estaban convencidos de que se trataba de un ritual que se había conservado a lo largo de los siglos y que procedía del que realizaban los apóstoles de Jesús. Creían que, durante el *consolament*, el Espíritu Santo descendía del cielo y entraba en la morada temporal del iniciado, morada que durante un tiempo antes, al menos un año, debía haber sido entrenada mediante la obediencia de sus normas alimenticias, el cumplimiento de una vida ascética y el aprendizaje de los principios de su fe. Había que preparar el vehículo en el que iba a morar el Espíritu.

A partir de ese momento, los creyentes comunes los adoraban. De alguna manera, los perfectos venían a funcionar, con las obvias diferencias, como los santos de la Iglesia de Roma, aunque, significativamente, eran adorados en vida y, lo que es más importante, por su ejemplo vital.

Como era habitual en ellos, los cátaros tiraron de exégesis y encontraron en el Nuevo Testamento argumentos que solían utilizar para explicar el ritual de la imposición de manos, como la narración del bautismo de Pablo de Tarso por Ananías, que también aparece en los Hechos de los Apóstoles, en la que queda claro que de este modo se transmitía el Espíritu Santo.

> Ananías fue, entró en la casa y *le impuso las manos* diciendo: «Saúl, hermano, me ha enviado el señor Jesús, el que se te apareció en el camino por donde venías, para que recobres la vista y quedes lleno de Espíritu Santo». Al punto cayeron de sus ojos algo como escamas y recobró la vista (9,17).

O en un episodio anterior, en el que varios conversos, entre los que estaba Esteban, fueron conducidos hasta los apóstoles, los cuales, «después de hacer oración, les impusieron las manos» (6,6).

En otras escenas evangélicas, también usadas por los cátaros, es el propio Jesús el que impone sus manos, como en una narrada en Marcos (10,13-16), en la que bendice a unos niños de este modo; o en los versículos añadidos al final de este mismo evangelio —es decir, que no estaban en los primeros manuscritos—, cuando les ordena a sus discípulos que vayan por el mundo a predicar la buena nueva, y que, gracias a los poderes sobrenaturales que les otorgará, además de expulsar demonios y hablar nuevas lenguas, «pondrán las manos sobre los enfermos y estos sanarán» (16,18).

Evidentemente, si Jesús hacía esto es porque ya existía una tradición previa judía. Se sabe que la práctica de la imposición de manos estaba relacionada con la transferencia de poder o de autoridad de un patriarca a otro, como sucedió cuando Dios le ordenó a Moisés que tomase a Josué y pusiese sus manos sobre su cabeza para pasarle el cargo de líder del pueblo elegido (Números 27,18-21); pero también lo empleaban para perdonar los pecados, tomando como modelo la tradición judía del chivo expiatorio, un episodio en el que Aarón puso sus manos sobre la cabeza de un cordero para transmitirle todos los pecados del pueblo (Levítico 16,21), y posteriormente abandonarlo en el desierto a su suerte.

En resumidas cuentas, tanto en el Antiguo como en el Nuevo Testamento, la imposición de manos se empleaba para transmitir poderes, autoridad o, en el caso concreto de los apóstoles, el Espíritu Santo.

La Iglesia católica lo siguió practicando, pero los cátaros concentraron en este ritual toda su carga sacramental, amparados además por una famosa declaración que Juan el Bautista, al que no tenían en gran estima, proclamó mientras bautizaba con agua en el Jordán para quitar los pecados: «Detrás de mi viene el que es más fuerte que yo. Ante él no soy digno tan siquiera de inclinarme para desatar la correa de sus sandalias. Yo os bautizo con agua, pero él os bautizará con Espíritu Santo» (Marcos 1,7-8).

La conclusión evidente es que el bautismo con agua no garantizaba la salvación. Así lo explica el autor del *Tratado anónimo*, uno de los pocos textos cátaros que se conservan:

> Esta Iglesia practica el santo bautismo espiritual, es decir, la imposición de las manos, por el que se confiere el Espíritu Santo. [...] Pero *la mala Iglesia romana, como la mentirosa y sembradora de mentiras que es*, dice que Cristo entendía por ello el bautismo con *agua material*, que practicaba Juan el Bautista antes de que predicase Cristo. Lo que puede refutarse por múltiples razones, pues si el bautismo practicado por la Iglesia romana fuera el que Cristo enseñó en su Iglesia, entonces todos los que han recibido su bautismo estarían condenados. [...] Si por el bautismo del *agua temporal* la gente se salvará, Cristo habría muerto por nada; pues antes que él ya existía el bautismo del agua (citado en Brenon 1997, 103).

Un pequeño comentario de texto, a lo universitario: fíjense en las palabras que he puesto en cursiva. No tiene mayor importancia, pero esto me sirve para mostrar cómo era la narrativa cátara, ya que, como pueden comprobar, en unas pocas líneas se incide en que el agua del bautismo era terrenal y, por lo tanto, no tenía nada de divino. Por no hablar de cómo califica este anónimo autor a la Iglesia católica...

Un último detalle: el sacramento católico de la confirmación, aunque no mantiene la misma ritualidad, en esencia consiste en lo mismo.

Como sabrán los que hayan sido confirmados, el ritual tiene tres pasos: en primer lugar, el obispo y los sacerdotes presentes imponen sus manos sobre la cabeza de la persona en cuestión, que previamente debe haber renunciado al mal y haber realizado una profesión de fe. Acto seguido, este se sitúa frente al obispo y su padrino coloca su mano derecha sobre su hombro y pronuncia su nombre. El obispo moja su pulgar derecho en el crisma —un óleo sagrado, aceite de oliva perfumado para los descreídos—, y tras darle un golpe simbólico en la mejilla, confirmando de esta forma que el confirmado ya es un soldado de Cristo, hace la señal de la cruz en la frente del candidato —la *consignatio*—, a la vez que le dice: «Recibe por esta señal el don del Espíritu Santo», a lo que se responde: «Amén». Y listo.

En los primeros siglos del cristianismo, este sacramento se administraba justo después del bautismo, antes de la primera eucaristía, pero solo a los adultos. Con el tiempo se terminó disociando en tres rituales que se celebran en diferentes edades: al poco de nacer, al final de la niñez y durante la adolescencia, que es cuando se celebra la confirmación. El motivo, razonaron, es que se trata, como su propio nombre indica, de confirmar la adhesión a la Iglesia con la suficiente conciencia.

«De la celebración se deduce que el efecto del sacramento es la efusión plena del Espíritu Santo, como fue concedida en otro tiempo a los apóstoles el día de Pentecostés», se explica en el Catecismo católico. Es decir, los católicos, como los cátaros, transmiten también el Espíritu de esta manera.

Pero no queda aquí el uso católico de la imposición de manos. Durante la misa, por ejemplo, el sacerdote lo hace durante la consagración o en la bendición solemne con la que concluye el acto; y también en las bodas, justo después del Padrenuestro, sobre los novios; o durante la ordenación de nuevos sacerdotes.

Imagen del siglo XVII en la que se muestra a un obispo administrando el sacramento de la confirmación.

¿Y SI SE ROMPÍA LA CADENA?

Un último apunte relacionado con esto del *consolament*: dado que los cátaros defendían que el Espíritu Santo se había ido transmitiendo a lo largo de los siglos mediante este ritual, formando una larga cadena de cientos de años, era importante que los consolados no cayesen en las guerras del pecado. Las consecuencias eran devastadoras, ya que, de hacerlo, dejaba de ser un perfecto y, lo que es más importante, todas las personas que hubiesen sido consoladas por el pecador en cuestión también dejaban de serlo y perdían el Espíritu Santo.

Imaginen el drama.

Por este motivo, en los buenos tiempos, cuando podían desarrollar su religión en libertad y sin ser perseguidos, el *consolament*, si bien podía ser aplicado por cualquier perfecto o perfecta, solía ser cosa de los obispos o, en su falta, de algún diácono. Esto daba lugar a la formación de linajes de consolados y consoladores, a una serie de cadenas de transmisión conocidas como «órdenes». Se trataba de reducir al máximo la tragedia: cuanta menos gente anduviera consolando, menos riesgo había de que, por un desliz pecaminoso, se rompiese una cadena de *consolaments*. Pero pasó… y varias veces.

Cuando esto sucedía, la solución consistía en «reconsolar» a todos los perfectos que hubiesen perdido el Espíritu Santo. Pero también se reconsolaba por otras razones: por ejemplo, como sucedió en el concilio de Saint-Félix-de-Caraman en 1167, cuando un importante obispo venido de Oriente, Nicetas, reconsoló a un montón de obispos y perfectos.

Volveremos a esto, pero este es un buen ejemplo de lo que podía pasar si un perfecto o un obispo la liaba y sucumbía al pecado, ya que el tal Nicetas terminó provocando la ruptura de su cadena por mantener relaciones con una mujer…

EL PADRENUESTRO

Por otro lado, aparte de algunos *adoremus* y de los mántricos benedícites, los cátaros solo rezaban el padrenuestro, el *Pater Noster —Pater* para los amigos—, oración aceptada por todas las grandes denominaciones cristianas. Y no lo hacían todos, solo los ya consolados. De hecho, unos días antes de recibir el *consolament*, el novicio obtenía el permiso para rezarlo en una ceremonia conocida como «la tradición de la santa oración».

Aunque la costumbre católica ha adjudicado a Jesús la creación de esta oración, basándose en que en el Evangelio de Mateo les exhorta a rezar de ese modo a sus discípulos, en el de Lucas se deja entrever que el autor era realmente Juan el Bautista, aunque en esto no hay consenso académico:

> Y sucedió que encontrándose él orando en cierto lugar, cuando concluyó, le dijo uno de sus discípulos: «Señor, enséñanos a orar, como Juan enseñó también a sus discípulos». Y les dijo: «Cuando oréis, decid: "Padre, santificado sea tu nombre, venga tu reino. Danos cada día nuestro pan necesario, y perdónanos nuestros pecados, pues también nosotros perdonamos a todo aquel que está en deuda con nosotros, y no nos induzcas a la tentación» (Lc 11,1-4).

Además, llama mucho la atención que la oración que aparece en Mateo, aunque incluye el mismo texto que la de Lucas, incluya varias peticiones más. Ni siquiera en esto se pusieron de acuerdo los autores de los Evangelios, siempre a lo suyo.

Por cierto, el padrenuestro guarda un tremendo parecido con la llamada «oración del ciego», una pequeña plegaria que aparece en el *Libro de los muertos* egipcio y que conocemos gracias al Papiro de Ani, un texto escrito hacia el siglo XIV a. C. Tanto es así que algunos han propuesto que se trata de una versión de esta oración egipcia a la que se añadieron fragmentos de oraciones judías, como el *Abina Malkenu*, que se solía recitar durante la celebración del Yom Kippur, o el *Qaddish*, una oración de la época.

Eso sí, los cátaros rezaban el mismo padrenuestro que los católicos, pero con un cambio muy significativo. Creo que es fácil de detectar.

> Padre nuestro, que estás en el cielo, santificado sea tu Nombre; venga a nosotros tu reino; hágase tu voluntad en la tierra como en el cielo. Danos hoy nuestro pan suprasustancial; perdona nuestras deudas, como también nosotros perdonamos a nuestros deudores; no nos dejes caer en la tentación, y líbranos del mal. Amén.

¿Pan suprasustancial? Sí, los cátaros no vieron con buenos ojos eso del «pan nuestro de cada día», demasiado material, y lo cambiaron por esta otra fórmula. El problema está en el vocablo griego *epiousios*, cuya traducción ha sido objeto de debate. Tradicionalmente se ha interpretado así, como una referencia metafórica al alimento en general, y parece lo más válido. Pero algunos padres de la Iglesia, como san Jerónimo, lo tradujeron como *supersubstancialis*, pensando que en realidad hacía referencia al pan de la Eucaristía.

Los cátaros, en cambio, interpretaron esto de otro modo: el pan que está por encima de la sustancia representa el conocimiento, la sabiduría, que Jesús compartió con sus apóstoles y que indicaba el camino hacia la salvación. Visto así…

MELHORAMENT

Rezar el *Pater* era un privilegio para los iniciados; los creyentes normales, como no podían dirigirse directamente a Dios, no podían rezarlo. De ahí el *melhorier* («acto de mejora») o *melhorament*, un curioso ritual en el que, básicamente, el creyente reconocía al perfecto de turno como depositario del Espíritu Santo y le pedía que interpelase ante Dios por él.

Se realizaba siempre que uno se encontraba ante algún consolado, ya fuera en una casa, en un camino del Lauragais o del Aude, o en las calles de Toulouse, lo que implicaba un cierto riesgo por parte de todos.

El creyente se arrodillaba y, con ambas manos juntas, se inclinaba tres veces hasta el suelo; en cada genuflexión, el creyente decía «*benedicite*» («bendíceme»), añadiendo en la última: «Señor, rogad por este pobre pecador que soy para que haga de mí un buen cristiano y me conduzca a un buen fin». Entonces, el perfecto, hombre o mujer, a su vez, replicaba: «Que Dios os bendiga… En nuestras oraciones, le pedimos a Dios que te haga un buen cristiano y te lleve a un buen fin». Los católicos no terminaron de entender esto y lo vieron como un acto de adoración a los perfectos, aunque no lo era, y muchos creyentes fueron condenados solo por haberlo hecho en alguna ocasión.

Por cierto, si algún día pasan por Limoux, no duden en acercarse a alguna tiendecilla y adquirir, además del tradicional Blanquette, una botella de un Chardonnay local que se llama, precisamente, Melhorier.

LA *ENDURA*

Para concluir con esto de los rituales cátaros, es necesario hablar de algo que también ha sido muy malinterpretado tanto por la Iglesia, que lo vio como una clara inducción al suicidio, como por algunos investigadores vagos, que lo han descrito como una especie de acto místico maravilloso. Ni de lejos era eso.

Me refiero a la *endura*, un ritual tardío, del que nada se habla en las sumas, tratados y testimonios ante la Inquisición anteriores al siglo XIV, lo que implica que solo existió cuando el catarismo, reducido a su más mínima expresión, tras un siglo de hogueras y persecuciones, era algo muy minoritario. Pese a ello, y quizás por la carga emocional que conllevaba esta práctica, se ha convertido en uno de los *leitmotivs* de los que se suele tirar cuando se quiere hablar a vuela pluma de los cátaros, casi siempre sin molestarse en entender lo que realmente fue, como hicieron los propios católicos que lo criticaron en el ocaso de la herejía.

Endura significa en occitano «ayuno». Sin más. Lo conocemos porque varios detenidos por la Inquisición reconocieron haberlo hecho o haber presenciado cómo algún conocido o familiar enfermo, tras ser consolado, se había entregado a un ayuno voluntario y casi absoluto, ya que solo podían beber agua y, como mucho, comer pan, y solo si eran capaces de rezar el padrenuestro; si no, tenían que esperar a que un perfecto les acompañase.

Pero claro, como recordarán, cuando hablé del *consolament* que se aplicaba a los moribundos para que tuvieran una buena muerte, comenté que un perfecto solía acompañarles hasta que por fin dejaban esta vida. En tiempos de persecución esto se convirtió en algo muy complicado, aunque se hacía cuando era posible. Pero a finales del siglo XIII era muy difícil tener a un perfecto disponible, por lo que comenzó a emplearse la *endura* como una forma de evitar volver a pecar tras haber sido consolado y como una despedida lenta, pero calmada, de esta vida.

Es decir, hablando en plata, era un suicidio en diferido, pero sin dramatismos. Se entregaban a la muerte con la seguridad de que habían conseguido la salvación. Claro, esto podía tardar días.

Lo curioso es que, en más de una ocasión, como demuestran algunos testimonios, el moribundo recobraba la vida. Bernard Marty, un pastor de Junac, se puso en *endura* tras ser consolado, convencido de que iba a morir, pero a los tres días se le pasó la fiebre y dijo que tenía hambre. Guillaume Authié le trajo pan, vino y carne. Comió, pero perdió el *consolament*.

Aunque también sucedía que la familia pasase de rollos y decidiese alimentarle, aun a riesgo de que no consiguiese ser salvado.

Por supuesto, los cátaros tenían por completo prohibido el suicidio. Aunque algún caso hubo, como el de Sans Mercadier, un discípulo del notable perfecto Pierre Authié, precisamente el responsable de que la *endura* se pusiese de moda en los últimos años del siglo XIII y los primeros del siguiente. Ya les contaré cosicas sobre este fascinante señor.

Una vida entregada a la causa

Lo de ascender al Cielo mediante una buena muerte, siguiendo la narrativa de los propios cátaros, no era nada fácil. Había que currárselo una vez que el Espíritu Santo entraba en sus cuerpos durante el *consolament*, y el camino pasaba por llevar una vida pura y ascética, según marcaba su particular regla.

El objetivo era desligarse lo máximo posible de la materia demoniaca, siguiendo el ejemplo que siglos atrás recibieron los apóstoles, que habían recibido el conocimiento de Jesús. Para eso vino, para enseñar a los humanos cómo escapar de esta prisión terrenal. Así, los perfectos y perfectas, además de entregarse a una vida pastoral de predicaciones, tanto en tiempos de paz como durante las persecuciones, con la ambiciosa pasión de salvar el máximo de almas posibles, tenían que vivir una vida coherente con sus ideales.

CASTOS Y PUROS

Había que evitar darle alas a Satán y contribuir en la creación de más humanos. Para ello era necesario renunciar por completo al acto carnal.

Si bien es cierto que en algunas escenas evangélicas defiende el matrimonio, como en Mateo 19,3-6 —«Lo que Dios ha unido, que no lo separe el hombre»—, el propio Jesús, según la Iglesia, fue célibe por decisión personal, al igual que lo fueron, por ejemplo, muchos esenios (como afirmaron Plinio el Viejo o Flavio Josefo), o como lo fue el Predecesor, Juan el Bautista, que murió solo e inmundo —tanto que su cadáver tuvo que ser recogido por sus discípulos, lo que dejaba claro que no tenía familia—. Además, pese a lo que se ha dicho en algunas fuentes modernas, el celibato autoimpuesto por motivos religiosos no solamente no era mal visto por los compatriotas judíos, sino que era bastante apreciado y respetado.

Pero también se ve una afirmación activa del celibato, algo dolorosa y repelente, en Mateo 19,12: «Hay eunucos que nacieron así del seno materno; otros fueron hechos eunucos por los hombres; y hay otros que se hicieron a sí mismos eunucos por amor al Reino de los Cielos. Quien pueda poner esto en práctica, que lo haga».

O al menos, como afirmó en otros momentos, el que siguiese su camino tenía que prepararse para recibir el Reino de Dios libre de toda atadura: «Os aseguro que todo aquel que haya dejado casa, mujer, hermanos, parientes o hijos por el Reino de Dios recibirá mucho más en este mundo, y la vida eterna en el futuro» (Lc 18,29-30).

Es más, en el Nuevo Testamento encontramos varias referencias a discípulos suyos que dejaron a sus familias, como Pedro, del que sabemos que tenía suegra, y por lo tanto esposa, a la que necesariamente tuvo que abandonar para lanzarse a predicar con Jesús por las tierras de Galilea.

Pero ¿por qué motivo decidió Jesús renunciar a los placeres carnales? No lo sabemos. Podría ser una cierta misoginia, como han propuesto algunos, en el sentido de que las mujeres le distraerían de sus faenas religiosas, lo que está en clara contradicción con el destacado papel de sus discípulas durante su ministerio público; o podría tratarse de un acto de entrega total y absoluto a Dios y a su ministerio, el mismo que le pedía a sus fieles, aunque más radical, como parece quedar claro en la anterior cita (Mt 19, 12); o por el mismo motivo que los fanáticos esenios —por considerar que al mundo le quedaban tres días y la procreación ya no era necesaria—, algo que podemos entrever en varios episodios evangélicos, como el anteriormente citado de Lucas o este de Marcos:

> Cuando veáis que el ídolo abominable y devastador está donde no debe [procure entenderlo el que lee], entonces los que estén en Judea que huyan a los montes; el que esté en la azotea, que no baje ni entre a tomar nada de su casa; el que esté en el campo, que no regrese en busca de su manto. ¡Ay de las que estén encintas o criando en aquellos días! (Mc 13,14-17).

Jesús habría decidido ser célibe, según esta postura, para dedicarse en cuerpo y alma a su predicación, pero no porque estuviese especialmente en contra de la institución del matrimonio, sino porque consideraba que el fin del mundo, tal y como lo conocían, estaba al caer. Se trataba de algo inherente a su misión profética y a su perspectiva escatológica.

Lo cierto es que, si Jesús fue un rabino, un maestro —como parece que fue—, su soltería solo sería comprensible desde un sentimiento religioso radical cercano al punto de vista que tenían colectivos escatológicos como los esenios de Qumrán, muchos de los cuales eran célibes y defendían ese modo de vida como el ideal.

Sea como fuere, en los primeros siglos de la Iglesia se tomó al pie de la letra aquello de hacerse eunucos por amor al Reino de Dios. Numerosos jóvenes cristianos, obsesionados con la pureza, la castidad y las tentaciones de la carne, llegaron a castrarse. Justino Mártir, un apologista cristiano del siglo II, mencionó que un zagal cristiano de Alejandría pidió permiso al gobernador romano local para ser castrado. Se lo denegaron. Epifanio, en su *Panarion* (378), habló de los monjes valesianos de Transjordania, que defendían la autocastración como camino de santidad y que castraban a todo aquel que se acercaba demasiado a sus monasterios —no es de extrañar que acabasen siendo declarados herejes—. Pero el caso más famoso es el del mismísimo

La curación de la suegra de Pedro, John Bridges, 1839.

Orígenes de Alejandría, que se castró a sí mismo cuando tenía 18 años. Tiempo después se arrepintió, pero poco podía hacer ya.

Así pues, los perfectos practicaban una castidad estricta, y por los mismos motivos que Jesús, aunque también para boicotear las acciones del Diablo, siempre empeñado en crear *Homo sapiens*. Hasta tal punto tenían miedo a caer en el más mínimo desliz que intentaban, incluso, no rozar las faldas de alguna mujer o sentarse en un mismo banco. Si por algún motivo se producía un contacto, se ponían tres días en ayuno estricto.

Pero también rechazaban por completo el matrimonio, convertido en sacramento poco tiempo antes con la reforma Gregoriana. Dios, entendían, no podía aprobar una unión entre dos personas basada en la sexualidad, la procreación y algunos intereses patrimoniales. Todo eso era excesivamente mundano. De hecho, consideraban casi que peor el acto del matrimonio que el sexo entre solteros, ya que este último podía ser fruto de un calentón esporádico, mientras que el otro era repetitivo, y con nocturnidad y alevosía. Pero todo acto carnal era pecado, sin grados, todo igual. Veían igual de pecaminoso que un hombre se acostase con su mujer o que lo hiciese con una extraña, o incluso con alguna familiar.

Claro, esta condena del matrimonio como sacramento divino implicaba que su disolución tampoco era pecado. Por lo que las separaciones se veían con absoluta normalidad, para mayor escándalo de los católicos fanáticos.

La Iglesia atacó estas prácticas, además, porque consideraba que la renuncia a la procreación iba contra Dios, que dejó claro aquello de «creced y multiplicaos», y podía poner en peligro la supervivencia de nuestra especie. Pero claro, decían esto los mismos que llenaban sus conventos con niños y niñas vírgenes que también hacían voto de castidad, mientras que los cátaros, por lo general, no eran consolados hasta la edad adulta, o incluso en la vejez, algo que se daba especialmente en las mujeres.

ÉTICA Y MORAL

Los cátaros consolados se pasaban la vida rezando el padrenuestro. Lo hacían nada más levantarse, al acostarse, antes de comer o beber cualquier cosa —incluso un vaso de agua—, antes de emprender cualquier acción peligrosa —por ejemplo, antes de pasar un puente o de subirse a un barco—. Hasta durmiendo lo rezaban un mínimo de seis veces. Y eso sin contar los innumerables *adoremus* y las acciones de gracias. Pero vamos, en esto se diferenciaban muy poco de los monjes católicos, que también se pasaban el día rezando, y, como ellos, mortificaban a menudo sus cuerpos con sangrías.

Uno de los aspectos más sorprendentes era su admirable sentido de la ética. Por ejemplo, no podían aceptar ningún tipo de limosna o ayuda sin ofrecer algo a cambio. Si iban por un bosque y se encontraban a una liebre atrapada en una trampa, tenían el deber de liberarla. Pero como aquello suponía un perjuicio para el cazador, le dejaban una moneda como compensación. Si alguien les regalaba, digamos, unas berenjenas o unos cogollos, a cambio les daban algo, generalmente una moneda o una prenda de ropa. Claro, esto en tiempos de paz. Cuando todo se torció y los perfectos pasaron a la clandestinidad, pasaron a depender casi por completo de la ayuda de los creyentes, ya que no podían trabajar. Ya veremos cómo se articulaba esto.

Tampoco podían mentir ni jurar. Lo primero es lógico, y todos los sistemas éticos lo condenan. Pero tenía sus implicaciones vitales: para evitar mentir sin querer, por un descuido, pensaban bien lo que tenían que decir y solían curarse con fórmulas estereotipadas del tipo: «No lo sé, solo Dios lo sabe», «es posible», «si Dios lo quiere».

Lo de no jurar también es lógico, ya que los juramentos solían hacerse, como hasta hace poco, con una Biblia en la mano, y Dios no debe estar para esas cosas. Pero esta prohibición era especialmente significativa en el mundo feudal, en el que todas las relaciones de interdependencia se hacían mediante juramentos. Las consecuencias de esto son importantes: los vínculos previos de vasallaje que un perfecto o una perfecta tuviesen quedaban totalmente anulados en el momento de ser consolados. Aunque también es cierto que allí, en Occitania, esos lazos tenían un marcado carácter familiar y cercano, como ya vimos.

A la menor falta, se castigaba con ayunos, a veces a base solo de agua con una nuez hervida, y con una buena retahíla de *Paters* y genuflexiones. Una vez al mes, todos los perfectos tenían que realizar una confesión pública y solemne que se conoce como *aparelhament* o *servici*. En tiempos de paz, solía celebrarse en alguna comunidad de perfectos o perfectas, a la que acudía un diácono, o el obispo en ocasiones especiales. Pero claro, lo que confesaban eran pecadillos absolutamente veniales e insignificantes, que se saldaban, una vez más, con *Paters* y genuflexiones. En caso de que el pecado fuese mayor, el pecador podía perder el Espíritu Santo otorgado por el *consolament*. Para recuperarlo tenía que pasar de nuevo por todo el largo proceso de iniciación y educación que terminaba con el acto solemne. Claro, esto en tiempos de paz era fácil, pero cuando pasaron a vivir en la clandestinidad suponía un grave problema.

El bueno de Guilhem Bélibaste, conocido tradicionalmente por ser el último cátaro —aunque, siendo estrictos, no lo fue—, a principios del siglo XIV cayó en el pecado de la carne y tuvo que ser reconsolado. El problema es que este tipo de actos debía realizarlos un obispo o un diácono, y el único disponible, en una época en la que el catarismo estaba a punto de desaparecer, eran Raimon Izarn, que se había exiliado unos años antes a Sicilia. Así que tuvieron que tomar otra opción: fue reconsolado por su amigo perfecto Raimon de Castelnau.

Además, condenaban el homicidio en cualquiera de sus formas, incluso si se trataba de animales. De ahí que tuviesen totalmente prohibido comer carne de cualquier tipo, así como huevos o leche —y sus derivados—, aunque sí pescado. Hasta tal punto llegaba su renuncia a matar animales que algunos terminaron en la hoguera por no hacerlo. Hacia 1300, dos damas nobles del condado de Foix, Alesta de Châteauverdun y Serena, viuda de Arnaud de Châteauverdun, fueron citadas a declarar ante la Inquisición. Eran perfectas y, conscientes de que la hoguera les esperaba, decidieron huir, dejando incluso a algún niño pequeño al cuidado de sus doncellas. Consiguieron llegar hasta Toulouse, donde se alojaron en una posada, con tan mala suerte que la dueña las caló y, animada por la prima que se daba a los delatores, decidió comprobar si eran realmente herejes. «Tengo que ir al pueblo a hacer unas cosillas. Aquí tenéis dos pollos vivos, si queréis prepararlos, me haréis un favor y comeréis antes», les debió decir. Pero a su regreso los pollos seguían vivos. «Si usted los mata, nosotras los prepararemos, pero no tenemos el valor para matarlos nosotras mismas», comentó Arnaud. En unos minutos estaban allí los soldados enviados por los inquisidores. Las damas, conscientes de su terrible destino, lo afrontaron con una solemnidad apabullante. «Denos, si les place, algo de agua para poder lavarnos el rostro, no queremos llegar ante Dios pintadas de esta forma», dijeron…

Cuando visitaban la casa de algún creyente, por respeto, todos comían según sus normas. Pero no piensen que comían mal. Disfrutaban de todo tipo de verduras, frutas y hortalizas, así como pan, aceite, miel y vino, aunque aguado, nunca en exceso, y evitando siempre la mal vista ebriedad.

Eran muy de *empastatz*, unos pásteles de pescado de río que aún se siguen haciendo.

Además, estaban obligados a mantener ayuno cada dos días, aunque no era absoluto, ya que comían pan y bebían agua, y durante las tres cuaresmas que cumplían (Pascua, Navidad y Pentecostés), en las que permanecían una semana entera de ayuno.

EL DÍA A DÍA

Los consolados cátaros guardaban en su regla de vida un gran parecido con los monjes del momento, mayoritariamente cistercienses, como habrán podido comprobar. Pero, a diferencia de ellos, no vivían apartados del mundanal ruido, ni rezaban en templos o iglesias; al contrario, eran seculares, vivían en el «siglo», en el mundo, al que, paradójicamente, rechazaban: se pasaban la vida predicando e intentando salvar almas, pero también trabajaban para ganarse el sustento y eran totalmente accesibles —claro, esto antes de que comenzasen a ser perseguidos y quemados en piras—.

Eso sí, vivían en casas comunitarias, aunque separados por género, que estaban dirigidas por un anciano o una madre superiora. Allí dentro, su existencia era muy similar a la de los monjes, cumpliendo siempre los mismos votos monásticos: pobreza, obediencia y castidad. Como ellos, los perfectos mantenían una dieta estricta, rezaban a las mismas horas, aunque no las mismas oraciones.

Pero esas casas no estaban cerradas a los creyentes, cuya vida cotidiana apenas se diferenciaba de la de sus vecinos católicos. Era habitual que los hijos y los nietos fuesen a ver a sus familiares consolados. En las casas de mujeres solía darse el caso de que una perfecta que había tenido hijos antes de ser consolada, y que se había separado de su marido o había quedado viuda para entregarse a su fe, educase a sus hijas e hijos allí. Pero, además, los creyentes asistían a las ceremonias públicas que se celebrasen en su interior (ya fuese un *consolament* o un *aparelhament*), podían alojarse en ellas si estaban de viaje o podían comer allí, y a veces funcionaban como una especie de hospitales donde se atendía a los creyentes o perfectos enfermos.

Es decir, a diferencia de la vida monacal, los perfectos vivían en el día a día junto a sus vecinos, cátaros o católicos, y se relacionaban con ellos. En ocasiones, dada la autoridad que todos les concedían, aunque no compartiesen su fe, ejercían como árbitros en pequeños conflictos mundanos que surgían o como notarios para dar fe de algún tipo de contrato o acuerdo. Ni siquiera tenían siempre mal rollito con los curas o, incluso, los obispos de los *castra* o las ciudades en las que vivían. Al fin y al cabo, y esto es importante, los cátaros, creyentes o consolados, eran de allí, eran sus vecinos, sus hijos, sus padres, sus madres. Y por supuesto tampoco se llevaban mal con los nobles locales, al menos no siempre, más que nada porque muchas de las matriarcas de los linajes aristócratas del Languedoc fueron consoladas en su vejez y se entregaron a su fe. Los ejemplos de esto son numerosísimos.

Indumentaria

Su regla de vida no marcaba una determinada indumentaria. Sin embargo, sí llegaron a caracterizarse por vestir habitualmente de riguroso negro, tanto los perfectos como las perfectas. Los hombres se cubrían la cabeza con una toca o un bonete, mientras que ellas lo hacían con un velo. Se dice que ambos llevaban bajo la ropa, alrededor del torso, un hilo de lino que simbolizaba la ordenación, pero esto no está del todo claro. Por lo demás, siempre llevaban encima un ejemplar del Nuevo Testamento o del Evangelio de Juan. Y cuando viajaban, además, portaban siempre una pequeña olla y un cucharon que no compartían con nadie. No querían arriesgarse a cocinar en un recipiente que hubiese sido contaminado con algún tipo de grasa o sustancia animal.

Solían ir siempre de dos en dos, pero sin mezclarse entre géneros, y era habitual que un perfecto o una perfecta fuesen acompañados por algún novicio que se estuviese preparando para ser consolado.

De nuevo, esto cuando podían mostrarse en público. Después, durante la persecución, se mimetizaron con la población local para pasar desapercibidos y dejaron de viajar juntos.

El trabajo

Los perfectos tenían que trabajar para ganarse la vida. Tampoco es que fuese una obligación, pero guardaba relación con las profundas convicciones éticas de las que antes hablamos. Trabajaban porque no veían justo estar a cargo de nadie.

Aunque algunos no dudaron en dedicarse a las tareas agrícolas —sobre todo en alodios, es decir, en tierras sin dueño, que cultivaron e hicieron prosperar, ya que no aceptaban trabajar en las tierras de un señor y convertirse en sus vasallos—, casi todos optaron por trabajar como artesanos, mercaderes o, incluso, banqueros. Y esto tiene su gracia. Los cátaros, a la vez que renegaban del mundo, vieron el dinero como una especie de recompensa por el trabajo justo, algo mucho más aceptable que las relaciones de vasallaje que ataban a los campesinos a la tierra.

El trabajo urbano, en los talleres artesanos de los burgos, en las tiendas de los mercados, lo desarrollaban hombres libres que se buscaban la vida. Y los cátaros asumieron con coherencia que esos oficios eran perfectos para ellos, especialmente todo lo relacionado con la artesanía textil o la peletería —por este motivo fueron conocidos en muchos sitios con el apelativo de «tejedores»—, aunque también la mercería y la cestería. Además, muchos fueron mercaderes y orfebres.

Ojo, el tejer figuraba entre las *inhonesta mercimonia*, las profesiones prohibidas por la Iglesia para los clérigos y sacerdotes.

En definitiva, era habitual que los cátaros que vivían en una casa comunitaria tuviesen en su interior un taller artesano en el que trabajaban todos. Allí admitían a creyentes como aprendices tanto del oficio como de su fe, y muchos terminaron siendo consolados.

En cuanto a la usura, tampoco la veían con malos ojos, en parte porque pensaban que, siempre y cuando fuese justa, sin intereses excesivos, permitía diluir las diferencias de clase, al permitir que todo aquel que quisiese emprender tuviese acceso al crédito. Sí, estoy suena muy liberal desde nuestra perspectiva actual, pero en aquel momento suponía un razonamiento brillante y muy adelantado. Además, los cátaros necesitan *cash* para su día a día, para poder hacer viajes pastorales y para la financiación de las casas comunitarias. Y no venían nada malo en hacer fructificar sus depósitos con préstamos justos a los mercaderes y comerciantes. Así se explica que contasen con el apoyo de la burguesía comercial de las grandes poblaciones, con la que a menudo se relacionaron.

Además, muchos ricos burgueses terminaron convirtiéndose en terratenientes y entregaron sus tierras a los campesinos interesados a cambio no de un pago en especies, como se hacía antes y como se hacía en el feudal norte, sino de dinero. Y algunos cátaros aceptaron trabajar para ellos.

Por supuesto, todo esto en tiempos de paz.

Un aspecto importante es el de la financiación de la iglesia durante la persecución, cuando los perfectos no podían trabajar ya libremente. Surgió así una especie de agentes financieros, los *questores*, que se dedicaban a recoger las donaciones de los creyentes, tanto en víveres como en dinero. Los más pobres daban lo que podían, casi siempre comida, huevos, aceite o vino, pero los que tenían más poderío económico aportaban lo que se conoce como *collectas*, donaciones voluntarias, aunque también estaban las *talhas*, que era una especie de tributo fijo proporcional a sus recursos. Lo que viene siendo una especie de diezmo…

El monje Hans Bender tejiendo. Ilustración incluida en el *Libro de la Casa de la Fundación de los Doce Hermanos de Mendel*, Volumen 1, 1435.

Estos fondos se depositaban en lo que se conocía como cajas de ayuda. Y es que, además de para mantener a los perfectos, se empleaban para ayudar a algún creyente que lo necesitase por el motivo que fuese, para pagar algún tipo de soborno —por ejemplo, a los encargados de exhumar el cadáver de algún perfecto— o algún falso testimonio que permitiese liberar a un sospechoso —Bertrand Martí, que llegó a ser obispo de Toulouse tras la muerte del famoso Guilhabert de Castres, hacia 1239, fue detenido cuando era un perfecto, pero consiguieron liberarle pagando una importante suma—, o para financiar el viaje y la estancia de aquellos perfectos que decidían irse a Lombardía o a Cataluña —estos viajes se hacían con la colaboración de los *ductores*, unos guías que acompañaban a los huidos y le facilitaban la dura travesía—. Se conocen varios casos, incluso, de algún noble local que, tras perder sus tierras por apoyar a los herejes, conseguía recuperarlas gracias a los fondos del tesoro cátaro.

Además, hacían fructificar sus depósitos prestando dinero, como ya vimos.

Los creyentes

Evidentemente, esta regla de vida no la podían cumplir los simples creyentes no iniciados, que podían pertenecer a cualquier clase social. Incluso curas hubo, y varios.

Claro, tampoco debían mentir, ni robar, ni asesinar, pero tenían sus licencias en cuanto a la sexualidad, por ejemplo. Aunque no aprobaban el matrimonio, los perfectos sí que preferían que se uniesen en parejas estables, a ser posible con otros creyentes. El concubinato, pensaban, no estaba revestido de una falsa sacralidad impostada. Lo veían incluso más sano, ya que asumían que esas uniones se hacían por amor y no por intereses familiares o económicos. Además, tenemos que tener en cuenta que, en caso de que uno de los cónyuges fuese consolado, debía separarse automáticamente de su pareja, y eso era más fácil con este tipo de uniones libres.

Pero vamos, no existe la más mínima diferencia con lo que pasaba en el mundo católico, en el que el clero, en teoría, también debía renunciar por completo a los pecados de la carne, mientras que los fieles, aunque con moderación, y con fines estrictamente reproductivos, sí que podían fornicar de vez en cuando.

Además, podían comer y beber lo que quisiesen, siempre con mesura, e intentando no abusar de las carnes. Tampoco es que en aquella época se comiese mucha carne.

Así, aunque los creyentes debían llevar una vida más o menos piadosa, no estaban sometidos a la dura regla de vida de los perfectos. Además, en cualquier momento podían comenzar el largo proceso de formación que permitía obtener el ansiado *consolament*... si no en esta vida, en la siguiente.

En realidad, excepto por su especial dedicación a los perfectos, a los que consideraban como santos vivos y a los que tenían que mostrar respeto durante el *melhorament*, eran exactamente iguales que los creyentes católicos de a pie y tenían unas obligaciones religiosas y éticas similares. De hecho, ni siquiera tenían que renunciar al bautismo cristiano, que habían recibido como todos.

Eso sí, no tenían derecho a rezar el padrenuestro. Les quedaba el *Benedicite* y algunos rezos populares.

No había mayor honor para un creyente que recibir a algún perfecto en una casa por cualquier motivo. Cuando se daba la situación, los recibían con sus mejores viandas y les obsequiaban con un rico pero vegetariano ágape. Los creyentes, claro está, no tenían por qué mantener sus reglas alimenticias, pero en presencia de uno de ellos solían cortarse de comer carne por respeto. Además, como ya esbocé, a menudo ejercían como árbitros en pequeños conflictos vecinales o como intermediarios o consejeros en las tribulaciones familiares y cotidianas del día a día. Los testimonios de la Inquisición abundan en escenas de este tipo, como en cierta ocasión que dos perfectos anónimos tuvieron que mediar en una casa de Laurac porque una adolescente estaba medio liada con dos mozos del pueblo y sus padres consideraban aquello un escándalo. La salomónica decisión consistió en tirar una moneda al aire, siempre con el permiso de Dios.

La muerte

Aunque hay quien ha comentado que los cátaros tenían sus propios cementerios porque no querían enterrarse junto a los católicos, y es cierto que a veces era así, en muchas ocasiones era el cura local el que les prohibía enterrarse en su camposanto. Pero tampoco le daban mucha importancia a esto, como es lógico, más

Cruz occitana.

Cruz primitiva occitana en una estela discoidal.

allá de respetar algunas tradiciones heredadas. Así, aunque algunos divulgadores poco documentados y excesivamente atrevidos no dudan en adjudicar a los cátaros las típicas estelas funerarias discoidales con cruces de brazos iguales talladas, muy comunes en los cementerios del Lauragais y del Aude, esto no es así. Nada menos coherente para ellos que ser enterrados bajo el signo de una cruz, ellos, que ni siquiera creían en la existencia física de Jesús. Además, de haber sido de este modo, que no fue el caso —excepto alguna excepción que confirme la regla—, la Inquisición no hubiese dudado en acabar con esas tumbas. Lo hizo con sus casas y con todas sus posesiones, e incluso con algunos cadáveres que se exhumaron para ser quemados.

Por este mismo motivo llama mucho la atención que la famosa cruz occitana —una cruz curvilínea de brazos iguales que terminan en tres puntas con círculos—, símbolo actual de la región, presente en los emblemas de muchos departamentos franceses —y en el del Valle de Arán—, se haya convertido, como por acto de birlibirloque, en el símbolo de los cátaros.

Algunos estudiosos, como René Nelli, defienden que algunas cruces antropomórficas que representaban a Cristo y que se han encontrado en algunos lugares del Languedoc sí podían haber estado sobre enterramientos cátaros. Pero cuesta creerlo. Los cátaros, realmente, repudiaban la cruz como símbolo de Jesús. Y lo hicieron hasta el último momento. Pierre Authié, por ejemplo, se burlaba públicamente de los católicos que se persignaban al entrar

Sello de Raimundo VI, conde de Toulouse.

en una iglesia o al pasar junto a la figura de un santo o de una virgen. Decía que eso solo valía para ahuyentar a las moscas.

Como es lógico, cuando se enterraba a algún perfecto, los creyentes y familiares manifestaban su dolor, aunque esto entrara en contradicción con sus creencias, pero los demás perfectos jamás asistían a lo que consideraban un ritual absurdo. Esto en tiempos de paz, pero cuando comenzó la persecución no dudaron en mimetizarse con el ambiente y enterrarse como si se tratase de un católico. De todos modos, muchos de ellos fueron enterrados, por voluntad propia antes del trágico desenlace, en un bosque, en los sótanos de una casa o en algún bonito jardín. Y siempre con un simple lienzo de tela como ataúd. Los ataúdes eran una frivolidad innecesaria.

El papel de las mujeres

Una de las cosas que más llama la atención del catarismo es el importante papel que concedía a las mujeres, en una sociedad como aquella de la Baja Edad Media en la que eran vistas como fuente de corrupción y de tentaciones, servían solo para asegurar la descendencia, o como objeto de placer, y dependían por completo de los varones para casi todo (primero, del padre; después, del marido). El uso de la violencia como correctivo estaba sancionado incluso por la Iglesia, y tras casarse, el marido se convertía en el dueño de su esposa. Por eso, si se hartaba, la podía repudiar sin mayor miramiento. Las mujeres, en cambio, no podían hacer lo mismo con sus parejas. Tampoco tenían acceso a cargos políticos —excepto casos concretos, y casi siempre dentro de la aristocracia y la monarquía— ni podían pertenecer a la jerarquía eclesiástica. La Iglesia, a la vez que exaltaba a la mujer como madre y virgen, contribuyó a extender y perpetuar esta misoginia endémica.

Por supuesto, como siempre, hubo mujeres muy destacadas, tanto en el mundo secular de lo político como en lo espiritual, pero fueron la excepción. Y siempre pertenecientes a las clases más pudientes. Como suele ser habitual, las desigualdades de género guardan una relación clara con las diferencias de clase y de poder adquisitivo. Así, aunque machismo había por todos lados, la situación de la mujer en las clases trabajadoras era muchísimo peor. Ya lo veremos, por ejemplo, cuando hablemos del amor cortés. El *fin'amor* occitano iba dirigido a las damas de los señores y señorcillos locales, no a las agricultoras del Alto Valle de Aude o del Sabartés.

Los cátaros no las veían así, aunque, como los curas y monjes, también las consideraban como una atrayente fuente de lascivia y asumían todos los roles sociales machistas de la época. Bueno, casi todos.

Como vimos, hombres y mujeres pasaban a ser perfectos y perfectas tras ser consolados; ambos géneros eran aceptados por igual en el clero cátaro y, por lo tanto, podían predicar y conferir el *consolament*. Y esto no solo era mucho en su época, cuando las mujeres cristianas, como máximo, podían aspirar a convertirse en monjas, sino en los siglos siguientes, incluso en la actualidad. Aún está vetado el sacerdocio a las mujeres en la Iglesia católica, y en casi todas las denominaciones cristianas, excepto en algunas iglesias protestantes, en las que solo muy recientemente, y no en todas, han sido aceptadas como pastoras. La excepción principal la encontramos en los gnósticos, que sí admitían por igual a miembros de ambos géneros; pero claro, eran también herejes y con una teología bastante parecida a los cátaros.

Si resulta significativo que pudiesen conceder el *consolament*, más lo es el hecho de que pudieran predicar y gozar de libertad para hablar en público, algo que estaba totalmente vetado para las religiosas católicas. Y claro, eso no era bien visto por sus contrincantes. En cierta ocasión, Esclarmonde de Foix, hermana del conde de Foix, perfecta cátara muy reconocida, participó en un debate que se celebró en Pamiers entre cátaros y católicos. Cuando quiso tomar la palabra, uno de los representantes católicos le dijo: «Señora, idos a hilar con vuestra rueca, no os toca tomar la palabra sobre estas cuestiones». Significativo.

Ahora bien, hay dos matices importantes que es necesario comentar: aunque las mujeres consoladas tenían todo el derecho a conferir el *consolament* tanto a otras mujeres como a los hombres, en la práctica solo lo hacían si no había un perfecto disponible, circunstancia que se dio especialmente durante los tiempos de persecución. Además, solo los hombres podían ser obispos, hijos mayores o menores y diáconos. Lo máximo que podían llegar a ser era superioras de una casa de mujeres consoladas.

Y es que, aunque en la teoría, desde la cosmovisión cátara, las mujeres y los hombres eran iguales, cuerpos corruptos creados por el Diablo para atrapar a los ángeles robados, y sus almas eran tan buenas como las de los hombres, y pese a que un creyente varón podía reencarnarse en una mujer, a la hora de la verdad, en el día a día, terminaban imperando los prejuicios machistas y patriarcales.

En cualquier caso, desde un primer momento los católicos que escribieron sobre la presencia de la herejía en sus tierras destacaron la presencia de mujeres entre los herejes. En sus escritos contra los bogomilos, Cosmas, un sacerdote búlgaro del siglo x, se lamenta de que entre aquellos hubiese mujeres que se otorgan el masculino privilegio de perdonar los pecados —es decir, de consolar—. En la carta de Héribert, escrita por un monje del Périgord a comienzos del siglo XI, se dice lo siguiente: «Arrastraron a mucha gente a esta herejía: no solo a los laicos, que renunciaron a todos sus bienes, sino también a los clérigos, sacerdotes, monjes y monjas». Los informes sobre los cátaros de Renania de la segunda mitad del siglo XII también se hacían eco de su presencia, y se menciona además que algunas fueron quemadas en la hoguera junto a sus compañeros.

Así, aunque es muy difícil establecer estadísticas fiables, dada la escasez de datos, se considera que la mitad de los consolados durante los tiempos de paz eran mujeres, una cifra realmente alta si la comparamos con su presencia en la Iglesia católica.

Para entender bien esto debemos partir de la idea de que, aunque desde la antigüedad hubo casas de mujeres cristianas consagradas por completo a la vida religiosa —como la que fundó en Belén santa Paula, siguiendo los pasos de su maestro san Jerónimo en un largo viaje hasta Tierra Santa a finales del siglo IV; o las que fundó san Basilio en Capadocia durante el siglo siguiente—, y aunque las órdenes monacales de la Alta Edad Media también contaban con monasterios para mujeres —tanto los benedictinos como los cistercienses—, eran realmente pocos y, por sus estrictas reglas de clausura, no conseguían captar a demasiadas interesadas, especialmente a las mujeres mayores, casadas o viudas, con hijos. Estaban pensados más bien para que habitasen en ellos jóvenes vírgenes adolescentes, sin mácula, siguiendo el modelo de la Virgen María.

Además, en Occitania había muy pocos conventos católicos.

Por estos motivos, las mujeres occitanas, como las de otros lugares en los que brotó la herejía, abrazaron con alegría una fe que les permitía acceder a la salvación sin renunciar por completo a sus familias, a sus hijos o a sus nietos —ni siquiera a sus maridos, si estos aún vivían, a los que podían ver, pero siempre con la necesaria distancia de seguridad—, y sin perder la libertad de salir y relacionarse con sus vecinos y amigos. Como vimos, las casas de mujeres cátaras, como las de hombres, funcionaban como casas de acogida, como hospitales, como albergues para viajeros e, incluso, como hospicios. Además, su papel era esencial para la labor pastoral, aunque solo fuese entre las no convertidas.

Por otro lado, la negativa cátara a aceptar el matrimonio como sacramento sagrado, si bien no liberaba a la mujer de la lacra machista, ayudaba a que algunas creyentes casadas con hombres violentos o infieles pudiesen abandonarlos sin darle explicaciones a nadie. De hecho, era habitual que en las casas de perfectas se acogiese a mujeres que habían huido de sus maridos, a veces incluso con sus hijos, y habían quedado desposeídas por completo de dinero y propiedades. Lo mismo pasaba con las mujeres viudas que no recibían herencia ninguna porque tenían hijos o porque no tenían nada, o con las nobles que solo heredaban una mínima parte de la herencia paterna. No solo recibían alojamiento y comida, sino que podían trabajar en los talleres cátaros.

De ese modo, estas casas contribuyeron a crear una red de sororidad que, sin duda, influyó para que el catarismo se extendiese aún más. Además, en su interior se diluían casi por completo las diferencias de clase. Las nobles y las campesinas consoladas vivían en comunidad de bienes y sin ningún tipo de primacía o distinción. El único privilegio lo tenía la priora, la perfecta que dirigía la casa, que siempre era elegida por las demás.

Además, se sabe por los testimonios de la Inquisición que las mujeres, por lo general, mostraron una mayor fidelidad tanto a su fe como a sus compañeros y compañeras que muchos hombres, que no dudaron en abjurar y cantar por peteneras si veían la más mínima posibilidad de salvar su vida y recuperar sus posesiones. Algunos casos son realmente extremos: Bernard de Castres, señor de Mas-Saintes-Puelles, y familiar del mítico perfecto Guilhabert de Castres, declaró ante la Inquisición el 8 de julio de 1245 que era un católico convencido, como hicieron también sus hermanos. No lo eran. Por si fuera poco, ni él ni sus hermanos dudaron en declarar que su abuela, su tía y sus sobrinas habían sido perfectas, así como la esposa de su hermano Guillaume y su suegra. Las cinco murieron en la hoguera. Ellos recuperaron sus tierras.

LAS BEGUINAS

En otros lugares, las mujeres piadosas tomaron, desde luego, decisiones parecidas, pero dentro del más estricto catolicismo. En los Países Bajos, por ejemplo, por esta misma época, en la segunda mitad del siglo XII, un buen grupo de mujeres cristianas de clases medias-altas comenzaron a agruparse en pequeñas comunidades, totalmente al margen de la Iglesia católica, y se entregaron por completo a rezar y a trabajar —casi siempre como tejedoras y costureras—, pero sin asumir ningún voto, sin clausura y en absoluta libertad. Fueron conocidas como «beguinas» por el color de sus vestimentas, que solían ser beis —aunque también podría ser porque rezar, en alemán antiguo, se dice *beggen*—, y solían practicar algún tipo de arte, especialmente la literatura —algunas importantes místicas, como Beatrijs de Nazareth, Mechtild de Magdeburgo o Hadewijch de Amberes, fueron beguinas—. Además, se dedicaban a cuidar a los enfermos desahuciados en sus casas, los beguinajes, especialmente a los leprosos, y a ayudar en la medida de lo posible a los necesitados.

Llegaron a crear tendencia, ya que en pocos años había grupos similares por Alemania, Italia, Francia y España, pero terminaron siendo también perseguidas por la Iglesia, como era de esperar, y algunas fueron condenadas y/o quemadas por herejía. Temían que aquellas mujeres, libres y entregadas a su fe sin necesidad de ningún varón ni de aprobación eclesiástica, interpretasen libremente las escrituras e incitasen con sus versos a que otras tomasen su senda.

Y al final desaparecieron por completo... pero no hace mucho, ya que en Bélgica continuaron existiendo durante toda la Edad Moderna y hasta bien entrado el siglo XX. Por desgracia, la última beguina, Marcella Pattyn, falleció hace unos años, en 2013. Ciega

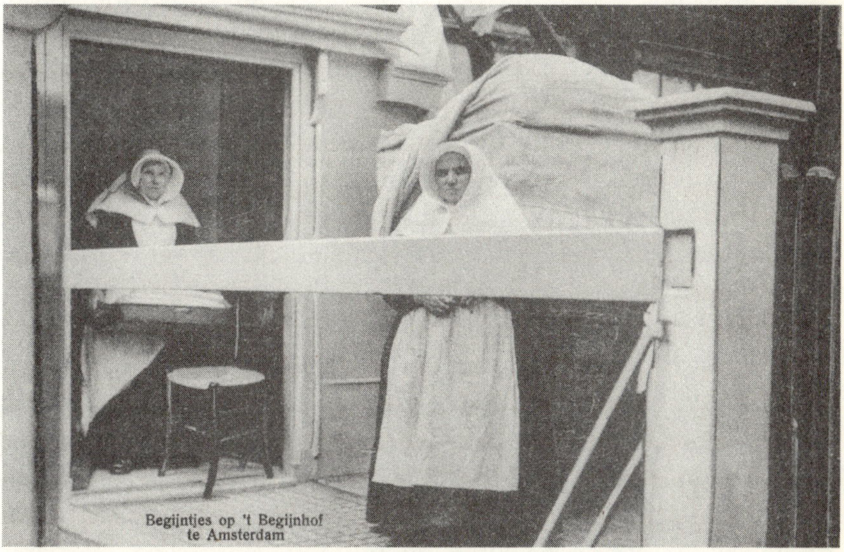

Mujeres beguinas en un beguinaje en Begijnhof (Ámsterdam), hacia 1910.

de nacimiento, con tan solo 20 años, en 1940, se unió a las beguinas de Sint Amandsberg, en Gante, una próspera comunidad donde residían unas 120 mujeres. Desde 1960 hasta el año 2005 estuvo en el beguinaje de Cortrique (fundado en 1242), viendo que una a una iban muriendo todas sus compañeras, así que se mudó a una residencia. Allí murió con 92 años.

Por cierto, los trece beguinajes que se conservan en Holanda y Bélgica fueron declarados patrimonio de la humanidad por la Unesco. No en vano, son unos edificios bellísimos.

EL *FIN'AMOR*

En cierta ocasión, Folquet, el sádico obispo de Toulouse, antiguo trovador, le preguntó a un caballero llamado Pons-Adhémar de Roudeille, católico convencido, que por qué no delataba, al igual que sus compañeros, a los herejes que conocían él y sus hombres. La respuesta no pudo ser más clara: «No podemos, nos hemos educado junto a ellos, nuestras primas y tías están entre ellos y siempre les hemos visto vivir honorablemente».

Es esencial conocer el papel que jugaron las nobles occitanas para entender en toda su dimensión la epopeya cátara. Y eso que sus vidas, hasta que se entregaban a la causa, eran de lo más mundanas.

Durante los siglos XI y XII se produjo una auténtica revolución económica y social en el Languedoc, que, especialmente, afectó a la cada vez más rica burguesía y a las cortes señoriales locales. Y esto se manifestó en las costumbres estéticas de las mujeres nobles y ricas. Sabemos, por ejemplo, que se maquillaban exageradamente, cuidaban su cutis con ungüentos, llevaban pomposos y caros vestidos y se lavaban las partes visibles del cuerpo cada mañana —el resto, como sus maridos y como el resto de la sociedad, no tanto, salvo en verano, cuando se bañaban en los ríos y lagos de la zona—.

Es curioso porque, a la vez que estas señoras se atenían al frívolo modo de vida de la nobleza, aunque en muchas ocasiones eran bastante pobres, y se lanzaban de lleno al lujo y a la elegancia, y al *fin'amor*, con lo que todo esto conlleva de sensualidad, recibían consejos y formación espiritual de los perfectos y perfectas. La mayoría de las *domnas* de las cortes de Toulouse, Carcasona, Narbona, Foix y Béziers fueron creyentes, cuando no perfectas. Y algunas

Un enamorado llega hasta su dama en una canasta. Ilustración del *Codex Manesse*, minnesinger Kristan von Hamle, c. 1305.

fueron especialmente importantes e influyentes, como la mítica Esclarmonde de Foix, hermana del conde; Beatriz, hermana de Roger II, vizconde de Béziers y segunda esposa del conde de Toulouse, del que se divorció para hacerse perfecta; o Blanche de Laurac, una famosa heroína de la cruzada.

Sin embargo, no parece que el catarismo interesase mucho a los grandes nobles varones occitanos, aunque todos se entregaron a defender sus derechos y sus posesiones cuando comenzó la persecución y la invasión francesa. Algo paganos eran, pero sus miras estaban más en la guerra, en la política y en las mujeres. Distinto era el caso de los pequeños señores y caballeros, que sí mostraron afecto al catarismo.

Hay un aspecto relacionado con esto que no debemos pasar por alto y que es sumamente curioso, sobre todo si lo contextualizamos con el tema que nos ocupa.

En Occitania, desde finales del siglo XI, coincidiendo con la expansión del catarismo, surgió una curiosa corriente que se conoció como *fin'amor* («amor fino»), aunque en el siglo XIX se le denominó erróneamente *amor courtois* («amor cortés»), que nace a partir de este, pero no es exactamente lo mismo.

Fueron los trovadores del Languedoc los que le dieron forma con sus poemas, y venía a ser un canto a un amor idealizado, honorable, caballeroso, cortés... pero también enemigo del matrimonio y casto, sin sexo, ya que, de ser así, ese sería un *fals'amor*, un falso amor. El primero es noble, duradero y eterno; el segundo, mundanal, vulgar, común y efímero. El amante poeta, consciente de que sus deseos nunca se llegarán a materializar, se conforma con la felicidad (*joy* en occitano) que gozar de la belleza de las damas y de un amor que todo lo inunda.

Pero lo realmente llamativo es que este tipo de amor platónico iba siempre dirigido a damas nobles y casadas, a cuyos maridos, generalmente, los poetas trataban con desprecio por no saber apreciar como es debido a sus esposas; y eso que estos, los señores nobles, eran los protectores de los trovadores. Sirva este ejemplo de Marcabru, uno de los más prestigiosos, para entender su rollo: «Casados, con instinto de cabrito, de tal forma preparáis la almohada, que los cabrones se vuelven ladrones».

Las damas, por su parte, solían aceptar los homenajes de los trovadores, pero siempre se mostraban frías y distantes, y a veces algo crueles y burlonas. Como es lógico, las relaciones entre aquellos amantes literarios y las damas, a las que siempre se referían con un seudónimo (una *senhal*), se mantenían en el limbo de lo poético. Pero claro, a menudo convivían en el mismo castillo, y la tentación aparecía... En esa tensión se crearon estos poemas. Así hay que entender esto del *fin'amor.* «No puedo estar mucho tiempo ni aquí vivo ni allí sanar si junto a mí, despojada, no la puedo abrazar y tener en cámara encortinada» (Cercamon).

En definitiva, el *fin'amor* hablaba de las nobles, y a ellas estaban dirigidas las obras de los trovadores, que se recitaban en las cortes locales en las que vivían y trabajaban los poetas. De hecho, casi todos eran aristócratas, como Guillaume de Poitiers (reconocido como el primer trovador) o Raimbaud d'Arenga —aunque otros, como Peire Vidal o Folquet, que terminaría siendo obispo de Toulouse, eran burgueses—, pero eso no quiere decir que tuvieran dinero. Dependían de los señores para vivir, en resumidas cuentas.

Y de alguna manera se terminó convirtiendo en el rango distintivo de una nobleza empobrecida, por los motivos que vimos, respecto a una burguesía creciente que contaba con el dinero, y con parte del poder, pero no con la clase —entiéndase esto en su apropiado contexto—. El *fin'amor* era un privilegio de clase.

Las tierras favoritas de estos trovadores fueron las comarcas que rodeaban a las ciudades de Foix, Toulouse (el Lauragais) y Carcasona (el Carcassés), repletas de pequeños *castra*, donde eran acogidos con entusiasmo, como Laurac, Saissac o Fanjeux, el paraíso para uno de los más célebres, Peire Vidal. Por lo tanto, no puede ser casualidad que en la misma región y en la misma época que se expandió el catarismo surgiese este tipo de literatura, escrita además en occitano y aceptada, como la herejía, por una misma sociedad. Y para más inri, tanto el momento de mayor apogeo como la decadencia del *fin'amor* coincidieron también con el triunfo y el ocaso de los buenos cristianos.

¡Las mismas cortes aristocráticas que fueron acusadas de defender a los cátaros por la Iglesia, y que acabaron desapareciendo por completo por ello, promovieron las obras de estos trovadores y este tipo de amor idealizado y casto!

¿Había alguna relación? Está claro que sí, por sorprendente que pueda parecer.

Cuando los autores románticos occitanos del siglo XIX redescubrieron la epopeya cátara, no dudaron en establecer, muy a la ligera, que esa amante utópica era la *Glesia de Dio* y que la mayoría de los trovadores eran herejes. El nazi Otto Rahn, del que ya hablaremos, llegó a hacer suya esta bella propuesta; y algunos estudiosos de los años sesenta, como el escritor Denis de Rougemont (1906-1985), la desarrollaron. Si se hablaba del deseo, era una referencia al ansiado *consolament*, y los anhelados besos simbolizan los ósculos de la paz con los que finalizaba el rito; si se hablaba de la muerte, una pista sobre sus aspiraciones trascendentales; la *senhal* con la que se escondía el nombre de la dama era una referencia clara a este secreto. A esta teoría ayudaba, sin duda, el *trovar clus* («el canto cerrado/difícil») de los trovadores, una poesía oscura, alegórica y muy difícil de entender, que fue interpretada como si se tratase de un lenguaje cifrado.

Lo cierto es que no existe la más mínima evidencia de que algún trovador que haya sido perfecto, a excepción de Mir Bernard, un poeta cátaro de Laurac que murió a manos de la Inquisición junto a su señora, o de Americ de Peguilhan, que huyó a Lombardía por su cercanía a la herejía. Ni siquiera Peire Cardenal, uno de los más famosos, que se caracterizó, como muchos de ellos, como gran parte de los occitanos, por su profundo anticlericalismo. Eso sí, más de uno tomó las armas para luchar contra el invasor francés.

Otra cosa es que, como es lógico, se relacionasen con ellos. Eran sus amigos, sus familiares, sus anheladas damas, ya que muchas de ellas terminaron dejándolo todo y se hicieron perfectas. O, yendo más lejos, que fuesen creyentes pero no iniciados.

Un ejemplo ilustrativo: Raimundo de Miraval, un trovador del Carcassés de baja alcurnia. Tanto su padre como su hermano fueron perfectos. Su protector fue el conde Raimundo VI de Toulouse —con el que tenía una amistad algo inquietante, ya que se llamaban mutuamente con un nombre de mujer, Audiart—, pero estuvo relacionado además con los Trencavel y con el conde de Foix, todos vinculados con la herejía, además de ser un asiduo de las cortes de Pedro II de Aragón y Alfonso VIII de Castilla. Cantó a todas nobles damas de las cortes languedocianas, en especial a Leonor de Aragón, condesa de Toulouse, y a la vizcondesa de Minerve. Sin embargo, de los cerca de cincuenta poemas suyos que se conservan, en ninguno se puede ver el más mínimo indicio de afinidad con la herejía.

En efecto, en algunos poemas escritos durante la época de la Cruzada Albigense y la persecución se ataca a los franceses invasores, a los curas y a la Inquisición. Casi todos los de esta época (siglo XIII) lo hicieron, pero no porque apoyasen la herejía, al menos explícitamente, sino porque condenaban la invasión de las tierras de sus señores y, sobre todo, de sus damas.

Pero, aunque el camino no sea ese, sí que es evidente algo: como establece la doctora en Filología Francesa, Feliciana de Casas Fernández:

> Son muchos los textos que solo se entienden claramente si se aceptan, de modo previo, los rasgos más generales de la herejía, y el fenómeno mismo del *fin'amor*, esa extraña relación heterosexual, tan incomprensible hoy para nosotros, si se relaciona con la herejía junto a la que vivió y floreció, resulta no solo explicable, sino necesario (De Casas, 1985, 18).

Es decir, la herejía marcó la vida de muchos occitanos durante cerca de tres siglos, nobles incluidos, y sus ideas, como es lógico, calaron y se extendieron por toda la población, aunque no fuesen creyentes. Las obras literarias, como cualquier producto cultural, son un hecho social que emana del contexto en el que viven sus creadores; y lo mismo sucede con las religiones. De cajón...

Trovadores y herejes participaron en una misma civilización y, muy a menudo, compartieron el mismo vasallaje —explícito o no— y la misma protección por parte de los señores languedocianos. El auditorio frente al que predicaban o recitaban era el mismo. La nobleza occitana desarrolló una ideología amorosa y una moral que chocaban de lleno con la enseñanza católica. Así que no debería extrañarnos que, pese a la aparente distancia, hubiese puntos en común.

Ambos movimientos buscaban un ideal de perfección moral, exaltaban el amor como virtud y rechazaban el acto carnal. Esto no quiere decir que los cátaros aprobasen el *fin'amor*, en parte por su exaltación de la belleza, algo que despreciaban por material y caduco, pero seguro que lo preferían al matrimonio, y seguro que apreciaban el rollo casto. Las damas vieron en este amor idealizado, por unos y por otros, un medio para situarse en una sociedad controlada por los varones y una forma de protesta contra el matrimonio.

En algunos versos de Peire Vidal, Peire Cardinal o Montanhagol, además de contundentes sátiras contra la Iglesia, se pueden encontrar ciertos parecidos con los argumentos de los herejes. En más de una ocasión hacen uso de la fórmula «Dios legítimo» o se refieren a Jesús como «fruto del árbol del saber», en vez de como fruto del árbol de la vida, que sería lo ortodoxo. Incluso parecen tener ciertas concepciones dualistas, como evidencian estos fragmentos de poemas de Cardinal:

> Los clérigos se las dan de pastores, y no son más que asesinos bajo sus aires de santidad... (Nelli, 1984, 143).

> El mundo será suyo, ya sea por robo o por don recibido, indulgencia acordada o promesa hipócrita, absolución o excomunión, prédica o asedio en toda regla con máquinas de guerra; de todas maneras, el mundo será suyo, con Dios o con el Diablo... (*ibid.*, 144).

> Si quiere acusarme y meterme en la diablería, yo le diré: «Señor, que así no sea». El mundo malo ha atormentado toda mi vida, guardadme, si os place, de los atormentadores (De Casas, 1985, 287).

Este mismo señor, además, muestra de modo tajante su desprecio hacia la carne:

> Gran fiesta hace, pero no la entiende bien el que bueyes y corderos mata para celebrarla. Que yo sé de uno que así llenó su cacerola para Navidad, pero no quiero decir quién es. Esta es carne que no puede ser limpia, carne desleal que la ley prohíbe. Menos juicio que un niño de pecho tiene que el que cree celebrar las Navidades así (*ibid.*, 289).

¿A qué ley se refiere? Desde luego, no a una católica... Además, en algún que otro poema Cardinal hace referencia a las dietas de los cátaros, sin nombrarlos:

> Y comen pan de cizaña y salvado, y sienten repugnancia del buey gordo, y no quieren aliñar con aceite [se refiere, posiblemente, a mantequilla o manteca de cerdo] ni pescado fresco y gordo de criadero, ni caldo ni salsa que se fría (*ibid.*, 291).

Algo se cuece en la Champaña

Y hasta aquí esta primera parte, centrada en explicar brevemente quiénes fueron los cataros, en qué creían y cómo vivieron. Ahora nos toca ver cómo fue su historia durante los tres siglos y pico que anduvieron por las tierras occitanas. Pero antes, si me lo permiten, una última curiosidad relacionada con esto que hemos comentado del *fin'amor*: resulta que el enigmático poeta francés Chrétien de Troyes (c.1130-c.1180), del que sabemos poquísimo, fue uno de los principales representantes del amor cortés, evolución norteña del *fin'amor* occitano. Desde su puesto como poeta en la corte de Champagne, exaltó a su dama Marie de France, condesa de Champagne, hija del rey Luis VII y de Leonor de Aquitania, y medio hermana de Ricardo Corazón de León y del rey Felipe Augusto.

Lo curioso es que este señor fue el autor de la inacababa obra *Perceval ou le Conte du Graal*, la última de sus novelas caballerescas inspiradas en las leyendas bretonas y celtas del rey Arturo, y la primera obra en la que se habla del Santo Grial, sin que se indique muy bien qué es, aunque sí que es un recipiente.

Para más inri, existe un perturbador nexo con los templarios que no podemos pasar por alto: el fundador y primer gran maestre de la Orden del Temple, Hugues de Payns (1074-1136), era de Champagne. En Troyes, el 13 de enero de 1129, se fundó oficialmente la orden —aunque existía desde 1118—, en presencia del omnipresente Bernardo de Claraval (1090-1153), al que volveremos una y otra vez. Hugo I, conde de Champagne, esposo de la diva de Chrétien de Troyes —su madre también lo había sido—, fue amigo de Hugues de Payns y máximo impulsor económico del primer Temple.

Templarios, Santo Grial... Mola, ¿eh? Esto, en principio, no parece tener demasiada relación con el tema que nos ocupa, aunque el Grial, como veremos dentro de cientos de páginas, se acabó relacionando con los cátaros. Pero había algo moviéndose por las sombras en Champagne por la época en la que se fundó el Temple. En el año 994 se produjo allí la primera manifestación de una herejía parecida a la de los buenos hombres, protagonizada por Leutard de Vertus, un tipo que conocerán en breve. Y no será el único.

Allí, en la Champaña florecerá también el catarismo, aunque será exterminado y no llegará a prosperar.

SEGUNDA PARTE
Auge y caída

La gleisa de dio

Esta Iglesia no es de piedra, ni de madera, ni de nada hecho por la mano del hombre. Porque está escrito en los Hechos de los Apóstoles (Hch 7,48) que: «El Altísimo no mora en cosa hecha por la mano del hombre». Pero esta Santa Iglesia es asamblea de fieles y santos, en la que Jesucristo está y estará hasta el final de los siglos.

Fragmento del ritual occitano de Dublín (Brenon, 1997, 101)

En un día indeterminado de mayo del año de nuestro señor de 1167 un grupo nutrido de personas se reunió en el castillo de Saint-Félix-de-Caraman —hoy en día Saint-Félix-Lauragais—, una preciosa localidad situada en el Lauragais, una región natural situada al este de Toulouse, hasta Fanjeaux, y que comprende cuatro departamentos actuales: Ariège, Aude, Tarn y Haute-Garonne, donde se encuentra Saint-Félix —que en aquella época pertenecía al vizcondado de Albi, en manos de la casa Trencavel.

Aquellas personas eran representantes de diversas comunidades cátaras de Toulouse, Albi, Carcasona, Francia, Lombardía y el Valle de Arán (la «Ecclesia Aranensis», aunque esto no está del todo claro).

Lo sorprendente es que aquel cónclave fue presidido por un dignatario procedente de Oriente, Nicetas (o Niquinta, o Nikita), del que sabemos realmente poco, pero lo suficiente como para que llame muchísimo la atención su presencia allí. Al parecer, procedía de Constantinopla y pertenecía a la orden —recuerden, un linaje de consolados— de Drugunthía o Dragovitia, situado al sureste de los Balcanes. Se dice que recibió el *consolament* del obispo Simón de Dragovitia, que se ve que era muy importante, y que era un dualista absoluto. En la crónica por la que conocemos esta historia se le define literalmente como «papa», y eso, de alguna manera, inquieta, sabiendo como sabemos que los cátaros no tenían papas.

En cualquier caso, hacia 1160 el tal Nicetas viajó hasta Lombardía, donde, en un primer momento, se enfrentó con un heresiarca local, un tal Marcos, dualista moderado, ordenado supuestamente en Bulgaria y obispo de la región. Terminó ganándoselo y le aplicó el *consolament*, por lo que pasaba a formar parte de su orden. Tanto es así que este le acompañó en el Concilio de Saint-Félix-de-Caraman.

Los asuntos a tratar son sumamente interesantes: por un lado, la elección de los obispos para aquellas comunidades que aún no tuviesen (las de Toulouse, Carcasona y el Valle de Arán); por otro, la delimitación geográfica entre las iglesias de Toulouse y Carcasona. Es decir, estaban organizando la estructura de lo que, sin duda, se podía considerar como una iglesia.

Por supuesto, Nicetas ordenó a los nuevos obispos y les confirió el *consolament* a los representantes más importantes de aquellas comunidades: Robert D'Espernon, de Francia; Sicard Cellarier, de Albi; Bernard Raymond, de Toulouse; Gerald Mercier, de Carcasona; Raimundo de Casals, de Arán, y el propio Marcos, obispo de Lombardía.

¿Cómo sabemos esto? Pues gracias a una controvertida carta que apareció publicada en los apéndices de la obra que se publicó en 1660: *Histoire des ducs de Narbonne*, una crónica de los duques de Narbona, escrita por un historiador de Carcasona llamado Guillaume Besse. La carta en cuestión, presuntamente, era obra del propio Nicetas, aunque el tal Besse aseguraba que era una transcripción de una copia de 1232.

Esto, junto a algunas irregularidades que no vienen al caso —por ejemplo, la mención a cátaros en el Valle de Arán, y el nombramiento de un obispo para esa región, Raimundus de Casalis, cuando no se ha encontrado evidencia de su presencia en una época tan temprana—, ha hecho que muchos duden de la autenticidad de dicha misiva, creándose una agria polémica que ha dividido y sigue dividiendo a los expertos en este movimiento herético. Por un lado, los expertos vinculados con el Centre d'Études Cathares de Carcasona (Jean Duvernoy o Anne Brenon), defienden que hace referencia a hechos reales; en cambio, algunos historiadores (como Jean-Louis Biget y Monique Zerner), consideran que es una falsificación, probablemente confeccionada por los inquisidores católicos hacia 1220 con el fin de justificar la cruzada contra los cátaros.

Si bien es cierto que los que consideran que la carta es una estafa, al menos parcial, son mayoría, esto nos lleva a una interesante cuestión: entre los historiadores especializados existen dos perspectivas muy diferentes sobre quiénes fueron realmente estos herejes. Unos plantean que llegaron a crear una iglesia institucionalizada y amplia, mientras que los otros consideran que no fue para tanto y que la Iglesia católica se encargó de exaltar su importancia para legitimar las matanzas que se estaban produciendo en el *Midi* francés. Quizás, como diría Sidharta Gautama, el camino medio sería lo correcto.

Es razonable pensar que llegaron a crear una estructura bastante consolidada, que abarcaba grandes extensiones de la Occitania, con una jerarquía bien definida. Solo eso explicaría que, apenas unas décadas después de este concilio, la Iglesia romana se lanzase, con el apoyo del rey de Francia, a sangre y fuego contra los herejes. La respuesta católica no hubiese sido tan brutal si no temiesen el crecimiento exponencial de la iglesia de los buenos cristianos, si no pensasen que, de alguna forma, aquello ponía en jaque la *Pax Romana*. Pero claro, aquellos herejes eran considerados santos por sus seguidores y por gran parte de la población occitana católica, aunque no siguiesen sus ideas. Por lo tanto, también es posible considerar que Roma exageró la importancia de este movimiento para justificar lo que, en la práctica, fue una conquista dirigida por Francia, que desde hacía tiempo ansiaba ocupar Occitania. Además, aparte del tema teológico, había otros factores en juego, especialmente los problemas que tenía la Iglesia para cobrar el diezmo de los nobles y del pueblo llano.

Yo, como Buda, y como Aristóteles, opto por el camino medio: los cátaros occitanos llegaron a crear una iglesia perfectamente articulada, con varios obispados, numerosas sedes y una amplia red de casas de perfectos y perfectas. Y a la Iglesia le sobraban los motivos para condenarlos y perseguirlos por herejes, sin que importasen su excelente conducta ética o sus rigores ascetas. Además, tuvieron la suerte de que los poderes fácticos civiles se unieron a la Santa Sede cuando se levantó la bandera de la cruzada, aunque con fines más pragmáticos y mundanos que espirituales. Los franceses, en pocas palabras, aprovecharon la coyuntura para hacerse por fin con lo que les faltaba de su ansiada Occitania, el siempre rebelde Languedoc.

¿De dónde vino la herejía?

LOS BOGOMILOS

Ahora bien, para entender cómo es posible que se llegase a esta situación, para comprender cómo pudo pasar que en 1167 se reuniesen seis o siete obispos cátaros para hablar de sus cosillas, y en aparente libertad, hay que adentrarse en el origen de este fascinante movimiento. ¿Dónde había surgido la herejía? ¿Procedía del este, de los antiguos bogomilos, como muchos historiadores decimonónicos plantearon? Eso explicaría que todos los obispos occitanos fuesen consolados por Nicetas, al que, sin duda, le reconocían así su primacía. Pero esa línea de sucesión bogomilos-cátaros no está tan clara, al menos en el caso de los occitanos.

Los más antiguos, que sepamos, vivieron en la actual Bulgaria. Lo sabemos porque en torno al año 970, un cura búlgaro llamado Cosmas redactó un escrito contra los bogomilos, los supuestos adeptos de un señor llamado Bogomil, nombre que significa «amado de Dios», que vivió en tiempos del rey cristiano Peter (gobernó entre el 927 y el 969). Se la atribuyen máximas como esta: «Si alguien mata con un palo al hijo del rey, ¿acaso es posible que Dios se encariñe con ese palo?»... Imagino que habrán captado la metáfora y la clara crítica al culto a la cruz.

Aunque se da por hecho en la historiografía clásica y en los textos religiosos contra los herejes (tanto búlgaros como rusos), no está muy claro que realmente haya existido este señor. Algunos historiadores contemporáneos plantean que, quizás, más que un nombre, era un epíteto que se aplicó a diversas personas. De hecho, así fue con sus principales discípulos. Esto no impidió que surgieran leyendas sobre su figura, muchas de ellas mencionadas en obras de cristianos católicos y ortodoxos que escribieron contra este movimiento. Por ejemplo, en la localidad de Kamenishte (actual Kámenets) se dice que está su tumba, ya que allí fue asesinado por sus enemigos.

Los bogomilos creían en la idea dualista de la existencia de dos realidades diferenciadas: el mundo material, obra del mal, y el mundo divino, cosa de Dios. Esta creencia tenía implicaciones extraordinarias en sus ideas sobre quién fue Jesús realmente y en el rol de las iglesias oficiales, la romana y la ortodoxa, que, según esta doctrina, estaban equivocadas por completo. Además, rechazaban el matrimonio, vivían en comunidad, como ascetas y en castidad, y se iniciaban mediante la imposición de manos… Y creían ser los últimos herederos de un linaje que se había iniciado con los apóstoles.

Aunque es muy difícil determinar su extensión, sí tenemos constancia de que hubo grupos de fieles en Serbia, Bosnia y Bizancio. Uno de sus líderes más conocidos, Basilio, llegó a influir en el emperador de Constantinopla, Alejo Comneno (1048-1118), y en su corte. Pero no le sirvió de mucho. Alejo cambió de parecer y lanzó una persecución brutal contra aquellos herejes. Basilio, tras caminar tranquilamente hacia la hoguera, fue quemado hacia 1119. Pero fue el

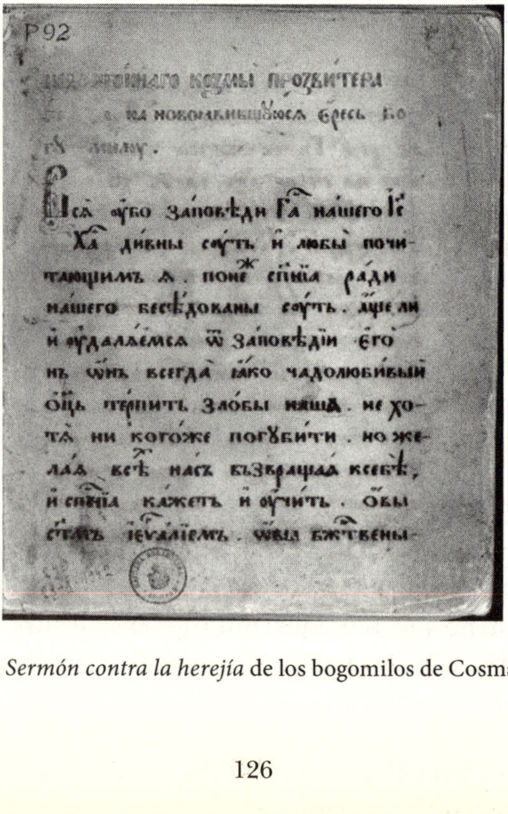

Manuscrito del *Sermón contra la herejía* de los bogomilos de Cosmas el Sacerdote.

único ajusticiado. A partir de ese momento, los bogomilos pasaron a la clandestinidad en Constantinopla y se hicieron más fuertes en Bulgaria y Serbia, y en Bosnia —todas estas regiones formaban parte también del Imperio bizantino—, donde terminarían montando una iglesia, pero esa es otra historia…

Pero lo importante para el tema que nos ocupa es averiguar si, en efecto, como tradicionalmente se ha afirmado, los herejes occidentales procedían de estos bogomilos. No está nada claro, aunque, repito, muchos lo dan por hecho y es casi un axioma.

Ya en aquella época se pensaba que era así. Rainer Sacconi, inquisidor dominico que anteriormente había sido cátaro, planteaba que todas las comunidades occidentales procedían de dos iglesias orientales: la de Bulgaria y la de Dragovicia, que se diferenciaban tan solo en sus respectivas formas de entender el dualismo. Los primeros eran moderados, mientras que los otros predicaban un dualismo extremo. Además, planteaba que Italia había sido el nexo de unión entre los orientales y los cátaros franceses y occitanos, tanto por la proximidad geográfica como por las relaciones comerciales habituales que se daban entre las ciudades del norte de Italia (especialmente Venecia y Génova) y las tierras de los Balcanes y Bizancio. Como él, los apologistas de esta continuidad argumentan que la difusión de la herejía se pudo ver favorecida por las Cruzadas —recuerden, la primera se produjo a finales del siglo IX—, que permitieron un contacto directo con los herejes en el camino a Tierra Santa (que pasaba, inevitablemente, por la península balcánica) o en la misma Constantinopla. Y no andan equivocados.

Así pues, si bien no se puede aplicar con evidencia una relación de continuidad entre los bogomilos búlgaros y los buenos cristianos occidentales, sí que es obvio que compartían creencias y ritos; pero también había importantes diferencias, sobre todo en sus respectivas cosmogonías, en sus ideas sobre la llegada de las almas a los seres humanos, o en la ausencia de jerarquía por parte de los bogomilos.

Otra cosa es que después de que brotase la herejía en el norte y sur de Francia, en Italia y algunas regiones de Alemania, como veremos, mantuviesen contacto con los herederos orientales de los bogomilos —que no se llamaban a sí mismos así—. Esto está más que demostrado. Y no solo por aquel famoso cónclave de Saint-Félix-de-Caraman del que ya les hablé, al que asistió Nicetas, al que todos reconocieron como superior. Tenemos evidencia de encuentros con otros herejes orientales que viajaron hacia Italia y Occitania, como Petracio; y al contrario, algunos buenos cristianos occidentales llegaron a trasladarse a Bulgaria, como Nazario, obispo de la comunidad de Concorezzo (cerca de Milán), que lo hizo en 1190.

Simplificando al máximo, cátaros y bogomilos eran primos hermanos, ya que, como veremos, las primeras manifestaciones de la herejía se produjeron en la misma época en la que los herejes búlgaros aparecieron en la historia...

EL MILENARISMO VA A LLEGAR

Sea como fuere, a comienzos del siglo XI comenzaron a arder las hogueras en algunas regiones del Occidente europeo, a la vez que los cronistas occidentales religiosos comenzaban a indicar la presencia de herejes en varias regiones.

Raoul Glaber (980-1046) —el Glabro, epíteto que hacía honor a la ausencia total de pelo que padecía—, un extravagante monje de la Borgoña que pasó a la posteridad por sus advertencias exageradas sobre la inminencia del fin del mundo, se hizo eco de un caso sorprendente que tuvo lugar en el año 994 sobre el que ya adelanté algunas ideas.

Narró que un campesino del condado de Châlons, en Champagne, llamado Leutard, tras separarse de su esposa para vivir en castidad, destruyó el crucifijo de la iglesia de su pueblo (Vertus), y todos los que fue encontrando a su paso, porque consideraba que era una ofensa venerar el instrumento con el que se mató a Jesús, y comenzó a exhortar a sus vecinos para que dejasen de pagar el diezmo a la corrupta Iglesia, todo según su particular interpretación de las Escrituras —algo que cuesta creer, ya que los libros no estaban al acceso de casi nadie, y casi nadie sabía leer—, y tras algunas revelaciones sobrenaturales que le llegaron en forma de abejas que entraron en su cuerpo... por el ano.

Llegó a convencer a numerosos vecinos, por lo que fue llamado al orden por su obispo, Gibuin de Châlons, que le terminó considerando un loco y un hereje tras interrogarle. Desahuciado, terminó tirándose a un pozo.

Glaber vio en este caso, y en otros cuantos que menciona, un claro signo del fin del mundo: el mal estaba moviendo sus hilos y manipulando las mentes para comenzar su particular cruzada contra el bien.

Pero, antes de seguir con otras manifestaciones primigenias del posterior catarismo occidental, permítanme que les hable un poco de este señor. Es importante para entender un aspecto de la religiosidad de esta época concreta del Medievo que, sin duda, también debió influir en el desarrollo de la herejía.

El monje borgoñés era un auténtico fanático que aseguraba recibir información divina a través de sueños y visiones. En 1031, tras un periplo por varias comunidades monacales, fue admitido en el monasterio de Cluny, epicentro de la cultura europea de la época y de la religiosidad monacal. Allí, a lo largo de una década, redactó una inmensa obra, compuesta por cinco volúmenes que, simplemente, título *Historiae*. En ella ofrecía un delirante relato sobre la presencia de Dios en la historia y los signos de la inminente llegada del fin del mundo y de la culminación del plan divino, que, a su entender, comenzaron a manifestarse «en torno al milésimo año de la Encarnación de Cristo Salvador».

¿Por qué mil años? Por esto:

> Y vi un ángel que bajaba del cielo llevando la llave del abismo y una gran cadena en su mano. Y sujetó al Dragón, la serpiente antigua —que es el Diablo y Satanás— y lo encadenó por mil años, lo arrojó al abismo, lo encerró y lo selló por encima para que no extraviase a las naciones hasta que se cumplieran los mil años. Después debe ser desatado por poco tiempo (Apocalipsis 20, 1-3).

Es decir, mil años después de Jesús, el mal invadiría el mundo y comenzaría un complicado tiempo lleno de tribulaciones tras el que se establecería un reino terrenal perfecto, a imagen del Paraíso, que precedería a la Parusía, es decir, a la segunda venida de Jesús, al fin del mundo y al juicio final. Al menos así lo interpretó este señor, como otros tantos de su época, posiblemente influidos por él.

Raoul Glaber tenía claro que la cadena de acontecimientos ya había llegado a su cenit. Así, en su *Historiae* describe un sinfín de hechos insólitos, extraños, prodigiosos, que sucedieron a partir del año 900. Describió hechos naturales que interpretó como pistas divinas: aparición de cometas, eclipses de sol, lunas de sangre, lluvia de meteoros, erupciones volcánicas —el Vesubio, al que menciona, entró en erupción en el 999, en 1007 y en 1036—, epidemias, hambrunas... Incluso canibalismo: «Se veía en esos tiempos de horror hijos que al crecer devoraban a sus madres que, sordas a la voz de la sangre, desgarraban a sus hijos para calmar su hambre» (Libro V, capítulo 2).

Pero también milagros: un crucifijo del que salían lágrimas en un monasterio de Orleans, un lobo que comenzó a tocar las campanas de la catedral de Orleans, decenas de milagros producidos por reliquias...

Y algunos hechos claramente forteanos[3]: lluvias de piedras, incendios espontáneos, dragones surcando los cielos y vomitando fuego, avistamiento de ballenas tan grandes como islas, aparición de espíritus malignos y de etíopes —personas de piel oscura, asociadas al mal—. Llegó a relatar incluso lo que muchos, desde una perspectiva ufológica o paranormal, interpretarían hoy como un visitante de dormitorio:

> Cuando habitaba en el monasterio del beato mártir Leodegario, en Champeaux, una noche, antes del amanecer, se me apareció a los pies de la cama una figura de hombrecillo, de aspecto tenebroso. Por lo que pude distinguir, era de estatura media, cuello delgado, rostro demacrado, ojos muy negros, frente encrespada de arrugas, nariz aplastada, boca saliente, labios abultados, barbilla estrecha y afilada, barba caprina, orejas hirsutas y puntiagudas, cabellos de punta y desgreñados, dentadura canina, cráneo alargado, pecho saliente, espalda con joroba, las nalgas que se agitaban, con ropas sucias; estaba jadeando y con todo el cuerpo agitado (Libro V, capítulo 2).

Además, y esto es muy significativo, incluía como signos de la llegada del milenio la corrupción de la Iglesia, sobre todo por las prácticas simoniacas, y la aparición de la herejía. Aparte de la anteriormente comentada, la del pobre Leutard de Vertus, describe otras. Por ejemplo, comenta que entre el 1020 y el 1025, una mujer italiana poseída por el Diablo introdujo una herejía en Orleans y cuestionó la autoridad de las Escrituras, llegando a convencer a dos clérigos, Eriberto y Lisoio. Además, atacaba de forma brutal a los judíos, a los que consideraba secuaces del Maligno, presentes en la región de Orleans como en otras regiones de Occidente.

En definitiva, Glaber estaba convencido de que «el orden de las estaciones y las leyes de los elementos, que hasta entonces habían gobernado el mundo, habían vuelto a caer en un caos eterno y se temía el fin del género humano» (Libro V, capítulo 4).

---

3 Por si no lo saben, este adjetivo nace a partir de los fenómenos extraños tomados que el gran Charles Fort (1874-1932) recopiló en sus libros, especialmente en *El libro de los condenados* (1919), una auténtica maravilla en la que se habla de muchos de los temas que la literatura dedicada a las anomalías desarrollaría años después.

Por todo esto, no es de extrañar que, mientras llegaba la segunda venida de Jesús, los cristianos comenzasen a preocuparse de forma especial por su salvación, en vista de que el fin del mundo parecía inminente. Las penitencias, las mortificaciones, las renuncias extremas o las peregrinaciones (a Tierra Santa, a Roma o a Santiago de Compostela) eran habituales, como las excomuniones, las purgas contra los judíos y, pronto, las hogueras contra los herejes. De hecho, cada vez se extendió más la idea de que el pecado, fruto de la manipulación diabólica, era el causante verdadero de todos aquellos males.

Aunque se ha dicho que fue en gran medida responsable de la estimulación fervorosa que el cambio de milenio provocó entre el pueblo llano cristiano, esto tan solo es cierto en parte. No se puede determinar con precisión su influencia. Además, aquello venía de

La fuente de Raoul Glaber en Moutiers.

atrás. Por ejemplo, desde el siglo VII, cuando san Isidoro de Sevilla propuso en sus *Etimologías* que el mundo tenía 6000 años de antigüedad, divididos en seis etapas, se veía como inminente el final, en parte porque se creía que esas etapas eran semejantes a los seis simbólicos días en que Dios creó todo. De hecho, en el *Comentario al Apocalipsis* del Beato de Liébana, del año 776, se planteaba que el final del sexto milenio sería en el año 800… Ese año, curiosamente, se coronó a Carlomagno en Roma.

Además, hubo otros aspirantes a profetas en tiempos de Glaber. En cualquier caso, su obra muestra a la perfección los malestares, temores y esperanzas de los cristianos en torno al año mil, siendo de gran ayuda para comprender el estado de las cosas del momento y la psique de los creyentes. Como es lógico, esto ayuda a comprender por qué terminó brotando la herejía justo en esa época. Era tiempo de miedo y penitencia, pero también de esperanza.

Los cristianos de Occidente, por diferentes motivos, como el propio Raoul Glaber, estaban convencidos de que estaban viviendo una época trascendental dentro del curso de la historia. Pero claro, el fin del mundo no se produjo, ni la segunda venida de Jesús, ni la instauración del reino de los cielos. ¿Qué había pasado? Los sabios cristianos posteriores, con el calabrés Joaquín de Fiore (1135-1202) a la cabeza —Dante lo menciona en la *Divina comedia* como un gran profeta—, encontraron rápidamente la solución. Quizás habían interpretado mal las palabras del autor del Apocalipsis. Quizás el milenio no era el tiempo que había pasado desde Jesús, sino el tiempo en que reinarían las huestes del mal en la tierra, que tampoco tendrían por qué ser mil años, sino algo simbólico; tiempo tras el cual llegaría la Parusía, la victoria sobre el mal y la instauración de un milenio de paz, alegría y regocijo terrenal, al que sucedería la resurrección de los muertos, el juicio final y el ascenso de los justos. Pero esa es otra historia…

En resumidas cuentas, en este ambiente enrarecido de finales del siglo X brotaron por diferentes zonas del Occidente europeo las primeras manifestaciones de la herejía cátara que, sin duda, se fue formando y perfeccionando con el paso de las décadas, sin llegar nunca a ser homogénea. Este ambiente escatológico se unió con la percepción, también apuntada por Glaber, de que los que podían ayudar a la salvación del pueblo, los miembros de la Iglesia, también habían sido seducidos por el mal. Así, no es de extrañar que los creyentes de a pie, convencidos de que la salvación solo la tenían asegurada los únicos que podían dedicarse a una vida entregada por completo a la divinidad —los monjes y las monjas que vivían en total reclusión y castidad, en teoría, en sus abadías y conventos—, buscasen nuevas vías para obtener el preciado salvoconducto que les librase de las llamas eternas y les condujese a la vera de Dios. La Iglesia ya no era el camino. Por eso, precisamente por eso, nació otra Iglesia...

Volviendo a Leutard de Vertus, el loco hereje del que les hablé anteriormente, y del que hablaba Glaber, es necesario señalar que compartía algunas ideas con los cátaros, como su rechazo hacia la cruz y las imágenes religiosas o su apuesta por la castidad, lo que ha llevado a muchos historiadores a considerarle como un claro antecedente. En efecto, lo es. O al menos es una muestra de que en el ambiente se movía un grupo de ideas, relacionadas entre sí, que acabaron desarrollándose posteriormente, y de forma más amplia, con la eclosión masiva de la herejía. Algo se estaba cociendo en el norte de Francia...

Es más, la región de Vertus fue un importante foco cátaro, hasta que casi todos fueron ejecutados en 1239 en la tristemente famosa pira de Mont-Aimé.

LA PIRA DE ORLEANS

El 28 de diciembre de 1022 doce herejes —o diez, o catorce, las fuentes no se ponen de acuerdo— fueron quemados en Orleans, en presencia de Roberto II el Piadoso (972-1031), hijo de Hugo de Capeto (c. 940-996) y segundo monarca de la dinastía que inició este, la dinastía capeta, que vino a sustituir a la carolingia.

Pero no fueron herejes cualesquiera, sino un grupo de canónigos de la catedral de la Santa Cruz de Orleans, donde había sido bautizado y consagrado el monarca. Y no solo eso: algunos de ellos mantenían relaciones muy estrechas con la familia real, como un tal Etienne, que era confesor de la reina. Esta cercanía con la corte hace que resulten aún más sorprendentes las creencias que, según las crónicas —siempre dudosas, ya que todas son católicas—, tenían aquellos religiosos. Lo más llamativo es que negaban la naturaleza humana de Cristo y, por lo tanto, su muerte y su resurrección, así como todos los sacramentos —incluido el perdón de los pecados, y eso es mucho—, la transubstanciación durante la eucaristía, el matrimonio y la virginidad de María, además de anular por completo de su dieta cualquier producto procedente de animales, defender la castidad y considerar que la salvación se consigue más por las obras y el ascetismo que por la fe y los ritos eclesiásticos.

No está muy claro cómo comenzó esto. Adémar de Chabannes (989-1034), un estudioso y sacerdote de Aquitania que escribió una crónica muy conocida sobre la historia de los francos, aseguraba que la culpa la tuvo un campesino de Périgord, una región occitana situada en el suroeste, entre los actuales departamentos de Dordoña y Lot y Garona, y consideraba, simple y llanamente, que eran maniqueos, aunque esta denominación, como vimos, se aplicaba a cualquier tipo de herejía. Raoul Glober, en cambio, afirma que fue cosa de una mujer de Rávena, en la actual Italia, poseída por el demonio. Para el caso es lo mismo: había sido detectado un brote hereje en el corazón de la cristiandad francesa, en la catedral del rey, y muy cerquita de la corte.

El monarca, informado de los hechos el día de Navidad de 1022 por un caballero normando, procedió a detenerles y a convocar una reunión con varios importantes representantes de la Iglesia, entre los que estaba el obispo de París. Durante el interrogatorio a los presuntos herejes, estos admitieron su culpabilidad, por lo que fueron condenados a morir en la hoguera, a lo Krahe.

Lo curioso es la forma con la que, según Ademar, se entregaron a la muerte: «Seguros de sí mismos, no se atemorizaron por el fuego; anunciaron que saldrían ilesos de las llamas y tranquilos se dejaron atar en la pira. Por supuesto, fueron totalmente reducidos a cenizas y no se encontró siquiera un trozo de sus huesos»...

Esto es muy importante. De ser cierto, implica un nivel de ascetismo y de desprecio de lo material que solo se había visto en los antiguos gnósticos, y que no mucho más tarde se vería con los buenos cristianos occitanos. Un claro paralelismo, a modo de ilustración de esta semejanza entre los cátaros y los herejes de Orleans, lo tenemos en el hecho de que los últimos buenos hombres de Montsegur se entregaron voluntariamente a las llamas el 16 de marzo de 1244.

Aquello fue un escándalo. Era la primera vez en siglos que se mataba a alguien por considerarle hereje. Además, eran religiosos y cercanos a la corte, lo que ha llevado a especular que había algo más en este asunto, especialmente algunos tejemanejes territoriales del monarca, determinadas tensiones con el conde de Orleans y algunos poderes en la sombra relacionados con su esposa que no vienen al caso. Pero estas otras motivaciones no anulan lo obvio: aquellos canónigos habían desarrollado unas creencias y unas prácticas que les enfrentaban directamente con la Iglesia, aliada del poder secular y bastante corrompida.

Repito: la primera vez en siglos que se mataba a alguien por considerarle hereje. Esto no es baladí. Tengan en cuenta que el propio derecho canónico, por aquel entonces, prohibía la pena de muerte como castigo a un hereje, aunque no tardaría mucho en aprobarse y en utilizarse de forma masiva casi exclusivamente por la Iglesia católica —sí, algunos bogomilos fueron también pasto de las llamas, pero no fue por orden de las autoridades religiosas, sino por el poder civil del Imperio bizantino—.

Lo interesante es que en los siguientes años aparecieron focos de herejía con creencias similares en varios lugares de Francia, desde la Champaña hasta Aquitania, el País del Loira o la propia Toulouse, en el corazón de la Occitania; pero también en el norte de Italia, donde un grupo que vivía en el castillo de Monteforte, en el Piamonte, fue quemado colectivamente en Turín por orden del obispo de Asti hacia el año 1030. En este caso, de nuevo, pese a que les dio a elegir a los herejes entre el arrepentimiento y la vuelta al redil, se entregaron voluntariamente a la muerte.

La pregunta clave, de nuevo, es: ¿se puede considerar a todos estos herejes como antecesores de los cátaros o, yendo más allá, como las primeras manifestaciones del catarismo? Pues depende. Quizás esté más cerca de la verdad la segunda opción, siempre que tengamos en cuenta la diversidad que siempre hubo entre los buenos cristianos. Es muy razonable pensar que todos estos movimientos fueron las primeras intentonas de un nuevo cristianismo en formación que surgió de la suma de las ansias de salvación, la decadencia de la Iglesia, el cuestionamiento de los dogmas y los ritos y el retorno al cristianismo primitivo de los apóstoles, que comenzó a darse por todos lados.

PRISCILIANO

Matar herejes es introducir en la tierra un crimen inexpiable.

Juan Crisóstomo (siglo iv)

Antes de continuar, me van a permitir que haga un pequeño paréntesis. Les decía antes que la Iglesia llevaba siglos sin matar a ningún hereje, hasta que en 1022 se encendió la primera pira en Orleans.

Aunque esto pueda parecernos extraño, conociendo como conocemos la locura sanguinaria que se apoderó de Europa a partir de la Cruzada Albigense y la instauración de la primitiva Inquisición, durante siglos no se practicó la violencia institucional contra los herejes, en parte porque en ninguna parte del Nuevo Testamento se decía nada que permitiese justificarla.

De hecho, la idea era más bien que los herejes podían servir como contraste para mostrar el camino que no se debe tomar. El propio Pablo de Tarso, en su Primera Epístola a los Corintios, lo dejó bien claro: «Porque es preciso que entre vosotros haya herejes, para que se hagan manifiestos entre vosotros los que son aprobados» (11, 19). Ojo, la palabra que empleó fue *haereses*, que, en efecto, significa «herejes», pero, sospechosamente, se ha traducido como «escisiones», «facciones» o «disensiones», que en el fondo significan lo mismo, pero no tienen el poder ni la carga de la palabra «hereje». Los propios apóstoles rechazaron el uso de la fuerza para reprimir la disidencia, al igual que casi todos los padres de la Iglesia, excepto Agustín de Hipona, que sí que reclamó que los poderes civiles debían estar al servicio de la verdadera cristiandad. Y así fue. La Iglesia romana persiguió a los disidentes e impuso su ortodoxia desde principios del siglo IV, cuando el cristianismo fue legalizado por Constantino, y aunque no recomendaba explícitamente la violencia, se lavaba las manos cuando el poder civil la empleaba.

Sea como fuere, de lo quería hablarles es de los últimos herejes condenados a muerte por la Iglesia católica. Me refiero a un curioso movimiento iniciado por un obispo hispano llamado Prisciliano, nacido en torno al año 340 y ejecutado en Tréveris en el 385.

Por desgracia, sabemos muy poco sobre sus orígenes. Se cree que era gallego, de la provincia romana de Gallaecia, aunque no está claro, y hay quien apunta que era del norte de la Bética o de Lusitania. Al parecer, su familia era noble y pagana, aunque él terminó convirtiéndose al cristianismo y se unió, hacia el año 370, a un grupo ascético de laicos de ambos sexos y clérigos que buscaban la perfección espiritual en las afueras de Burdeos (Burdigala), en Aquitania. Unos años después, hacia el 379, comenzó a predicar por el noroeste peninsular, consiguiendo captar a muchos seguidores.

Su movimiento era claramente ascético, similar al de los ascetas monacales egipcios Pablo Ermitaño y Antonio Abad, contemporáneos de Prisciliano. Pero también tenía influencias gnósticas y dualistas. Y probablemente, célticas. Además, es importante señalar que sus ideas arraigaron en las capas más bajas de la sociedad. Y algo sumamente importante: contaba con muchas mujeres como seguidoras y les daba gran importancia.

Sulpicio Severo (363-425), santo católico de Aquitania, escribió una obra, *Chronicorum Libri Duo*, en la que detallaba muchos aspectos sobre su vida y obra. Entre otras cosas, escribió esto:

> Oriente y Egipto era el origen de este mal [el maniqueísmo], pero no resulta fácil de determinar por quiénes había sido cultivado en el principio. El primero que la llevó a Hispania fue Marcos, criado en Egipto, nacido en Memfis; sus seguidores fueron una tal Ágape, mujer no innoble, y el retórico Elpidio. Prisciliano fue instruido por ellos. [...] Vino a caer en la herejía de los gnósticos.

Fue denunciado por Higinio, el obispo de Córdoba, que le acusó de practicar la «infame herejía de los gnósticos», y por Idacio de Mérida. Gracias a estos, y al que fue probablemente su mayor enemigo, Itacio de Ossanoba (la actual ciudad portuguesa de Faro), se convocó en el año 380 un sínodo en Zaragoza para tratar la cuestión. Pero ni Prisciliano ni sus dos principales seguidores, los obispos Instancio y Salviano, se presentaron. Eso no impidió que fuesen condenados *in absentia*, aunque sin consecuencias.

Pero, en un giro sorprendente de los acontecimientos, fue consagrado obispo de Ávila por estos dos obispos. Esto provocó que Idacio de Mérida escribiese a Ambrosio, obispo de Milán, donde estaba la corte del emperador romano —que en aquel momento era Graciano—, consiguiendo así que este excomulgase y desterrase tanto a Prisciliano como a sus seguidores.

Esto llevó a que en el 382 Prisciliano viajase a Roma para defenderse ante el papa Dámaso, pero este se negó a recibirle, argumentando que no podía contradecir una decisión del emperador. Así que fue a Milán, donde, por sorpresa, consiguió que se anulase el decreto imperial. Esto le permitió regresar a Hispania, además de conseguir que su enemigo Idacio fuese detenido y exiliado a Tréveris.

Pero todo cambió cuando Magno Clemente Máximo, gobernador romano en Britania, se hizo con el poder por la fuerza en el año 383. Necesitado del apoyo de la Iglesia, aceptó condenar de nuevo a Prisciliano. Pero había un problema: la condena por herejía implicaba la confiscación estatal de todos los templos de la secta, pero los templos de Prisciliano y sus seguidores eran de la Iglesia. La solución fue denunciarle por brujería, de lo que se encargó Itacio de Ossanoba.

En un nuevo concilio celebrado en Burdeos, al que sí acudieron Prisciliano y varios de sus seguidores, solo se consiguió deponerle de su rol como obispo de Ávila, pero nada más. Nuestro protagonista decidió entonces reunirse con el emperador Máximo en Tréveris, donde había establecido este su corte. Llegó en el 385. Pero la jugada le salió mal: fue acusado «de maleficio, confesando haberse aplicado a doctrinas obscenas, realizar reuniones nocturnas con mujeres deshonestas y orar habitualmente desnudos», y de emplear la astrología. Claro, confesaron, pero tras ser torturados.

El obispo Martín de Tours (316-397), posterior santo, aunque también les acusó de herejía, intentó impedir que fueran ajusticiados, pero no lo consiguió. Junto a él fueron condenados a muerte y decapitados otros seis. Se convirtieron en los primeros herejes ajusticiados por el poder civil a instancias de la Iglesia.

Sea como fuere, no hubo unanimidad en el apoyo a la sentencia dentro de la esfera cristiana. Muchos criticaron que fuesen obispos los que propiciaron las ejecuciones. Hasta el papa Siricio lo hizo.

Prisciliano fue, sin duda, un vigoroso y potente reformador que en muchos aspectos guardaba grandes parecidos con los buenos cristianos e, incluso, con la Reforma luterana... Además, su movimiento no murió con él, sino que continuó, al menos, durante dos siglos, gracias a que enraizó en regiones propicias a creencias heterodoxas... Galicia. Sus seguidores le comenzaron a venerar como a un santo mártir.

Los cuerpos de los condenados, como deja claro también Sulpicio Severo, fueron traídos hasta España, donde se les rindió homenaje.

Parecidos sorprendentes

En el año 396 se celebró un concilio en Toledo en el que, entre otros temas, se intentó legislar contra el priscilianismo, en parte porque los discípulos de Prisciliano, al que ya habían mitificado, se habían radicalizado. De las actas de este cónclave se extrae información muy jugosa sobre el tema que nos ocupa. Por un lado, se declara anatema a todo aquel que usase o venerase cualquier obra apócrifa, indicándose así que Prisciliano lo hacía. Pero hay más: se llega a afirmar que sus seguidores usaban la astrología y las matemáticas, condenaban el matrimonio y rechazaban el consumo de ciertas carnes y de vino (anatemas XV al XVIII).

Ya antes, en el año 383, Filastro, obispo de Brescia (Lombardía), había calificado a las comunidades de seguidores de Prisciliano como «abstinentes», y algo más:

> Hay otros en las Galias, en España y en Aquitania, considerados abstinentes, que siguen igualmente la perniciosísima secta de los gnósticos y maniqueos, y no dudan en predicar las mismas cosas, separando con sus persuasiones los matrimonios de los hombres, y proponiendo el rechazo de los manjares, despreciándoles paulatinamente, al que decir que no son buenos, porque no fueron concedidos a los hombres por Dios, sino por el diablo (*Libro de las herejías*, 84).

Por otro lado, aunque Prisciliano y sus seguidores defendían una fuerte oposición entre el mundo material, creado por Dios, y el mundo divino, no eran dualistas, ni siquiera moderados, y no más que la ortodoxia católica. Así, la acusación de que eran maniqueos y gnósticos hay que ponerla en entredicho, aunque en otros aspectos se acercasen a sus propuestas. Tampoco criticaba la organización eclesiástica, si bien le daba mucha importancia a los que predican y enseñan al margen de su posición jerárquica. Del mismo modo, tampoco rechazaba los sacramentos, y mucho menos la eucaristía. Por último, la castidad solo se pedía para los ascetas entregados a la causa, no a los fieles. Esta diferenciación entre las prácticas y funciones de los iniciados —o «santos», como los calificaba el propio Prisciliano— y los simples creyentes se basa en que los primeros han conocido los misterios de Cristo gracias a la iluminación; de ahí que tuviesen que llevar una vida ejemplar, casta, humilde, alejada de los vicios, centrada en el estudio de los Evangelios para poder predicar la palabra de Dios con exactitud. Pero aquí hay un punto importante y diferenciador: cualquier creyente se podía convertir en santo si se entregaba al riguroso ascetismo, sin necesidad de ser ordenado sacerdote. Además, las mujeres también podían hacerlo, aunque, todo sea dicho, pocas lo hicieron, por lo que, en general, la predicación era cosa de los hombres.

Todo esto lleva a una conclusión inexorable: las creencias de Prisciliano y sus propuestas vitales no se diferenciaban demasiado de las de la Iglesia católica ni de las de algunos padres de la Iglesia, como Ambrosio o Agustín de Hipona, ni de los ascetas místicos del desierto egipcio.

Sea como fuere, aquello produjo una clara división en la cristiandad hispana —y de parte de la Galia— que duró, al menos, un par de siglos. El propio Agustín de Hipona, informado de la herejía creciente, calificó el movimiento como herético e invitó a los obispos hispanos a hacerlo desaparecer. Acorralados por el catolicismo, el movimiento terminó decayendo, aunque en Galicia permaneció un reducto hasta bien avanzado el siglo VI.

Tras el asesinato de Prisciliano y sus discípulos surgieron numerosos movimientos heréticos, como el nestorianismo y el pelagianismo del siglo V. Todos fueron sancionados en distintos concilios, y sus líderes fueron excomulgados y, casi siempre, exiliados. Pero no fueron ejecutados.

Y así pasaron los siglos… hasta que se encendieron las piras en Orleans.

Compostela

Pero antes de seguir con los cátaros, y ya puestos a desviarnos del tema, me gustaría terminar esta pequeña disquisición sobre Prisciliano con una curiosidad que resulta de lo más llamativa: como bien saben, en la catedral de Santiago de Compostela se veneran los supuestos restos mortales del apóstol Santiago el Mayor, hijo de Zebedeo, hermano de Juan, y miembro del grupo de favoritos de Jesús. La tradición indica que anduvo predicando por Hispania, que se le apareció la Virgen María, aún viva, sobre un pilar —en la actual Zaragoza—, y que luego regresó a Jerusalén, donde fue decapitado por orden de Herodes Agripa I, hacia el año 41. La leyenda continúa argumentando que dos de sus seguidores, Atanasio y Teodoro, recuperaron su cuerpo y lo llevaron en una barca de piedra a Galicia, siendo enterrado en las cercanías de Iria Flavia.

Casi ocho siglos después, Paio, un ermitaño cristiano de esa localidad, le dijo al obispo Teodomiro, cuya sede también estaba allí, que había visto unos lucerillos sobre un monte cercano. Fueron hasta allí y encontraron un cuerpo decapitado con la cabeza bajo el brazo. El rey de Asturias Alfonso II (c. 760-842), enterado, ordenó levantar una iglesia en ese mismo sitio, antecedente de la actual catedral de Santiago de Compostela. Desde aquel momento, el lugar se convirtió en un importante punto de peregrinación para los cristianos. Ya saben.

Pues bien, a finales del siglo XIX, hacia 1879, se realizaron unas excavaciones en la catedral que propiciaron el hallazgo de un sepulcro romano con los restos de tres personas y una inscripción en griego: «Athanasios martyr». Se trataba, según la Iglesia, de Santiago y los dos discípulos que le trajeron, Atanasio y Teodoro. Tras diversos análisis, bastante dudosos, por cierto, el papa León XIII publicó una bula el 1 de noviembre de 1884 en la que afirmaba que aquellos eran los restos del apóstol.

Pero claro, aquellos esqueletos no fueron datados con las técnicas que disponemos en la actualidad.

No mucho después, el hagiógrafo francés Louis Duchesne planteó que el decapitado no era Santiago, sino Prisciliano, argumentando que existe evidencia de que sus discípulos trajeron sus restos mortales desde Tréveris hasta Galicia, en una ruta que bien podía coincidir con el Camino francés. En España, el historiador Claudio Sánchez-Albornoz acogió esta idea como factible, al igual que Unamuno. Otros historiadores han secundado esta sugerente propuesta, y algunos estudiosos, como el ínclito Fernando Sánchez Dragó o el periodista Ramón Chao —padre del gran Manu Chao—. Lamentablemente, no hay ninguna evidencia que lo avale, como tampoco nada avala que sea Santiago.

¿Se imaginan que esto sea verdad y que los millones de peregrinos que cada año recorren el camino estén rindiendo culto en realidad a Prisciliano? Sería, cuanto menos, de lo más irónico…

Catedral de Santiago de Compostela. ¿O debería ser de Prisciliano?

Protocátaros

Retomemos la cuestión. ¿Estos primeros movimientos heréticos que comentábamos páginas atrás pueden ser considerados cátaros o protocátaros? En parte, sí, pero hay que tener en cuenta, una vez más, el contexto de la época, las necesidades de salvación de la población y la decadencia y corrupción del clero secular, en contraste con la santidad de los monjes, representados especialmente por los cluniacenses.

En efecto, tanto en los canónigos de Orleans como en el resto de estallidos heréticos de la primera mitad del siglo XI se pueden apreciar muchos de los aspectos esenciales del catarismo posterior. Sirva este otro ejemplo: en la localidad de Arras (en la actualidad, en el departamento del Paso de Calais), el obispo local juzgó en 1025 a un grupo de laicos que negaban los sacramentos, en especial la eucaristía y la transustanciación, el culto a los santos y a las reliquias, el Antiguo Testamento y, en general, al clero secular, corrupto y licencioso. Además, practicaban una vida reglada muy parecida a la de los monjes: rechazo del mundo material, cierto ascetismo, castidad, no violencia y exaltación del amor, que consideraban que eran los atributos de la verdadera Iglesia primitiva.

En este caso, como en el de los ajusticiados de Orleans, destacaba la oratoria, la capacidad reflexiva y el amplio conocimiento de los Evangelios, que citaban continuamente, aunque lo interpretarán desde su particular perspectiva. Los puntos en común con el catarismo son evidentes.

Adémar de Chabannes, al referirse a varios grupos de herejes de Aquitania, que genéricamente calificaba como maniqueos, expuso que se dividían entre fieles y un clero de ministros que «hablan como filósofos y se comportan como santos». Por todos lados parecía brotar el árbol de la herejía, aunque en diversas cepas.

LA CARTA DE HÉRIBERT

Por si todas estas similitudes fueran pocas, en el Périgord se desarrolló un movimiento con parecidos aún más evidentes. Lo conocemos gracias a una carta que un monje llamado Héribert (o Erbert) lanzó a la cristiandad avisando del hecho. Les dejo la transcripción de parte del documento para que puedan apreciar lo que les digo desde la propia fuente:

> Una nueva herejía ha nacido en el mundo y está empezando a ser predicada en este tiempo por pseudoapóstoles: desde sus inicios, se han hecho ministros de toda iniquidad. Por esta razón, escribimos esto para evitar que caigas en su herejía, para alarmarte y hacerte circunspecto.
>
> Por ello, es un hecho que en nuestro tiempo han surgido herejes en gran número en la región del Périgord: para pervertir radicalmente el cristianismo, pretenden llevar la vida apostólica. *No comen carne*, no beben vino, salvo muy moderadamente un día de cada tres. Hacen cientos de genuflexiones. *No aceptan dinero*, y cuando lo tienen, lo distribuyen con propiedad.
>
> Pero su secta es muy perversa, reservada y corrupta. No entran en una iglesia, excepto con el propósito de corromper. [...] Dicen que las limosnas no son nada y que no hay que recibir nada de ellas, vengan de donde vengan. Sostienen que la misa no es nada y enseñan que no se debe comulgar, sino *solo trozos de pan bendecido*. Dicen que el canto de la iglesia no es más que vanidad y que se inventó para el placer de los hombres. Si uno de ellos canta la misa con un propósito de engaño, no dice las palabras canónicas y no recibe la comunión, sino que se inclina detrás del altar o junto a él y arroja la hostia en el misal o detrás del altar. *No adoran la cruz ni la estatua del Señor*, e impiden toda adoración en la medida en que pueden: así, de pie ante el crucifijo, dicen: «¡Oh, qué infelices son los que te adoran!» [...]. Arrastraron a mucha gente a esta herejía: no solo a los laicos, que renunciaron a todos sus bienes, sino también a los *clérigos, sacerdotes, monjes y monjas*.
>
> Así se hacen invisibles a los que los buscan para entregarlos al tormento y a la muerte. Porque *hacen muchas maravillas*. No hay hombre, aunque sea un campesino, que, si se une a ellos, no se convierta al cabo de ocho días en alguien tan instruido en las letras, las palabras y las expresiones, que nadie después pueda superarle en nada. *Son invulnerables* y, aunque sean capturados, no hay vínculos que puedan retenerlos. [...] En este momento están invadiendo secretamente esta y otras regiones.

Vida apostólica, privación de carne, genuflexiones, rechazo de las limosnas, de la cruz, de las estatuas sacras, de la misa, de la eucaristía... Hasta menciona el pan bendito, que, como vimos, era esencial en la cotidianidad de los buenos cristianos. El parecido es asombroso. Además, como los canónigos de Orleans, y como los cátaros, negaban que Jesús se hubiese encarnado. Ninguna de las otras herejías, ni ninguna de los siglos anteriores, había ido tan lejos. Así que la conexión parece clara.

Lástima que no podamos precisar la fecha en la que se escribió, aunque, sin duda es anterior al año 1050 —lo sabemos porque hay una copia de ese año que se encontró en la abadía de Saint-Germain de Auxerre de París—. Si bien es cierto que existen cuatro versiones distintas de la carta, todas coinciden en lo sustancial.

Sigamos...

LA CARTA DE EVERWIN

En el año 1143, Everwin von Helfenstein, monje perteneciente a la Cándida y Canónica Orden Premonstratense —fundada en 1120 por Norberto de Xanten en la abadía francesa de Prémontré y cercana a los benedictinos—, desde el monasterio de Steinfield, le escribió a Bernardo de Claraval una importante misiva en la que le hablaba de un grupo de herejes que habían florecido en Colonia, exactamente en lo que hoy sería la ciudad de Bonn. Quería que el maestro intelectual y espiritual de la cristiandad católica le aconsejase, pero también le invitaba a que tomase las riendas de un asunto que veían como altamente preocupante.

Por cierto, saben quién fue Bernardo de Claraval, ¿no? Sin extenderme demasiado, ya que el personaje en cuestión daría para un libro entero —los hay por decenas—, y ya que ha aparecido varias veces en este, se trata de un señor muy singular que tuvo una influencia extraordinaria en su época. Bautizado como Bernard de Fontaine, y nacido en la Borgoña, ingresó con veintitrés años en la Orden del Císter —junto a su padre, varios hermanos, algunos familiares más y unos colegas—, y al poco tiempo le fue encomendada la creación del monasterio de Clairvaux (Claraval castellanizado), del que sería abad toda su vida. Desde joven mostró un carácter algo fanatizado y extremo. Se sabe que se aplicaba duras mortificaciones y estrictos

San Bernardo y la Virgen, Alonso Cano, entre 1645 y 1652. Como pueden comprobar, Cano se hizo eco de la leyenda de que la sagrada leche emanó de una estatua de la Virgen. Es curioso, pero, pese a que existen numerosas obras en las que se representa esta escena, en muy pocas se recoge la leyenda original, en la que la santa señora le daba de mamar directamente de su pecho.

ayunos, y lo siguió haciendo. Pero al predicar de esta manera con el ejemplo consiguió convertirse en la principal figura del Císter y contribuyó a fundar decenas de monasterios.

Además, tuvo varios momentazos místicos, entre los que cabe destacar la *Lactatio Bernardi*, o la lactación de Bernardo, una alucinante leyenda protagonizada por este señor que se hizo muy popular en la Baja Edad Media y que ha sido muy representada en el arte, sobre todo en el Barroco. Al parecer, estando en Cîteaux, siendo un joven monje aún, le fue encargado preparar un sermón ante la inminente visita del obispo de Chalon. Bernardo, temeroso de hacerlo mal, se puso a rezar ante una estatua de la Virgen, y tanto rezó que se quedó frito. Soñando estaba cuando se le manifestó la Virgen, le puso un pecho en la boca y le dio de beber su leche, otorgándole así el don de la elocuencia, que le terminaría caracterizando. En otras versiones de la historia la sagrada leche materna emanó desde la estatua ante la que estaba orando. En realidad, esta historia, apócrifa como pocas, guarda relación con su especial devoción por la Virgen. Siempre defendió que era su inspiradora y su guía.

Su figura, para ir concluyendo, está estrechamente relacionada con el desarrollo del arte cisterciense, el auge del culto a la Virgen María —de la Notre-Dame—, tan importante en los siglos posteriores, y los templarios, ya que redactó los estatutos de la orden y ayudó a que fuese reconocida oficialmente en 1128. Además, fue el principal instigador de la desastrosa Segunda Cruzada, que tuvo lugar entre 1144-1148. Murió poco después, en 1153. En 1174 ya era santo.

Pero ahora sigamos con el tal Everwin y la carta que le envió a Bernardo. Con vuestro permiso, procedo a transcribir algunos pasajes que nos ilustrarán sobre cómo en una fecha tan temprana, y en un lugar tan alejado del Languedoc como Colonia, ya había claramente cátaros.

> Recientemente, entre nosotros, cerca de Colonia, se han descubierto herejes, algunos de los cuales, para nuestra satisfacción, han vuelto a la Iglesia. Dos de ellos, a saber, aquellos a quienes denominaban *su obispo y compañero*, se nos resistieron en una asamblea de clérigos y laicos, estando presente monseñor el arzobispo con personas de la alta aristocracia; defendían su herejía con las palabras de Cristo y de los apóstoles [...]. Cuando hubimos oído eso, les amonestamos por tres veces, pero se negaron al arrepentimiento; fueron entonces arrebatados, a nuestro pesar, por un pueblo demasiado afanoso,

> arrojados al fuego y quemados. Y lo más admirable es que *entraron en el fuego y soportaron sus tormentos, no solo con paciencia, sino incluso con alegría.*

Dejando un lado eso de «a nuestro pesar», es interesante señalar dos aspectos que se repetirán en esta trama: el ímpetu con el que defendían sus ideas los herejes, incluso en debates contra católicos poderosos, y el honor y la tranquilidad con la que se entregan a la muerte con tal de no renunciar a sus firmes creencias. Sobre sus creencias, por cierto, también habla largo y tendido Everwin —cuyo nombre, por si sentían curiosidad, significa «alegría en el jabalí»:

> Dicen de sí mismos que son la Iglesia, porque solo ellos siguen a Cristo; y que siguen siendo *los verdaderos discípulos* de la vida apostólica, porque no buscan el mundo y no poseen casa, ni campo ni dinero alguno. [...] De ellos mismos dicen: [...] «llevamos una vida santa y muy estricta, en ayuno y abstinencias, pasando día y noche orando y trabajando [...]. Soportando todo eso porque *no somos del mundo*; pero vosotros que amáis el mundo, estáis en paz con el mundo porque sois del mundo. Los falsos apóstoles que han adulterado las palabras de Cristo, buscando a aquellos que le pertenecían, han hecho que os desviarais vosotros y vuestros padres».

La contundencia con la que, en sus propias palabras, atacan a la Iglesia católica es extraordinaria; además, se destila claramente la perspectiva dualista y el rechazo al mundo, así como una búsqueda de la legitimidad de sus prácticas basadas en que ellos eran los herederos de un linaje espiritual que había comenzado con los apóstoles y del que los miembros de la Iglesia católica se habían apartado por completo. Era la primera vez que se comentaba esto sobre los cátaros.

Además, se mostró especialmente preocupado por la presencia de mujeres: «Estos apóstoles de Satán tienen entre ellos a mujeres, continentes, según dicen, viudas, vírgenes o sus esposas, *unas entre las elegidas, otras entre las creyentes*, y lo hacen a ejemplo de los apóstoles, a quienes les fue permitido llevar mujeres».

Por supuesto, Everwin también relata pormenorizadamente sus estrictos hábitos alimentarios, su renuncia a los sacramentos («dicen que nosotros, en materia de sacramentos, no poseemos realmente la verdad, sino una ilusión de tradición humana»), la condena del matrimonio, o su práctica del *consolament*, aunque no lo denomine así:

> Y a aquel de entre ellos que ha sido así bautizado, le llaman «elegido», y dicen que tienen el poder de bautizar a otras personas que sean dignas de ello [...]. Por una *imposición de manos*, lo reciben primero, de entre aquellos a quienes denominan «auditores», en el número de los creyentes; podrá así *participar en sus oraciones* hasta que, habiendo satisfecho su prueba, sea nombrado «elegido».

Esta referencia al *consolament*, que Everwin identifica como un rito de iniciación —y en efecto lo era—, demuestra que estos herejes de Colonia eran claramente cátaros. Aquí ya no hay duda alguna, si es que acaso la había en todos los ejemplos que he comentado anteriormente.

Además, se vislumbra aquí un aspecto importante que marca una diferencia con la otra carta de la que les hablé páginas atrás, la de Héribert: en aquella, de comienzos del siglo XI, se les adjudican falsos milagros, prácticas más o menos mágicas y relaciones con el Maligno —lo que a su vez influía en las decisiones que se tomaron para acabar con ellos—; en esta otra, la de Everwin, escrita más de un siglo después, la descripción está mucho más ajustada a la realidad. Esto indica claramente no solo que la herejía se había extendido y que llegaba a ser preocupante, sino también que la Iglesia empezaba a inquietarse por ellos; de ahí que se informasen mejor de quiénes eran realmente.

Un último aspecto, claramente relacionado con esto: veinte años después de esta carta, el 2 de agosto de 1163, unos cuantos herejes, seis hombres y dos mujeres, fueron quemados en las calles de Colonia por el populacho, con la aquiescencia de las autoridades católicas, que no dudaron en enterrarlos en la llamada Colina de los Judíos, obviamente, un lugar para desterrados y defenestrados. Cuando llegaron ante la hoguera, cuenta la crónica, el que parecía ser de mayor grado, impuso sus manos sobre sus compañeros y, acto seguido, se lanzó a las llamas.

Claraval en el Languedoc

El caso es que Claraval respondió al guante lanzado por Everwin, si bien no tenemos constancia de que respondiese a su carta. Lo hizo de otro modo: ese mismo año, 1143, escribió una serie de sermones sobre el texto bíblico de El Cantar de los Cantares, por el que sentía una gran estima, en los que comparaba a los herejes, que no parecía conocer demasiado, con los maniqueos —«peores que los maniqueos», dijo en el sermón 66—, además de insistir a los lectores, clérigos, que intentasen convencerlos y convertirlos con la palabra, siendo consciente de la tremenda dificultad de esto. Por eso no duda en plantear que «el que castiga por cólera al malhechor es instrumento de Dios».

Lo curioso es que un par de años después, en 1145, Bernardo se presentó en el Languedoc con la intención de convencer a las ovejas descarriadas para que regresasen al redil. Siendo estrictos, su objetivo no eran los cátaros, sino un ermitaño y predicador llamado Henri de Lausanne, el Monje Henri, que desde varias décadas atrás había comenzado a criticar abiertamente la corrupción del clero, la jerarquía de la Iglesia y el culto a los santos, además de condenar la reforma gregoriana que acaba de imponer el celibato a los curas y monjes; como un nuevo Juan el Bautista, exhortaba a una renuncia al mundo y predicaba la humildad en el vestir y en el comer. Terminó siendo expulsado de la diócesis de Le Mans, donde había vivido hasta entonces, fue excomulgado y declarado hereje en 1135 (en el Concilio de Pisa) y se marchó al sur de Francia, a la zona de Toulouse, donde fue acogido con cariño por los siempre receptivos occitanos. Pero algún obispo local, preocupado por el éxito de sus predicaciones, mandó llamar a Bernardo, que no dudó en desplazarse hasta allí para convencer a los nobles de la zona de que le

Escudo de Verfeil.

retirasen el apoyo y lo entregasen. Le salió bien la jugada: fue capturado en 1148 y pasó en prisión el resto de sus días —que no fueron muchos, ya que murió al año siguiente— por orden del papa Eugenio III. No está claro si este hombre estaba relacionado con los cátaros. No lo parece. Eso sí, los testigos de Jehová, siempre a lo suyo, lo consideran un ejemplo a seguir por sus críticas al bautismo de los niños, ya que defendía que ese ritual debía aplicarse a personas con el conocimiento y el consentimiento necesarios.

Lo que no le salió tan bien a Bernardo fue su predicación entre los cátaros. Algunas crónicas, y algunas cartas del propio santo, dejan claro que no fue bien recibido en algunos sitios y que no consiguió reconducir a aquellas gentes. En Albi, por ejemplo, se dispuso a lanzar un discurso en la catedral, pero no acudió casi nadie. En Verfeil, hasta los señores locales se burlaron de él y su séquito. Tanto se indignó que se cuenta que, al salir de la ciudad, se dio la vuelta y gritó: «Verfeil, ciudad de la verde hoja, que Dios te deseque». La leyenda, seguramente cierta, cuenta que esta maldición fue la causante de una pertinaz sequía que se alargó durante siete años. Todos los árboles de los alrededores murieron. El primero que brotó fue una higuera, que aparece representada en el escudo de la ciudad.

A Claraval le quedó claro el porqué de esta herejía: «Es a estos nobles a los que hay que denunciar por su culpabilidad, poseedores de la tierra, depende de ellos que los herejes se implanten en sus casas».

Años después, Pierre des Vaux de Cernay, cronista de la Cruzaba Albigense, afirmó que Bernardo había dicho durante aquella *tournée* lo siguiente: «Agarradlos y no os detengáis hasta que perezcan todos, porque han probado que les gustaba más la muerte que convertirse».

Por cierto, Bernardo viajó al Languedoc junto a su colega y amigo Alberico de Ostia (1080-1148), monje benedictino y legado papal de Eugenio III —también iba con ellos Geoffrey de Lèves, obispo de Chartres—, que ya había fracasado un tiempo antes en sus predicaciones por la zona. Eso no le impidió acompañar a Bernardo en su intentona unos meses después. Volvieron a fracasar.

Una monja ilustrada

Ya les hablé también de Eckbert de Schönau, abad del monasterio benedictino de Tréveris, que en su obra de 1165 *Sermones adversus Catharos* —se trataba en realidad de un grupo de cartas que envió al arzobispo Rainald de Dassel—, propuso que el calificativo que se usaba para referirse a los herejes procedía del vocablo griego *katharos*, que significa «puros». Pues bien, este señor se dedicó durante años a investigar la herejía, primero en Bonn, donde conoció de primera mano el brote de 1143, al que hacía alusión Everwin, y posteriormente en Colonia. Ambas ciudades pertenecen a Renania, lo que deja claro que allí había una próspera colonia de cátaros —valga la redundancia—.

Esto guarda relación con una curiosa santa renana, Hildegard de Bingen (1098-1179), que además de pasar la historia por sus visiones proféticas, fue filósofa, médica, naturalista y compositora, y que terminó convirtiéndose en una de las mentes más influyentes de la Baja Edad Media. Merece la pena detenernos brevemente en ella.

Nacida en 1098, en Bermersheim (Renania), en el seno de una familia noble, desde su nacimiento fue consagrada a la vida religiosa por sus padres. Con tan solo 14 años ya fue enclaustrada en un convento benedictino. Con apenas 38 ya era abadesa. No debería extrañarnos: durante toda su vida, además de una muy mala salud, tuvo

Representación de Hildegard de Bingen. Aparece junto a un arpa, escribiendo su libro *Scivias* y tocada por el Espíritu Santo.

visiones; una especie de gran luz en la que se le presentaban imágenes y extrañas formas, a la que denominaba «sombra de luz viviente», junto a una voz en *off* que le ayudaba a entender lo que veía, casi siempre con algo de música de fondo. Lo curioso es que las visiones no se producían, como en el caso de otras místicas, durante éxtasis. «Veo estas cosas despierta, tanto de día como de noche», llegó a afirmar. Hacia 1141, recibió la orden divina de que debía escribir todo aquello, y lo hizo. En su libro *Scivias*, que terminó diez años después, se incluyen decenas de visiones sobre los temas más diversos. Algunos descreídos, siempre al acecho, han propuesto que el origen de estas sorprendentes experiencias era debido a que tenía migrañas… o al cornezuelo de centeno, fuente natural de ácido lisérgico.

Claro, aquello terminó llamando la atención del papa Eugenio III, que, tras consultarlo con el omnipresente Bernardo de Claraval, determinó que no eran cosa del diablo, sino del Espíritu Santo, y le animó a que continuase escribiendo sus visiones. En poco tiempo, Hildegard se había convertido en una especie de oráculo al que acudían las principales personalidades de la época, desde el emperador Federico I Barbarroja, con el que mantuvo una relación bastante especial, a Leonor de Aquitania. De ahí que terminase siendo conocida como la sibila del Rin.

Además de desarrollar una extensa carrera literaria, destacó por su contundente propuesta reformista sobre el clero, que consideraba corrupto y poco formado, por sus viajes de predicación a diversos lugares de la actual Alemania —sorprendente, siendo mujer y monja, aunque no estaba en clausura— y por su enconada lucha contra los cátaros.

Hildegard hizo referencia en dos de sus cartas a estos herejes de Renania. En la denominada «Carta a los pastores de la iglesia de Colonia», de 1163, y en otra conocida como «Visio», de julio

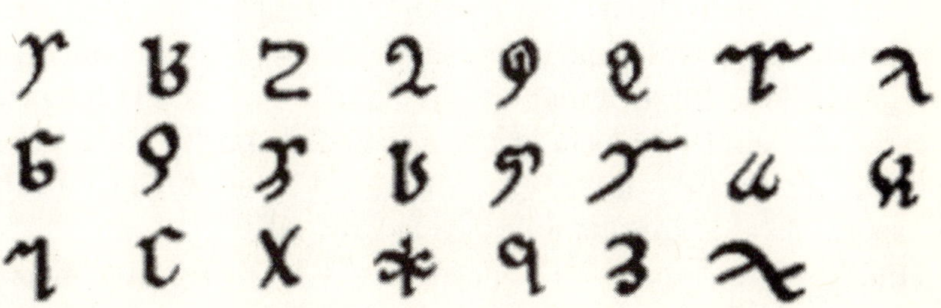

El alfabeto de Hildegard de Bingen, que usó para su *Lingua ignota*.

del mismo año —un mes antes de la ejecución de los herejes de Colonia—, se refiere a ellos, de forma metafórica, como «los saduceos», aquellos que, «engañados por la antigua serpiente», niegan de la validez de los sacramentos, en especial de la eucaristía, la unidad entre cuerpo y alma y la humanidad de Jesús, además de renegar de que el dios del Antiguo Testamento, el creador del mundo material, sea el dios de Jesús. «Son como los saduceos y peores que los judíos», llega a decir. Además, considera que son los falsos profetas que aparecerán en los últimos tiempos, según se cuenta en los Evangelios y en el Apocalipsis: «No aman la avaricia, no tienen dinero, y en su fuero interno aprecian tanto la abstinencia que casi nada se les puede reprochar. Sin embargo, el demonio vive al interior de estos hombres» («Carta a los pastores de Colonia»).

Eso sí, llama a castigarlos con duras palabras y a exiliarlos, pero no a matarlos, ya que en ellos todavía está impresa la *Forma Dei*, la forma de Dios, aunque en un sermón de 1171 también afirma que terminarán siendo combatidos por todos, incluso por los nobles y los príncipes.

Ya para concluir, Hildegard, que falleció en 1179, a los 81 años de edad, destacó por algunos asuntos sorprendentes. Además de componer numerosas obras musicales litúrgicas —consideraba que la música era el arte más divino, especialmente el canto—, escribió un libro sobre ciencias naturales, *Physica*, en el que habla un poco de todo, centrándose especialmente en las propiedades curativas de las plantas, y otro sobre medicina, *Cause et cure*, en el que expone unas propuestas algo inocentonas sobre el origen de las enfermedades, pero que destaca por atreverse a separar las afecciones físicas de lo divino o de lo moral. Y eso es mucho para su época. Pero además inventó la primera lengua artificial de la historia, la *lingua ignota*, a la que dedicó un tratado (*Lingua Ignota per simplicem hominem Hildegardem prolata*), que hasta tenía su propio alfabeto compuesto por veintitrés letras (las *letterae ignotae*). Tampoco es que lo desarrollase mucho (se inventó solo unas cien palabras), y no se conoce muy bien qué le llevó a esto, aunque se cree que lo hizo con la intención de crear una lengua perfecta que fuese utilizada por todas las gentes y pueblos, como años después sucedió con el esperanto; no en vano, los esperantistas la consideran su santa patrona.

Hildegard fue una mujer adelantada a su tiempo en muchos aspectos y, sin duda, alguna, puede ser considerada como un claro anticipo del Renacimiento.

Siguiendo con nuestro camino, lo interesante ahora es señalar que a la vez que en Renania, por ejemplo, el movimiento herético estaba siendo perseguido a sangre y fuego, en Occitania, pese a las intentonas de Bernardo de Claraval y otros importantes católicos, el catarismo estaba expandiéndose como la espuma y estructurándose como si de una nueva iglesia se tratara. Además, había otros grupos en el norte, en Francia, en el condado de Champagne, y en el este, en Italia. Pero en ninguno de estos lugares prosperó la herejía como en Occitania. Ya conocen los motivos.

La cruzada contra los cátaros

Advertid hasta qué punto estas palabras de Cristo contradicen a la mala Iglesia romana, puesto que esta no es perseguida ni por el bien ni por la justicia que hubiese en ella; sino que, por el contrario, ella es la que persigue y da muerte a quien no quiere consentir sus pecados y fechorías. Y no huye de ciudad en ciudad, sino que tiene señoría sobre las ciudades y los burgos y las provincias, y se asienta majestuosamente en las pompas de este mundo, y es temida por los reyes, los emperadores y demás varones. No es en absoluto como las ovejas entre los lobos, sino como los lobos entre ovejas y carneros. Y hace cualquier cosa por imponer su imperio a los paganos, los judíos y los gentiles; y, sobre todo, persigue y da muerte a la Santa Iglesia de Cristo, que lo sufre todo con paciencia, como lo hace la oveja que no se defiende del lobo. Por eso Pablo dice (Rom 8,36): «Pues por ti, cada día, somos ejecutados; nos tratan como corderos en el matadero».

Capítulo X del *Tratado Anónimo* (Brenon, 1997, 103)

Como vimos, en 1167 un grupo nutrido de buenos cristianos se reunió en el castillo de Saint-Félix-de-Caraman para estructurar su iglesia. Esto indicaba, al menos, que por aquella época los progresos de la nueva religión habían sido extraordinarios. No se trataba de algo residual y anecdótico, sino de un movimiento organizado, masivo y muy amplio.

Tan solo cinco años antes, en 1162, en el Concilio de Montpellier, se ordenó expresamente a los señores feudales de Occitania que actuasen contra la herejía, advirtiéndoles de que cualquier tipo de colaboración o encubrimiento podría llevar a la excomunión. Y en 1163, durante el sexto Concilio de Tours, presidido en esta ocasión por el papa Alejandro III (c. 1100-1181), se condenó «la abominable herejía venida del país de Toulouse, desde donde se ha difundido a la Gascuña y a las demás provincias», se decretó que los herejes debían ser encarcelados y, lo que es más importante, por sus terribles consecuencias, que sus bienes debían ser confiscados. Al parecer, durante este concilio se empleó por primera vez el término «albigenses» para referirse a los cátaros.

En realidad, un tiempo antes, en 1148, durante el Concilio de Reims, ya se había mencionado, y excomulgado, a «los herejes de Gascuña y Provenza». Incluso unas décadas antes, en 1119, durante el Concilio de Toulouse, ya se habló brevemente de algunos movimientos heréticos que habían brotado por la zona, aunque no le dieron demasiada importancia.

Sea como fuere, en 1179, durante el Tercer Concilio General de Letrán, se renovaron las condenas y las advertencias anteriores y se aprobó por vez primera, de forma tácita, el empleo de la violencia contra los herejes; algo que sería refrendado cinco años después, en el Concilio de Verona.

En la práctica, nada de esto sirvió para nada. Ni los señores occitanos ni los propios representantes locales de la Iglesia estaban por la labor. En cambio, en el Sacro Imperio, el emperador Federico Barbarroja (1122-1190) sí que condenó a los herejes alemanes al exilio, ordenando además que se confiscasen sus bienes.

A la vez que se celebraban estos concilios, las piras comenzaron a multiplicarse en esos mismos años por numerosas localidades de la región: Vézelay (1167), Arras (1172), Reims (1180). Pero eran brotes aislados orquestados por obispos locales especialmente celosos.

En 1178 el papa Alejandro III envió a un legado llamado Pierre de Saint-Chrysogone para predicar contra los herejes de Toulouse, junto a los arzobispos de Bourges y de Narbona, los obispos de Bath y de Poitiers, y Henri de Marsiac, abad de Clairvaux.

El conde de Toulouse, Raimundo V (1134-1194), que anteriormente había informado al rey de Francia del avance de la herejía y de la complicidad de Roger II de Trencavel (1149-1194), vizconde de Béziers, Albi, Carcasona y el Razès, más por motivos políticos que otra cosa, recibió al legado y a su comitiva con cierto entusiasmo, pero el pueblo tolosano les insultó a su paso, acusándoles de hipócritas y de traidores.

El legado, indignado por el trato recibido, buscó un culpable. Y lo encontró: tras hacerse con una lista de los principales cátaros de la ciudad, proporcionada por el chivato de turno, decidió dar ejemplo deteniendo a Peyre Maurand, un anciano de la ciudad, burgués pero cercano a la corte condal, especialmente carismático y querido, que, al parecer, un tiempo antes había acogido en su casa a Nicetas —ya saben, el obispo oriental aquel—. No solo le desnudaron y le hicieron andar descalzo por las calles de la ciudad, sino que le azotaron con palos durante el camino que conducía desde la prisión en la que estaba hasta la basílica de Saint-Sernin, donde la comitiva católica dictó sentencia: aparte de confiscarle todas sus abundantes posesiones —al parecer, era un señor muy rico—, le condenaron a peregrinar durante tres años a Tierra Santa. Además, el conde anunció el embargo de todas las propiedades del resto de herejes no arrepentidos.

Como respuesta, ese mismo año, Roger II de Trencavel detuvo al obispo de Albi. Henri de Marsiac, tras ser nombrado legado papal en 1181, decidió vengar esta afrenta, y excomulgó al vizconde. Esto se terminó convirtiendo en una minicruzada, ya que el legado, junto a un pequeño ejército, asedió y terminó tomando el castillo de Lavaur, donde se defendía Adélaide de Toulouse, esposa de Roger II, que se vio obligado a claudicar y a prometer que iba a perseguir la herejía. Pero poco consiguió en realidad. Los herejes siguieron campando a sus anchas por aquellas tierras.

Pero todo cambió en 1198 cuando fue proclamado papa Lothario dei Conte, que asumió el nombre de Inocencio III (1161-1216). Personaje esencial en esta trama, llegó a obsesionarse con la herejía hasta el punto de centrar gran parte de su gobierno en perseguir a los herejes occitanos —y a los italianos, aunque esa es otra historia—. En un primer momento, les encomendó a los cistercienses que continuasen con las predicaciones por la zona, a la vez que enviaba dos legados con la misión de detectar y castigar a los herejes. Hasta ese momento, eran los obispos los que tenían la responsabilidad de perseguir la herejía. Pero se habían mostrado de forma mayoritaria bastante pasivos, en parte porque dependían de los poderes civiles locales. En 1199 aprobó un decreto mediante el que se declaraba que los que apoyasen a los herejes podían ser acusados de traición y condenados por ello. Esto daba carta blanca para la persecución. Así consiguió convencer a los condes de Barcelona y a Alfonso II de Aragón para que expulsasen a los herejes de sus tierras. Pero los señores occitanos se negaron.

En 1203 envió al legado Pierre de Castelnau, un monje cisterciense, y al abad general de la Orden del Císter, Arnaud Amalric, para que combatiesen con sus armas espirituales contra los obstinados herejes. Poco después entró en acción un personaje esencial en toda esta trama: Domingo de Guzmán.

Las piezas estaban puestas sobre el tablero de juego…

EL PERRO DE DIOS

El 8 de agosto de 1170 nació en la pequeña localidad burgalesa de Caleruega Domingo de Guzmán, futuro fundador de la Orden de Predicadores, más conocida como Orden Dominica, y uno de los mayores enemigos de los cátaros.

Tras formarse en Filosofía y Teología, recibió la tonsura —por si no lo saben, se trata de una antigua ceremonia católica en la que se rasuraba un trozo de cabello de la coronilla como símbolo de la consagración a Dios—, se hizo canónigo en la catedral de Osma, en la actual Soria, y en 1194 fue ordenado sacerdote. Se cree que a partir de ese momento comenzó a predicar entre la morería del sur, aunque no está del todo claro.

Unos años más tarde, en 1205, el monarca Alfonso VIII de Castilla (1155-1214) le encargó que acompañase a Diego de Acebes, obispo de Osma, a Dinamarca para concertar el matrimonio del príncipe Fernando con una princesa escandinava. Pues bien, durante este viaje conoció a los buenos cristianos occitanos y aquello, como verán, marcó su vida para siempre.

Estaba convencido de que se podía reconducir a aquellos herejes por el buen camino predicando la auténtica verdad, la verdad de la Iglesia de Roma, hablando y conversando con ellos. Así, en 1206, contando con el apoyo del papa Inocencio III, se instaló en el Languedoc. Ese mismo año creó la primera casa de la que sería su orden, un convento de monjas que levantó en Prouille con la intención de acoger a las mujeres cátaras que consiguiera convertir. No podía ser más adecuada la ubicación de esta primera comunidad dominica —la orden aún no existía—: estaba al pie de la colina del castillo de Fanjeaux, importante sede herética, donde el propio Guilhabert de Castres tenía una casa de perfectos, justo en un cruce de caminos que llevaba a otras tantas: Laurac, Castelnaudary, Montréal, Limoux, Mirapoix y Toulouse.

Se sabe que Domingo debatía con los cátaros apasionada y convincentemente, pero no tuvo el éxito esperado. No consigue doblegar

Santo Domingo de Guzmán, por Claudio Coello (c. 1685). En la imagen se pueden ver algunos de los tradicionales atributos del santo varón: la cruz patriarcal, la Biblia en la mano izquierda, la estrella en su cabeza, el rosario en la cintura y el perro con la antorcha encendida.

a los herejes, a los que, por otro lado, estaban quemando en hogueras por toda Occitania.

En 1215, durante el Cuarto Concilio de Letrán, que tanta importancia tuvo en la lucha contra los buenos cristianos, le propuso al papa Inocencio III la creación de una orden de frailes que se dedicasen a predicar el Evangelio entre las gentes comunes, como hacían los cátaros. Aunque tardó un año en concederle su venia (el 22 de diciembre de 1216, mediante la bula *Religiosam Vitam*), en 1215 ya montó en Toulouse su primera casa de predicadores. Habían nacido los dominicos, que comenzaron a crecer y a expandirse como la espuma, sin límites territoriales, ya que dependían directamente de Roma. Para que se hagan una idea, el 6 de agosto de 1221, cuando falleció, había más de sesenta comunidades benedictinas activas.

Tan solo trece años después fue canonizado por el posterior papa Gregorio IX (1170-1241). Nada extraño si partimos del buen número de milagros que se le atribuían. Se cuenta, por ejemplo, que durante su mocedad se le aparecía la Virgen con un rosario en la mano y le instruía para que no cesase en predicar para convertir a los pecadores. De hecho, tradicionalmente se le ha adjudicado la invención del rosario, pero no es cierto, se conocía desde el siglo IX.

Aseguraba que en cierta ocasión se le aparecieron los apóstoles Pedro y Pablo y le comunicaron que se dedicase a predicar, como ellos habían hecho, porque Dios le había llamado para esa misión.

Incluso se dice que su madre, Juana de Aza, beatificada por la Iglesia, estando embaraza de Domingo, veía en sueños a un perrito que salía de su vientre con una antorcha encendida en la boca. Con la ayuda de santo Domingo de Silos, fundador del famoso monasterio benedictino en la actual localidad que lleva su nombre, también en la provincia de Burgos, comprendió lo que aquel perturbador sueño significaba: en su vientre llevaba a una criatura que en el futuro contribuiría a iluminar con el fuego de Cristo a las ovejas perdidas. Por ese motivo le puso el nombre de Domingo, y por esto es habitual ver en sus representaciones artísticas a un perro con una antorcha en la boca. Además, esta es la causa de que a los dominicos se les llame «los perros de Dios» (*domini canes*, juego de palabras claro).

También se le suele representar con la cruz de dos brazos, símbolo de los fundadores de comunidades cristianas, y con una Biblia en su mano izquierda, símbolo de su afán predicador. De hecho, es cierto que entregó su vida a esta causa, hasta el punto de que llegó a rechazar hasta en tres ocasiones diferentes obispados (Conserans, Béziers y Comminges) para los que había sido elegido.

Pero hay un milagro que guarda mucha relación con el tema que nos ocupa: la tradición católica cuenta que tuvo lugar durante un debate entre cátaros y católicos que se celebró en torno a 1207 en Fanjeaux, uno de los epicentros de la herejía, donde se había instalado junto a Diego de Osma. Guilhabert de Castres estaba a un lado del

La prueba de fuego o *Santo Domingo y los albigenses*,
Pedro Berruguete, entre 1493 y 1499.

ring, junto a varios perfectos; al otro, Domingo, por el bando eclesial. Tras horas de disputas, llegó el momento en que los jueces, dos caballeros y dos burgueses, decidiesen quién había ganado, pero no llegaron a un acuerdo; así que decidieron poner el asunto en manos de Dios y realizar una curiosa ordalía: les pidieron a ambos que redactasen su argumento en un líbelo y luego los tiraron al fuego, con la intención de que solo el aprobado por Dios se salvase. El texto cátaro se consumió al instante, pero el de Domingo no, pese a que lo llegaron a lanzar a las llamas hasta tres veces. Es más, durante la tercera intentona, el manuscrito fue a chocar contra una viga del techo del castillo donde se celebraba el evento, que al instante salió ardiendo. Un fragmento de esta viga quemada se conserva en la iglesia de Fanjeaux.

Encuentro de Santo Domingo y San Francisco, José del Castillo, 1785.

Un último detalle, con mucho de legendario, pero de gran relevancia para el tema que nos ocupa. Se cuenta que el papa Inocencio III, Domingo y Francisco de Asís (1181-1226) tuvieron un mismo sueño el día de antes de que nuestro protagonista le plantease la aprobación de su orden, en el que veían cómo se derrumbaba la famosa Basílica Laterana, la catedral de la diócesis de Roma, desastre que no llegó a producirse gracias a que dos frailes, uno vestido de blanco y otro de marrón, se ponían a sí mismos como columnas.

Domingo tenía claro que él era el de blanco, pero no pudo reconocer al otro fraile. Francisco, por su parte, también se reconoció, pero no supo quién era el de blanco. Al día siguiente, cuando fue a visitar al papa, vio a un joven fraile vestido con un hábito marrón. Era Francisco. Se dieron un cálido abrazo que ha sido inmortalizado en numerosas pinturas.

Y es que en este mismo contexto también nació la Orden Mendicantes de los Franciscanos, fundada por este señor. Ambos, dominicos y franciscanos se convertirán en las piedras angulares de la persecución contra los buenos cristianos. En un primer momento mediante la palabra, el debate y la formación espiritual del pueblo llano; y después, con la Inquisición.

LA CRUZADA

De poco sirvieron los acalorados debates en los que se metió Domingo de Guzmán con los testarudos herejes del Languedoc. No estaban dispuestos a volver al redil. Si bien el futuro santo católico no cesó en su empeño, las fuerzas que estaban por encima de él comenzaron a impacientarse.

Como adelantamos, el papa Inocencio III movilizó a unos cuantos legados que estaban mucho menos interesados en la conciliación y el debate, Pierre de Castelnau y Arnaud Amalric. Pronto se lanzarán a depurar con fervor al clero local por evidente connivencia con la herejía. Varios obispos fueron depuestos, como los de Toulouse y Narbona, para ser sustituidos por aliados mucho más duros, como el antiguo trovador Folquet de Marseille, nombrado obispo de Toulouse gracias a la mediación de Castelnau.

El propio Domingo de Guzmán comenzó a ver que al final había que movilizar a las fuerzas civiles para acabar con los irreductibles herejes.

En 1207, Pierre de Castelnau, con el apoyo de Folquet y de Domingo, consiguió que Raimundo VI, conde de Toulouse desde la muerte de su padre en 1194, se uniera durante un tiempo a la lucha contra los herejes para evitar una nueva excomunión o, lo que es peor, la pérdida de sus posesiones.

Era la particular obsesión del papa Inocencio III, convencido como estaba de que era el principal defensor de la herejía occitana. No en vano, ya habían tenido algún pique que otro. En 1196, por ejemplo, el papa le excomulgó por un lío de cuentas y tributos relacionados con la abadía de Saint-Gilles, excomunión que no fue levantada hasta 1198 y que sería la primera de otras tantas. Y eso que por esa época se casó con Eleonor de Aragón, hermana del rey Pedro II el Católico.

En varias ocasiones, Inocencio III había intentado convencer al rey de Francia, Felipe Augusto, de que era necesario decapitar a la Hidra y acabar con el conde tolosano, su primo. El rey no accedió.

Raimond VI, comte de Toulouse, l'excommunié, René Henri Ravaut, 1902 (Salle des Illustres - Le Capitole de Toulouse).

Pero en 1208, aprovechando otro lío que Raimundo VI tenía con unos vasallos de la Provenza, el legado Castelnau le excomulgó una vez más y ordenó que se decomisasen sus tierras y sus posesiones. Así que el conde se vio obligado a ceder, aunque a un precio muy caro.

Finalmente, el asesinato de Castelnau, en Trinquetaille, cerca de Arles (en la Camarga), el 14 de enero de 1208, hizo que se precipitasen los acontecimientos. Aunque no está muy claro, las crónicas cuentan que el monje estaba tranquilamente junto al río Ródano, cuando un desconocido jinete pasó junto a él, atravesándolo con una lanza y desapareciendo seguidamente.

Arnaud Amalric, compañero inquisidor del asesinado, lanzó un duro ataque contra el conde de Toulouse, al que acusaba de estar detrás del terrible crimen, además de involucrarle en algunos turbios escarceos amorosos. No estaba claro realmente que fuera cosa suya. En nada le beneficiaba aquello. Además, el papa Inocencio III vio en

Muerte de Pierre de Castelnau en la abadía de Saint-Gilles. Grabado de 1864.

Principales localidades del Languedoc en tiempos de la Cruzada Albigense. Elaborado por el autor.

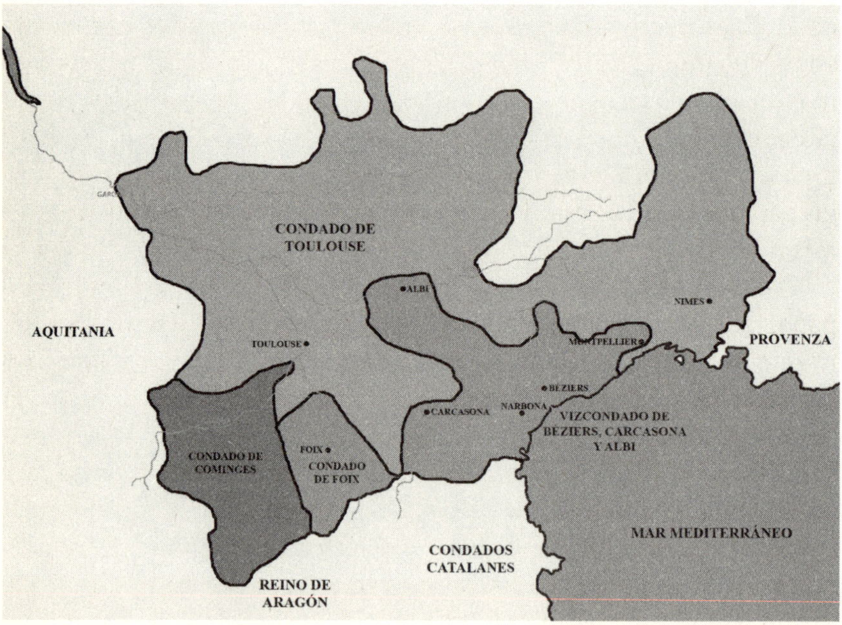

Condados y vizcondados donde especialmente floreció la herejía.

aquello una oportunidad. Pronto se expandió el falso rumor de que el propio conde en persona había descuartizado a Castelnau con un crucifijo de metal...

Dos meses después, el 6 marzo de 1208, Inocencio III proclamó la cruzada contra los herejes y contra Raimundo VI y el resto de nobles que apoyaban la herejía.

AMALRIC

A partir de ese momento acaparará el protagonismo Arnaud Amalric. Si les parece, antes de continuar, detengámonos brevemente en la historia de este señor, así podremos situarnos con una mejor perspectiva cuando veamos cómo se desarrolló todo.

No está muy claro de dónde era. Algunas fuentes lo identifican como catalán, como la *Cançon de la Crosada*, de la que fue coautor Guillermo de Tudela. De hecho, fue abad de la abadía cisterciense de Santa María de Poblet, en Tarragona, desde 1196. Por algún motivo que desconocemos, comenzó a ascender rápidamente en la jerarquía eclesiástica, ya que dos años después se convirtió en abad de Grandselve, otra abadía del Císter, situada en Occitania; y en 1200, para más inri, terminó siendo nombrado abad del monasterio principal de la orden, el de Cîteaux, además de convertirse en abad general de toda la orden, es decir, en la cabeza del Císter. Para que comprendan la magnitud de esto, piensen que tenía el control de más de seiscientas abadías y congregaciones en las que vivían, oraban y trabajaban más de diez mil monjes.

Así, no es de extrañar que terminase convirtiéndose en legado papal para el Languedoc el 31 de mayo de 1204. En un primer momento, Amalric intentó la vía de la predicación pacífica. En 1207 reclutó a un comando de doce abades y treinta monjes con la sana y santa intención de combatir a los cátaros rebeldes con sus mismas reglas, mostrando como ellos pobreza y humildad y enfrentándose en acalorados debates, siempre siguiendo la senda trazada por Domingo de Guzmán. Amalric presidió dos de los más famosos encuentros que se produjeron entre cátaros y católicos, los de Montreal y Pamiers. En este último, fue donde sucedió la curiosa anécdota que protagonizó Esclarmonde de Foix, cuando un monje católico le invitó a que dejase de hablar y se fuese a hilar con su rueca.

Pero no consiguió mucho. Y finalmente, como vimos, todo se precipitó cuando asesinaron a Pierre de Castelnau.

Entre 1208 y 1209, Arnaud Amalric, ya convertido en la máxima autoridad, con permiso del papa y del rey, se dedicó a predicar la cruzada, valedor como era del uso de la fuerza para acabar de una vez por todas con los rebeldes occitanos. Así, se lanzó a organizar un ejército, ya que, de nuevo, el rey de Francia, Luis VII (1187-1226), de la dinastía capeta, no se había terminado de involucrar. Claro, algo tenía que ofrecer para motivar a los franceses norteños a emprender aquella contienda: con la aquiescencia del papa, les ofreció las tierras de los nobles que apoyaban la herejía e indulgencias plenas a todos los que se lanzasen a guerrear.

Lo hizo junto a Guy, abad cisterciense de Vaux-de-Cernay —tío de Pierre, otro monje, que escribió la conocida crónica titulada *Historia Albigensis*, escrita entre 1212 y 1218—, un prestigioso predicador que había estado en la Cuarta Cruzada y que estaba muy bien relacionado con la noble norteña. Consiguieron convencer a Eudes III, duque de Borgoña, Hervé IV de Donzy, conde Nevers, y Gaucher III de Châtillon, conde de Saint-Pol, junto a otros nobles de menor alcurnia, entre los que estaba Simón de Montfort, amigo personal de Guy.

Francia al norte

Aquí debo hacer un nuevo inciso, ya que es necesario que entiendan qué pasó exactamente aquí y por qué todos esos barones norteños se envalentonaron y se fueron a guerrear al Languedoc.

Un par de matrimonios tuvieron la culpa.

En primer lugar, en 1127, Matilde, viuda del emperador Enrique V, emperador del Sacro Imperio Romano Germánico e hija y heredera del rey de Inglaterra, y duque de Normandía, Enrique I Beauclerc («buen sabio» en francés), se casó con Godofredo Plantagenet (1113-1151), el Hermoso, conde de Anjou y fundador de la dinastía Plantagenet, que terminaría reinando en Inglaterra. Gracias a esta boda, y a alguna que otra guerra, Godofredo acabó haciéndose con Normandía.

Posteriormente, el hijo de estos dos, Enrique II Plantagenet (1133-1189), rey de Inglaterra y duque de Normandía, se casó en 1152 con la famosísima y siempre interesante Leonor de Aquitania (1122-1204). Por diversos motivos que no vienen al caso, Enrique II se hizo con media Francia actual, controlando los ducados de Bretaña y Normandía, al norte, y Aquitania y Gascuña, en Occitania; así como los condados de Anjou, Auvernia y Limogés, entre otros.

Todo esto hizo que muchos territorios del antiguo imperio de Carlomagno dejasen de pertenecer al rey de Francia, Luis VII, que por aquella época solo controlaba la actual Îlle-de-France —la región en la que está París— y algunos condados y ducados cercanos; aunque, eso sí, como consecuencia de este a veces absurdo sistema feudal, el rey de Inglaterra era vasallo suyo por los ducados de Normandía y Aquitania. Y claro, esto no podía traer nada bueno. Para más inri,

Página del manuscrito *Sermones* de Inocencio III. En la ilustración se muestra al papa nombrando como legado a Amalric.

Leonor de Aquitania, la esposa del rey inglés, había sido también esposa del monarca francés, con el que nunca se llevó del todo bien, en parte por el carácter liberal y libertino de esta. Tanto es así que en 1152 el papa anuló el matrimonio.

En mitad de este lío de faldas y tronos entró en acción Felipe II Augusto (1165-1223), hijo y heredero de Luis VII. Conquistó Normandía en 1204. Los nobles locales, vasallos hasta entonces del rey de Inglaterra, perdieron sus feudos ingleses, y el rey francés se vio obligado a buscar una compensación. La encontró en el sur, en las tierras occitanas, donde estaba creciendo la herejía. Así, en 1208, cuando se declaró la cruzada contra los buenos cristianos, muchos nobles normandos venidos a menos se lanzaron a la guerra en busca de un botín. Uno de ellos fue Simon de Montfort, normando y, curiosamente, conde de Leicester, o exconde, ya que había perdido el feudo tras la conquista.

Aunque el rey de Francia, Luis VII, encerrado en su estrecho dominio de Îlle-de-France, continuando el camino marcado por el extinto Imperio carolingio, pretendía la soberanía sobre los señores occitanos, estos no se preocupaban en absoluto y no le hacían el más mínimo caso. Así que el llamamiento a la cruzada lanzado por Inocencio III también le vino de perlas, aunque, como ya comenté, en un primer momento no intervino, pero dejó hacer.

Un detalle importante: Felipe II Augusto fue el primer monarca francés que se autodefinió como «rey de Francia». Antes se usaba la fórmula «rey de los francos». Esto condujo a que desde 1205, solo cuatro años antes del comienzo de la cruzada, el reino pasase a ser conocido como reino de Francia. De hecho, sus dominios, tras sus numerosas conquistas sobre territorios controlados por Inglaterra, casi coinciden con la Francia actual, a excepción de algunas regiones de la Gascuña, al suroeste, y, claro está, los condados rebeldes del Languedoc.

COMIENZA LA INVASIÓN

Viendo la que se avecinaba, Raimundo VI le propuso a su archienemigo, sobrino y vasallo Raimundo Roger de Trencavel, señor de Albi, Béziers y Carcasona, establecer una alianza contra el invasor francés. Pero este no aceptó, pese a que, *a priori*, era el más interesado, quizás porque pensaba que el objetivo real, más que acabar con los herejes, era cargarse al conde de Toulouse y quedarse con sus tierras. Al fin y al cabo, era la cabeza que la Iglesia quería cortar. Pero este, a su vez, al darse cuenta de la jugarreta, pudo pensar que quizás las ansias de los cruzados se podrían saciar si acababan con los descarriados buenos cristianos y sus protectores, lo que le dejaría la puerta abierta para adquirir el control de aquellas zonas controladas por su sobrino que desde tiempo atrás quería poseer.

Así, sorprendentemente, Raimundo VI se unió a los invasores franceses contra los herejes de sus tierras, pensando que se contentarían con Trencavel. Y no solo hizo eso: el 18 de junio de 1209, semidesnudo, descalzo, llevando un cirio en la mano, fue conducido hasta la catedral de Saint-Gilles para que, públicamente, se sometiese a la autoridad de la Iglesia. Claudicó como un bellaco a las primeras de turno.

Raimundo Roger de Trencavel, que por aquel entonces tenía solo 24 años, se convirtió en el nuevo objetivo. Sus tierras también albergaban un gran número de herejes, y él mismo, sin ser cátaro, estaba muy relacionado con estos, en parte por la influencia que desde pequeño recibió de su tutor tras la muerte de su padre, el obispo cátaro Beltran de Saissac.

Béziers. Foto del autor.

Intentó mediar con Arnaud Amalric cuando se encontraba, junto a las tropas de cruzados norteños, en Montpellier, pero el legado le exigía una sumisión similar a la de Raimundo VI. Raimundo Roger se negó a aceptar semejante humillación. La guerra era inevitable.

Los invasores, cuyo número rondaba los veinte mil efectivos, comenzaron a dirigirse hacia una de sus principales ciudades, la bella Béziers, a escasos kilómetros del Mediterráneo, adonde llegaron el 20 de julio de 1209.

Desde un mes antes, Raimundo Roger había preparado todo para que la ciudad resistiese un posible asedio, para marchar luego y organizar la defensa en el resto de sus tierras.

Estando a las puertas, Amalric le pidió al obispo de la ciudad, Renaud de Montpeyroux, que ordenase a los nobles defensores que entregasen a los cátaros para evitar la sangría. El obispo, que le había proporcionado una lista con 222 perfectos, le dejó claro que eso no iba a pasar y que tanto los burgueses locales (dirigidos por los cónsules) como la población llana no estaban dispuestos a entregar a ninguno de los suyos. Así que Amalric le ordenó que movilizase a los católicos para que huyesen de la ciudad y se pusiesen a salvo.

Solo lo hicieron unos cuantos, y el obispo, claro...

¡Mátenlos a todos, Dios reconocerá a los suyos!

«¿Cómo podremos distinguir a los buenos fieles de los herejes?», preguntó el 22 de julio uno de los señores norteños a Arnaud Amalric frente a las murallas de Béziers. La respuesta pasó a la historia y mostró con contundencia las intenciones y las maneras del legado papal. «¡Mátenlos a todos, Dios reconocerá a los suyos!».

Dicho y hecho.

Los habitantes de Béziers se sentían seguros tras las monumentales murallas y defensas de su ciudad. No contaron con el factor humano: algunos soldados, excesivamente confiados, y asados de calor, decidieron romper la defensa e ir a darse un bañico al cercano río Orbe. Algunos atrevidos, por si fuera poca la temeridad, decidieron burlarse de los cruzados para regresar rápidamente y ponerse a cubierto tras las murallas. No contaron con que los soldados norteños, en su persecución, iban a conseguir entrar en la ciudad.

Fue una auténtica carnicería. Los cruzados entraron a sangre y fuego en Béziers. Ni siquiera respetaron a los que se refugiaron en los templos cristianos. Además, para rematar a los supervivientes, decidieron prenderle fuego a la ciudad. Por algo este terrible crimen es conocido en occitano como la *gran masèl*, la «gran carnicería».

No está muy claro cuántas personas murieron. Béziers, según algunos cálculos —siempre difíciles de realizar desde el presente—, tenía unos diez mil habitantes. El cronista Pierre des Vaux de Cernay apuntó, exagerando muchísimo, que solo en la iglesia de Sainte-Madelaine murieron siete mil personas. Otras crónicas, aún más exageradas, como la del propio legado papal, hablan de veinte mil, aunque parece más bien una forma de hablar. Los historiadores, que tampoco se han puesto de acuerdo, han propuesto cifras que van desde unos pocos cientos (Jacques Berlioz) a cinco, seis o siete mil.

Al margen de esto, lo importante fue el golpe que supuso la toma de Béziers y la importancia que tendría en el desarrollo de la cruzada. El impacto psicológico fue brutal para el resto de ciudades de los

Expulsión de los habitantes de Carcasona en 1209. Ilustración del libro *Grandes Chroniques de France* (ca. 1415), British Library.

territorios de Trencavel, que fueron cayendo una a una en cuestión de semanas, toda una guerra relámpago que arrasó la parte oriental del Languedoc. «Gracias al cielo por este inesperado triunfó [...] ¡La venganza divina ha resultado maravillosa!», expresó Amalric.

Por supuesto, la propaganda católica justificó la masacre argumentando que Béziers era un auténtico pozo de iniquidad. Sirva de ejemplo esta anécdota que relató en su crónica Pierre des Vaux de Cernay:

> Cierto sacerdote de esta ciudad llegó una noche, al acercarse el día, a su iglesia para celebrar los divinos misterios, llevando el cáliz en sus manos. Unos habitantes de Béziers le tendieron una emboscada, prendiendo a este sacerdote y golpeándolo con violencia. Le hirieron gravemente, le rompieron el brazo y, tomando el cáliz que sostenía, lo descubrieron y orinaron en él en desprecio del cuerpo y la sangre de Jesucristo.

Ahora bien, ¿es cierto aquello que supuestamente dijo Amalric? Pues no está claro. La única fuente en la que aparece es la obra *Dialogus Miracolorum* del monje cisterciense alemán Cesaire de Heisterbach (c. 1180-1250), escrita hacia 1223, desde la lejanía de su celda en el monasterio de Heisterbach (cerca de la actual Bonn), del que no salió desde que entró. Y que sea la única fuente hace que esto sea más que dudoso, ya que se conservan varias crónicas de autores locales que hablan de este terrible episodio que dio comienzo a la Cruzada Albigense que no dicen nada al respecto. Tampoco lo podemos descartar por completo. No sería raro, ni por la época, ni por su supuesto autor, Amalric, aunque todo parece indicar que se enteró de que la ciudad estaba siendo destruida, y sus ciudadanos masacrados, cuando el ataque ya había comenzado.

El caso es que la frasecita de marras resulta aún más llamativa, como gran parte de las acciones que la Iglesia católica ha emprendido a lo largo de su historia en su lucha contra la disidencia, si leen algunos pasajes de los Evangelios. Por ejemplo, este:

> El reino de los cielos se parece a un hombre que sembró buena simiente en su campo; luego, mientras los sembradores dormían, llegó su enemigo, sembró cizaña entre el trigo y se marchó. Cuando brotó la planta y comenzó a dar fruto apareció también la cizaña. Los esclavos del dueño le dijeron: «Señor, ¿no sembraste buena simiente en tu campo? ¿De dónde sale entonces la cizaña?». Él les contestó:

«Un enemigo mío lo hizo». Los esclavos dijeron: «¿Quieres que vayamos a recogerla?». Él dijo: «No, no sea que al recoger la cizaña arranquéis con ella el trigo» (Mateo, 13, 24-29).

Amalric, de ser auténtica aquella terrible sentencia, contradijo por completo lo que Jesús, mil doscientos años antes, había explicado a sus discípulos —si es que esta parábola es cierta, claro—. Por cierto, los perfectos cátaros usaban a menudo este pasaje de Mateo, aunque, según su particular exégesis, creían que hacía referencia a sus concepciones dualistas.

Cuántas vidas se hubieran salvado si la Iglesia católica hubiera hecho caso a estas palabras de Jesús…

Sea como fuere, la toma de Béziers fue un duro varapalo para Raimundo-Roger de Trencavel. Había perdido una de sus principales ciudades, y no sería la última: Narbona se entregó sin ofrecer apenas resistencia. No le quedó otra que refugiarse y atrincherarse en Carcasona. Hasta allí se dirigieron los cruzados, dando comienzo un duro asedio que comenzó el 28 de julio y terminó el 15 de agosto de 1209, después de que Raimundo-Roger se rindiese, en parte por el calor y la falta de agua.

Fue encarcelado como si de un criminal vulgar se tratase, y tres meses después, el 10 de noviembre de 1209, falleció, posiblemente envenado.

Montfort

En la toma de Carcasona comenzó a destacar Simón de Montfort, que durante el ataque de Béziers solo era un pequeño barón más que no podía compararse en importancia a otros cruzados, como el duque de Borgoña o el conde de Nevers. Montfort, nacido en algún momento indeterminado entre 1164 y 1175, era barón de Montfort-l'Amaury, una casa noble del norte de Francia relacionada con los normandos y los anglos y cercana a la Corona de Francia, en manos de los capetos. En 1202 se alistó junto a otros nobles norteños en la Cuarta Cruzada, lanzada por Inocencio III, que terminó siendo un fracaso en su objetivo inicial, recuperar Tierra Santa; pero que supuso la conquista y saqueo de Constantinopla. Los cruzados, además de traerse para Occidente numerosas obras de arte (por ejemplo, los famosos caballos de bronce de la basílica veneciana de San Marcos), se hicieron con un montón de reliquias cristianas que los emperadores bizantinos habían ido acumulando a lo largo de los siglos. Montfort se trajo un trocito de la Santa Cruz, que en la actualidad se conserva en la iglesia de Saint-Lubin, en Rambouillet.

Como vimos, el monarca francés, Felipe II Augusto, hijo y heredero de Luis VII, aprovechó la lucha en Oriente para conquistar Normandía y parte de Aquitania en 1204, que estaban en manos del monarca inglés, Juan sin Tierra (1166-1216). Los nobles locales normandos, hasta entonces vasallos suyos, perdieron sus feudos ingleses. Entre estos estaba Montfort, que perdió sus posesiones en el condado de Leicester. Este fue el motivo principal que le llevó a unirse a la cruzada contra los rebeldes occitanos: hacerse con tierras. Sin más.

Así, alentado por su amigo Guy de Vaux-de-Cernay, se unió a la guerra de conquista de 1209.

Curiosamente, tras la toma de Carcasona, Amalric ofreció a los líderes militares franceses los cargos y las tierras de Raimundo-Roger de Trencavel, pero tanto el duque de Borgoña como el conde de Nevers y el conde de Saint-Pol rechazaron el ofrecimiento. Contrariado, tanteó a Montfort, que en un primer momento tampoco aceptó. Pero Gay de Vaux-de-Cernay consiguió convencerle, a cambio de que los demás cruzados se comprometiesen a ayudarle en caso de necesidad.

Fue así como Simón de Montfort terminó convirtiéndose en el líder de la cruzada y en el nuevo señor de las tierras de los herejes.

Por otro lado, en 1210 Amalric se encargó de organizar junto al obispo de Toulouse, Folquet de Marsella, lo que se conoció como la Cofradía Blanca, un contubernio de laicos católicos fanatizados que se dedicaron a perseguir y a ajusticiar a los herejes y a los judíos de la ciudad y los alrededores.

Este señor, que acaparó bastante protagonismo durante estos primeros años de la persecución, fue un personaje de lo más singular. Oriundo de Marsella, antes de convertirse en monje cisterciense (en 1195), había sido comerciante y un prestigioso y reconocido trovador,

Carcasona. Foto del autor.

habitual de las cortes de Barcelona, Toulouse y la Provenza. Se dice que, si oía cantar algunas de las canciones que había compuesto, hacía penitencia durante todo el día.

Fue ordenado obispo de Toulouse en 1205, y desde un primer momento comenzó a colaborar con Domingo de Guzmán para reconducir al redil a los descarriados herejes tolosanos. De hecho, apoyó a este ante el papa cuando llegó el momento de reconocer a la Orden Dominica.

Pero su alianza con Montfort, las fechorías que realizó la Cofradía Blanca, y la propia facilidad con la que encendía este hombre una hoguera, le llevaron a ser repudiado con gran parte de los tolosanos, para los que era un traidor y un asesino. Por algo en la *Cançon de la Crosada* se dice lo siguiente sobre él:

> Cuando fue elegido obispo de Tolosa, esparció tal fuego por toda la tierra que no habrá agua suficiente para apagarlo, pues a más de quinientos miles, grandes y pequeños hizo perder las vidas, los cuerpos y las almas. Por la fe que os debo que más se parece por sus dichos y hechos al Anticristo que a un mensajero de Roma.

Miniatura en la que se representa a Folquet de Marsella.

Una curiosidad: Folquet de Toulouse aparece en la *Divina comedia* de Dante, en la sección tercera, «Paraíso». Es el único trovador residente en el cielo de Venus, el cielo del amor, donde se encuentran las almas de los amantes. ¿Por qué? Porque Folquet se convirtió en monje tras la terrible muerte de su amada, Eudoxia de Montpellier. Y es que, al final, queridos lectores, toda historia tiene su intríngulis.

TOULOUSE

Montfort, tras la toma de Carcasona, entre 1209 y 1210, tomó Minerve, Termes, Mirepoix y Pamiers —donde estaba la famosa casa de buenas damas cátaras dirigida por Esclarmonde de Foix, hermana del conde de Foix, que fue destruida—. Y eso sin tener en cuenta la conquista de otras tantas ciudades (Limoux, Fanjeaux, Montréal, Castres, Albi, Lombers), que se rindieron sin ofrecer resistencia a las tropas del normando. Hablamos de las principales comunidades cátaras de la región, que cayeron en esta guerra relámpago lanzada por el cruzado..

Por aquella misma época Montfort mostró su sed de sangre en un hecho terrible que sucedió tras la conquista del pequeño *castrum* de Bram, cercano a Carcasona. Tras la derrota, ordenó a sus soldados que arrancasen la nariz, las orejas, el labio superior y los ojos a todos los supervivientes. Bueno, a todos excepto a uno, que serviría de guía al resto, ya que envió a todos hacia Cabaret con la intención de impresionar a los occitanos que allí se defendían y que, como era de esperar, también cayeron.

El 3 de mayo de 1211, después de un asedio de dos meses, tomó el importante enclave cátaro de Lavaur, en el Lauragais, donde fue asesinada la perfecta Guiraude y más de cuatrocientos cátaros fueron pasto de las llamas.

Guiraude de Lavaur, viuda de Guilhem Peyre, fue una de las buenas cristianas más importantes y famosas, y ha pasado a la historia, además de por su heroicidad al dirigir la defensa de su *castrum* ante los cruzados, por lo terrible de su muerte: la desnudaron, le ataron las manos y la arrojaron a un pozo, y luego la mataron a pedradas. Si algún día pasan por Lavaur, en un lugar conocido como la Esplanade du Plô, justo donde estaba el antiguo *castrum*, se levantó una estela en su honor y en homenaje a los cátaros y soldados caídos durante la conquista. Es de visita obligatoria.

Continuando con Amalric, pese a que ya había demostrado un carácter belicoso y bastante fanatizado, organizó un par de encuentros bilaterales en Narbona y Montpellier (22 de enero y 6 de febrero de 1211), junto a Simón de Montfort, a los que asistieron Raimundo VI de Toulouse y Pedro II de Aragón, señor de muchos territorios occitanos, supuestamente para intentar conseguir la paz. Pero tampoco sirvió de nada. Es comprensible: las condiciones que pusieron al conde de Toulouse (entrega de todos los herejes, destrucción de todos sus castillos y exilio forzado, además de prohibición de consumo de carne) eran inaceptables.

En realidad, los católicos, con el papa a la cabeza, no buscaban terminar con la cruzada, sino acabar con Raimundo VI de una vez por todas. De hecho, nada más terminar el segundo encuentro, Inocencio III le excomulgó por enésima vez y ofreció sus posesiones como botín para los cruzados.

Simón de Montfort atacó Toulouse, dejando claro que, al menos para los franceses, el objetivo, más que acabar con los díscolos

Estela en honor a la Dama de Guiraude situada en la Esplanade du Plô, en la localidad de Lavaur.

cátaros, o con el secundón Trencavel, era controlar de una vez por todas aquella enorme región que hasta ese momento no estaba bajo el dominio de los reyes capetos. Y para ello había que tomar Toulouse, donde contaba además con el apoyo quintacolumnista del obispo Folquet, que intentó, sin éxito, organizar una rebelión desde dentro. Raimundo VI lo impidió y le expulsó de la ciudad.

Así dio comienzo el primer asedio de Toulouse, que tuvo lugar entre mayo y junio de 1211. Los aguerridos occitanos, liderados por el conde de Toulouse, el conde Gastón de Bearn, y el de Foix, lograron detener el avance de las tropas de Montfort. Y no solo eso: pasaron al contraataque y comenzaron a perseguir a los cruzados, que también asistieron a la sublevación masiva de muchas de las localidades que habían ocupado durante la guerra relámpago de los dos primeros años de la cruzada.

Fue un duro contratiempo para los franceses, que se vieron obligados a recuperar fuerzas en los dominios que aún estaban bajo su control, gran parte de las antiguas posesiones de Raimundo-Roger de Trencavel, que se repartieron entre Monfort y los católicos. Así, Pierre de Vaux-de-Cernay se convirtió en obispo de Carcasona y pasó a controlar, *de facto*, esa región; Arnaud Amalric asumió el cargo de obispo y duque de Narbona, y Montfort y los suyos se quedaron el resto. Y tan contentos.

Toda esto fue refrendado por los estatutos de Pamiers, promulgados por Montfort en 1212, que en la práctica venían a funcionar como una carta de administración colonial. Además de imponer nuevos tributos, se modifican las normas relativas a la herencia, imponiendo el derecho de los primogénitos y rompiéndose la tradicional forma occitana de reparto de herencias.

Un aspecto importante que no debemos olvidar es la aparición, en estos primeros años de cruzada, de lo que se conoce como *faydits*, nobles y caballeros occitanos que se habían quedado sin poder y sin tierras, una especie de maquis que, en las décadas siguientes, y sobre todo en Montsegur, tendrán gran protagonismo.

Hay que señalar que, si bien muchos de ellos eran cátaros, la gran mayoría, simplemente, estaban resistiendo y defendiéndose de lo que consideraban una invasión de los franceses del norte. Y no todos permanecieron fieles a la lucha occitana: algunos, como Bernard-Othon de Niort, que llegó hasta Roma para ser absuelto por el papa, recuperaron sus privilegios a cambio de comprometerse a luchar contra la herejía o de tomar la cruz y marchar a guerrear a Tierra Santa.

Durante un año, aproximadamente, la situación quedó estancada. Pero todo volvió a precipitarse cuando los nobles occitanos, una vez más, fueron vilipendiados por el papa Inocencio III, que se negó a permitir que recuperasen sus tierras y posesiones; así que estos decidieron buscar el auxilio de Pedro II de Aragón (1178-1213), del que muchos de ellos eran vasallos.

De hecho, su hermana Leonor era la esposa de Raimundo VI de Toulouse —fue su quinta esposa, ojo—, y otra de sus hermanas, Sancha, terminó casándose en 1210 con el vástago del conde, Raimundo VII, y recibió en dote el condado de Toulouse. Además, también eran vasallos suyos Raimundo-Roger de Trencavel y Bernardo IV de Comminges. Es decir, todos los grandes señores languedocienses en cuyas tierras prosperó la herejía, incluido, por supuesto, el conde de Foix.

Aquello ponía en jaque a la Iglesia, ya que Pedro II, apodado el Católico, había sido el héroe de la campaña contra los almohades de la Península, que, como imagino sabrán, terminó con la exitosa victoria de Las Navas de Tolosa, que tuvo lugar el 16 de julio de 1212, en mitad de la Cruzada Albigense.

Lo curioso es que, a la vez que estaba inmerso en la lucha contra los herejes languedocianos, Arnaud Amalric, arzobispo de Narbona desde el 12 de marzo de 1212, también se involucró en las guerras de conquista de los reyes cristianos en la península ibérica, secundando la llamada a la acción que Inocencio III había lanzado al clero francés, interesado como estaba en plantar cara a los almohades, contra los que estaban luchando Alfonso VIII de Castilla y Pedro II de Aragón.

Todo había empezado unos meses antes, en el verano de 1211, cuando los almohades habían tomado la sede principal de la Orden de Calatrava, el castillo de Salvatierra (Ciudad Real). Esta orden militar, la primera hispana, había sido fundada por los cistercienses, por lo que estaba también controlada por Amalric, que era, recordemos, el abad general del Císter. Así que no es de extrañar que se uniera a la causa de los reyes peninsulares, aunque también debió influir que, teniendo a Pedro II de Aragón ocupado, conseguía que no prestase ayuda a sus vasallos del norte.

Sea como fuere, las tropas castellanas y aragonesas, junto a la soldadesca que Amalric mandó desde el Languedoc (incluidos un buen número de templarios), los valientes guerreros navarros de Sancho VII de Navarra y algunos voluntarios de León y Portugal, se lanzaron a finales de junio de 1212 a la guerra contra los almohades, que concluyó con la victoria cristiana en Las Navas de Tolosa, en la actual provincia de Jaén. Como imagino sabrán, esto supuso un punto de inflexión en la lucha ya centenaria de los reyes cristianos contra los reyes musulmanes, que, a partir este momento, entraron en franca decadencia.

Pedro II de Aragón se convirtió, gracias a esta gran victoria, en un líder de la cristiandad. Además, se vino arriba y decidió tomar partido en los acontecimientos que se estaban produciendo en el Languedoc, donde las conquistas de Montfort y los cruzados representaban una clara intromisión en una zona que consideraba bajo su influencia, zona que estaba repleta de herejes, algo que, cuando menos, resulta paradójico. Además, veía con peligro que las tropas francesas, apoyadas por lo bajini por reyes capetos de Francia, estuvieran tan cerca de sus tierras.

En un primer momento intentó mediar entre los condes de Toulouse, Foix y Comminges y Arnaud Amalric, con el apoyo papal, que empezaba a cansarse de la situación languedociana y que andaba interesado en lanzar una nueva cruzada contra Tierra Santa. Así, el 18 de enero de 1213, en un concilio que se celebró en Lavaur, pidió que se restableciesen los derechos de los nobles occitanos. Pero no le salió bien la jugada. Amalric, que no asistió porque estaba enfermo, se negó con rotundidad; y no solo eso: exigió a Pedro II que pidiese perdón y que, de camino, satisficiese de alguna manera, económicamente hablando, a la Iglesia. Así que el monarca aragonés, indignado, envió tropas a Toulouse y Montauban, ciudades que en aquellos momentos estaban siendo amenazadas por los cruzados.

La cosa se fue poniendo cada vez más tensa. Amalric malmetió al papa y le convenció de que relanzase la cruzada contra los herejes, aunque esto le supusiese enfrentarse a Pedro II. Monfort también metió baza, deseoso como estaba de tomar Toulouse: «¡Aniquilad Toulouse, esa Sodoma, esa Gomorra, con todos esos facinerosos que contiene! ¡Que el tirano y herético Raimundo y hasta su joven hijo no puedan más levantar la cabeza, ya medio aplastada! ¡Aplastadla más fuertemente todavía! [dijo]».

Así que el papa terminó claudicando y le pidió a Pedro II que cesase en su apoyo a Raimundo VI. Pero no cedió. Al contrario, reclutó un enorme ejército y se dirigió a Toulouse para apoyar a su cuñado —recuerden, estaba casado con su hermana Leonor—, donde fue recibido entre vítores.

Y finalmente, el 12 septiembre de 1213, los ejércitos aragoneses y languedocianos se enfrentaron a los cruzados de Montfort en la famosa batalla de Muret, un poblado occitano situado a escasos kilómetros de Toulouse.

Perdieron. Y eso que la victoria parecía clara para el frente aragonés-occitano, muy superior en tropas. Pero Montfort le echó valor y se lanzó a un ataque fulminante con su principal baza, su notable caballería, con el objetivo de acabar con la cabeza pensante, Pedro II, adjudicando la misión a dos de sus caballeros, Alain de Roucy y Florent de Ville.

Simó de Montfort davant el cadàver de Pere el catòlic,
escultura de Josep Clarà (1905).

El monarca aragonés, por su parte, convencido de su valía, decidió meterse en el meollo de la batalla vestido como un simple soldado, a la vez que convencía a un desdichado caballero de que portase sus ropas. Alain de Roucy identificó a este pobre hombre entre la multitud y le abatió en un santiamén. «¡Creía que el rey era mejor caballero!», exclamó según los cronistas —Bernat Desclot, para ser exactos—. Pero entonces se escuchó una voz que dijo: «¡Es que ese no es el rey! ¡El rey está aquí!». Fue su final. Lo machacaron los cruzados.

Esto, como es perfectamente comprensible, hizo que el desánimo cundiese entre los aragoneses, que emprendieron la retirada, dificultando así el avance de los occitanos, que aún no habían intervenido en la movida. Un desastre. Y una gran victoria para los norteños, que vieron así el campo abierto para hacerse con toda la región oriental de Occitania, aunque aún faltaba Toulouse, la particular obsesión de los cruzados y de Simón de Montfort; eso sí, este se convirtió en duque de Narbona, conde de Toulouse (aunque aún no controlaba la ciudad) y vizconde de Béziers y Carcasona. Es decir, todos los territorios controlados por los nobles que, según la Iglesia, apoyaban la herejía, a excepción de los condados de Foix y Comminges.

Las consecuencias de la batalla de Muret fueron trascendentales, además, para la historia de España y de Francia. Una victoria podría haber cambiado, sin duda, el desarrollo de la cruzada contra los cátaros; pero también la configuración del propio reino de Aragón, que se podía haber expandido hacia el norte, y la de los condados catalanes, que podrían haber permanecido independientes. De hecho, a partir de este momento, la Corona de Aragón se centró más en la conquista de las tierras peninsulares controladas por los musulmanes.

Por otro lado, Jaime, el hijo de Pedro II, que tenía solo 5 años cuando murió su padre, quedó bajo la custodia de Simón de Montfort —su madre, la reina María de Montpellier, había muerto unos meses antes—. ¿Cómo es posible que el príncipe estuviese bajo el control del asesino de su padre? Porque, cuando tenía 2 añitos, Pedro II hizo un pacto matrimonial con Montfort para que el futuro rey se casase con la hija del normando, Amicia, quedando desde entonces bajo su tutela en el castillo de Carcasona.

Finalmente, tras Muret, por orden del papa Inocencio III, terminó cediéndole la custodia a los templarios aragoneses, dirigidos por el simpar Guillermo de Montredón. En 1218, el príncipe Jaime fue declarado mayor de edad, con tan solo 9 años, y tomó la corona, decidido como estaba, gracias a sus maestros templarios, a expandir sus posesiones por el Mediterráneo. Por algo terminaría llamándose Jaime I el Conquistador. Pero esta es otra historia...

Montfort es mort

Pero Montfort no se quedó ahí. Sus ansias expansionistas le llevaron a tomar varios señoríos nobles más pequeños, incluso aquellos en los que la herejía no había prosperado. Y esto produjo que muchos comenzasen a preocuparse por sus fechorías.

Los nobles sureños tomaron conciencia entonces de que la única manera de parar al cruel y ambicioso cruzado normando era unirse entre ellos. Así, Raimundo VI, conde de Toulouse, que se había exiliado junto a su hijo y heredero en la Provenza, consiguió el apoyo del conde de Foix, Raimundo-Roger de Foix, y el vizconde de Bearn, y de un buen número de *faydits*, creándose así un frente occitano unido que luchó con denuedo contra los franceses.

A la vez, el rey de Francia tenía claro ya que tenía que frenar a Montfort, pero la única manera era contando con el apoyo del conde de Toulouse y sus aliados. ¿Cómo hacerlo? Raimundo VI, a pesar de haberse unido a los cruzados, había sido atacado por Montfort. Pactar con él supondría una grave afrenta hacia las tropas que habían apoyado su conquista y la cruzada, y la cosa se podía girar en su contra. Así que tomó la decisión de apoyar a su hijo, Raimundo VII, hijo de Juana de Inglaterra, hermana de Ricardo Corazón de León y Juan sin Tierra, que no estaba tan manchado.

Hasta el papa Inocencio III terminó denunciando los excesos de Montfort, influido por el miedo que sentía el monarca por el poder que estaba asumiendo. Además, buscaba terminar de una vez con todas con la cruzada, así que tomó varias medidas. Por un lado, relevó de su puesto como legado a Amalric el 17 de enero de 1214, siendo sustituido por Roberto de Courson y Pedro de Benevento. Amalric se terminó retirando a la abadía de Fontfroide, donde falleció el 26 de septiembre de 1225. Fue enterrado en el monasterio de Cîteaux, en la cuna de la orden.

Por otro lado, Inocencio III convocó un nuevo concilio en Letrán, el cuarto, que se celebró entre el 11 y el 30 de noviembre de 1215, al que acudieron más de cuatrocientos obispos, y que terminó convirtiéndose en uno de los importantes e influyente de la larga lista de reuniones de los gerifaltes de la Iglesia. Una vez más se condenó la herejía cátara, pero también las dudas sobre la Trinidad del interesante monje franciscano calabrés Joaquín de Fiore (1135-1202) —sus dudas, ojo, él no, porque, pese a que había fallecido solo unos años antes, ya era considerado un santo; aunque nunca llegó a serlo, solo llegó a beato—. También se aprobaron nuevas medidas contra los judíos —como la obligación de llevar un círculo rojo en la ropa que permitiese distinguirles—, y se planteó una nueva cruzada en Tierra Santa.

Pero lo interesante para el tema que nos ocupa es que en Letrán se le reconocieron a Montfort todos sus dominios conquistados, a

La Défense de Toulouse, Jean-Paul Laurens, 1899 (Salle des Illustres - Le Capitole de Toulouse). Los tolosanos están construyendo las murallas de su ciudad para defenderla de la llegada de Simón de Montfort. La escena tiene lugar en 1218. El líder de los cruzados es evocado por la figura de un león amenazante colocada en el cielo. También vemos sobre la ciudad dos santos aureolados. Uno, sin duda San Miguel, llama a la batalla con su cuerno. El otro santo bendice la catapulta de la que partirá la piedra que matará al líder de la cruzada.

excepción de dos pequeños marquesados (Provenza y Beaucaire), que fueron para Raimundo VII, hijo del conde de Toulouse, y del ducado de Narbona, que se lo había quedado Arnaud de Amalric. Así es como el papa intentó ganarse al futuro conde de Toulouse, favoreciendo al hijo y haciéndole la cobra al padre, Raimundo VI.

Por supuesto, en el concilio no se pidió el más mínimo perdón por la carnicería que en nombre de Dios se había realizado en el Languedoc.

Eso sí, las relaciones entre Monfort y Amalric estaban bastante tensas, en parte porque el normando le exigía al abad del Císter pleitesía como vasallo. Pero este, ni corto ni perezoso, tuvo las santas narices de excomulgarle. Tampoco alcanzó mucha repercusión, ya que el papa no lo aceptó, pero indicaba que algo turbio se estaba cociendo entre los antiguos compañeros cruzados.

Toulouse contre Monfort, Jean-Paul Laurens, 1899
(Salle des Illustres - Le Capitole de Toulouse).

Raimundo VI aceptó las conclusiones de Letrán a regañadientes, ganándose el apoyo papal. Montfort, nada contento con la actitud de la corona y el papado, decidió atacar Toulouse, pero la ciudad, fuertemente defendida, consiguió aguantar un largo asedio, el segundo que sufrió durante la cruzada.

Poco después, el 16 de julio de 1216, se dio la trágica y curiosa circunstancia de que Inocencio III, protagonista esencial en esta trama, falleció repentinamente. No era muy querido, se ve, ya que, al día siguiente de ser enterrado en la catedral de Perugia, una ciudad del norte de Italia en la que se encontraba, unos malhechores profanaron su tumba y se llevaron su ropa… Su papado fue de una importancia extraordinaria para el devenir de la cristiandad, especialmente por la creación de las dos órdenes religiosas más importantes de los próximos siglos, los franciscanos y los dominicos, que a partir de ese momento se convertirían en los encargados de reprimir la herejía occitana. Eso sí, murió pensando que, gracias a Montfort, Amalric y compañía, había conseguido vencer a los rebeldes y a los herejes del Languedoc, aunque fuese dejando miles de muertos en el camino. Pero murió equivocado.

Raimundo VI, desde la Provenza, al enterarse de la muerte del papa, y mientras el nuevo pontífice, Honorio III (1148-1227), se ubicaba en el cargo, volvió a la acción en 1217 y se lanzó a la reconquista de sus antiguas posesiones, con el apoyo del frente occitano que había creado. El padre marchó con un contingente rumbo a Toulouse, y el hijo, Raimundo VII, se dirigió hacia Beacuaire, donde Simon de Monfort estaba atrincherado. Montfort se encontraba en franca desventaja, pero el 24 de agosto de 1216, cuando estaba a punto de ser derrotado, ofreció su rendición a cambio de que le dejasen con vida. El algo bisoño Raimundo VII, que tenía solo 19 años, aceptó.

Como era de esperar —para todos, excepto para el joven conde—, Montfort aprovechó para retirarse a Toulouse. Aunque la ciudad estaba bajo el control de sus tropas, las revueltas eran constantes y su posición, más que delicada. Además, los invasores franceses tenían que atajar las continuas sublevaciones que se producían en otras ciudades conquistadas, y Monfort no dudaba en acudir personalmente a cualquier sarao. Durante uno de estos alzamientos, el 13 de septiembre de 1217, Raimundo VI consiguió entrar con un pequeño contingente de tropas y acabar con la guarnición que habían dejado allí los cruzados. El conde estaba de nuevo en Toulouse, para gran regocijo de su pueblo. Y Monfort, que no debió verlas venir, permaneció atrincherado en las cercanías de la ciudad esperando una oportunidad.

Y así pasaron los meses, hasta que el 25 de junio de 1218 los tolosanos decidieron acabar con aquel incómodo reducto de tropas invasoras. Y vaya si lo hicieron. Acabaron con la soldadesca cruzada, y Montfort murió, según las crónicas, de una pedrada lanzada por una catapulta operada por unas mujeres tolosanas. La fiesta fue extraordinaria.

Así lo recuerda una bella tonadilla occitana que aún cantan los niños del Lauragais:

La muerte de Simón de Montfort, grabado de Alphonse de Neuville , 1883.

Montfort es Mort,
es mort, es mort!
Viva Tolosa,
ciotat gloriosa
e poderosa!
Montfort es mort,
es mort, es mort!
Tornan le paratge e l'onor [la alcurnia y el honor]

El fin de la cruzada

Pero la victoria aún no era definitiva. Amaury de Montfort (1192-1241), el hijo del fallecido, que tenía por entonces 26 años, heredó todas las posesiones y cargos que su padre había conseguido a sangre y fuego. Así comenzó una lenta contienda que duró cerca de un lustro y que terminó decantándose para el bando occitano, aunque con trágicas consecuencias. Amaury, que no había mostrado el mismo talento militar ni la misma brutalidad que su padre, perdió poco a poco toda su herencia, aunque hay que reconocer que esta incluía un ejército pobre, maltrecho y cansado de luchar en una contienda que no parecía tener fin.

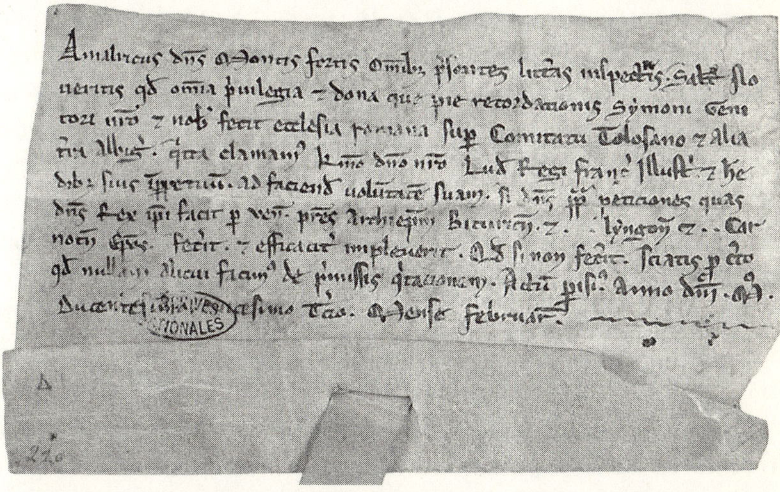

Documento mediante el que Amaury de Montfort, hijo de Simón, cede al rey Luis VIII y a sus herederos todos los derechos que la Iglesia le había otorgado a su difunto padre sobre el condado de Toulouse. Firmado el 24 de febrero de 1224. Se conserva en los archivos nacionales bajo el código AE/II/220.

A comienzos de 1224, tras cinco años de sangría, solo controlaba Carcasona, Minerve y sus alrededores. Así que se rindió el 14 de enero, no sin antes hacer una felonía que marcaría un hito trascendental en la historia de Occitania: se presentó en Île-de-France, en la corte del rey Luis VIII, cuyo padre Felipe Augusto había muerto poco tiempo antes, corte que en realidad controlaba su absorbente y omnipotente madre, Blanca de Castilla (1188-1252). Humillado, Amaury Montfort entregó todos sus derechos en el Languedoc al monarca, a cambio de convertirse en conde de Montfort-l'Amaury (antes era barón) y de obtener el título menor de condestable de Francia. Fallecería unos años después, a mediados de 1241, durante la fracasada Cruzada de los Barones.

Fue una hábil jugada del rey, o de su madre. De un plumazo, sin derramamiento de sangre, asumió el título de conde de Toulouse, así como los vizcondados de Trencavel. Occitania era por fin de los reyes capetos, aunque ahora tocaba defenderla.

Por si fuera poco, Raimundo VI falleció el 2 de agosto de 1222. Murió excomulgado. Le sucedió su hijo, Raimundo VII, que heredó la excomunión, así como las alianzas que su padre había pactado con el intocable Raimundo-Roger de Foix, conde de Foix, aunque este falleció en 1223, siendo sustituido en el cargo por su hijo, Roger Bernard II. Juntos obligaron a Amaury de Montfort a retirarse, como vimos. Pero tras esta acción su enemigo pasó a ser el rey de Francia, Luis VIII.

Fueron estos los protagonistas de una nueva contienda más tranquila y desigual que la anterior. El Languedoc estaba destrozado tras quince años de guerra constante, y el nuevo enemigo tenía sus tropas frescas y listas para el ataque. El primer paso fue la proclamación de una nueva cruzada contra la herejía. Se hizo en el concilio de Bourges, en 1225. El monarca tenía manos libres para la invasión, y se lanzó al ataque en una nueva guerra relámpago. En pocos meses cayeron una tras otras todas las grandes ciudades: Aviñón, Nîmes, Castres, Carcasona, Albi...

Los rebeldes, una vez más, se refugian en Toulouse. Poco después, el 8 de noviembre de 1126, Luis VIII falleció de disentería en el castillo de Montpensier, tras solo tres años de reinado. Le sustituirá su hijo Luis IX, que pasaría a la historia como San Luis. Pero, como tan solo tenía 12 años, el poder real, una vez más, lo asumió Blanca de Castilla, su abuela. Esto dio cierta vidilla a los occitanos, que consiguieron aguantar un par de años la presión francesa, pero tras el duro invierno de 1229, que llevó al Languedoc al borde del hambre, Raimundo VII se vio obligado a claudicar.

Así, Blanca de Castilla convocó en abril de 1229 una reunión en Meaux (en Île-de-France) para pactar los términos de la rendición. El conde de Toulouse no solo tuvo que jurar lealtad al monarca, sino que perdió casi todos sus territorios, quedando bajo su control Toulouse y parte del Lauragais (las diócesis de Agen y Cahors, y los ricos señoríos de Castelnaudary, Laurac y Fanjeaux). El resto, prácticamente todo el Languedoc, pasó a manos del rey. Además, se vio obligado a aceptar que una guarnición francesa se instalase en el castillo de Toulouse y que las murallas de la ciudad, como las de otros treinta pueblos de la comarca, fuesen destruidas.

Por si fuera poco, el acuerdo incluía la unión matrimonial entre su única hija y heredera, Juana de Toulouse (hija de Sancha de Aragón, la hermana del fallecido Pedro II), con uno de los hermanos del rey, Alphonse de Poitiers, ambos con tan solo 9 años. Esto significaba que más pronto que tarde, incluso lo poco que le había quedado al conde de Toulouse pasaría a manos de Francia, y más si no tenían hijos, como sucedió…

> Tras la muerte del conde, Toulouse y su obispado pertenecerán al hermano del rey; si este muriera sin dejar hijos, sus dominios volverían a la corona sin que los demás herederos o descendientes de Raimundo VII pudieran reclamar derecho alguno (punto 13 del tratado de París).

Además, se comprometió a guerrear en Tierra Santa durante cinco años, a restituir a la Iglesia los bienes y derechos que les habían sido arrebatados y a luchar contra los herejes de sus tierras.

Si pensaban que la humillación se quedaba en todo esto, aún hay más: Raimundo VII fue azotado públicamente en las escalinatas de Notre-Dame de París el 12 de abril de 1229, ante el joven rey Luis IX, de 14 años, y los principales nobles de la corte.

Eso sí, aunque el tratado de París, como se conoció este acuerdo, fue terrible, en realidad le reconocía de nuevo como conde de Toulouse, aunque sus posesiones fuesen mermadas. Aunque muchos de sus súbditos tolosanos se mostraron reacios a aceptar una rendición tan ominosa, no les quedó más remedio que asumirlo.

Así, oficialmente, el 12 de abril de 1229 terminó esta primera fase de la cruzada contra los herejes, o de la conquista francesa de Occitania, según lo queramos enfocar.

La Inquisición

Los cátaros, por supuesto, fueron terriblemente reprimidos durante todos estos años. Y lo seguirían siendo a lo largo de las siguientes décadas. Se vieron obligados a pasar a la clandestinidad, pero sobrevivieron gracias a que contaban con una enorme red de apoyo formada por los creyentes y simpatizantes que había por todo el Languedoc. Los buenos hombres continuaron con su predicación y consolando a nuevos perfectos, eso sí, escondidos en casas de cómplices en las ciudades, en los campos o en las numerosas cuevas de la región; y las buenas damas seguían controlando algunas casas de mujeres cátaras, aunque manteniendo un perfil mucho más bajo.

El conde de Toulouse, Raimundo VII, que, como vimos, aceptó perseguir la herejía, lo hizo realmente, más que nada, porque pensaba que así, defendiendo la ortodoxia y aliándose con la Iglesia, podría recuperar sus antiguas posesiones. Y en parte lo logró, ya, que, entre otras adquisiciones, se adjudicó el feudo de la casa Niort, del país de Sault, entre el Aude y el Ariège, una familia noble íntimamente relacionada con los cátaros. Pero tampoco se preocupó demasiado por perseguir a los perfectos y perfectas que, en la clandestinidad, seguían predicando y consolando, lo que hizo que el obispo Folquet de Toulouse le denunciase. No sería la última vez que la Iglesia condenaba la pasividad del conde para perseguir a los herejes. Lo hizo, sí, pero a regañadientes y sin demasiado celo. No debería extrañarnos que fuese excomulgado en varias ocasiones.

Pronto la Iglesia iba a encontrar un nuevo mecanismo para intentar erradicar la herejía occitana: el 20 de abril de 1233, el papa Gregorio IX, mediante la bula *Ille humani generis*, instituyó la Inquisitio Hereticae Pravitatis, una institución judicial, independiente de los poderes laicos, que eliminaba las anteriores competencias de los obispos. Nacía así la Inquisición, si bien es cierto que ya existía *de facto*...

Sus miembros, los inquisidores, solo debían rendir cuentas al papa. En un primer momento fueron elegidos entre los siempre dispuestos dominicos. Lo eran los dos primeros que se instalaron en el Languedoc, Pierre de Seila y Guillaume Arnaud, que instauraron un régimen de terror y miedo en aquellas tierras.

Además, jugaban con ventaja. No solamente podían condenar a un supuesto hereje con tan solo dos testimonios, sino que los testigos eran interrogados a puerta cerrada, sin revelarse en ningún momento sus nombres, y los acusados no tenían derecho a la más mínima defensa, no porque no lo tuviesen por ley, sino porque el mero hecho de defender a un hereje era un indicio de herejía. Sí, es cierto que en los primeros años no estaba permitida la tortura, al menos de forma tácita, pero terminó siendo aceptada y usada de forma masiva. Además, el inquisidor pronunciaba la sentencia, sin posibilidad alguna de apelación, tras lo que se realizada una exposición pública, un auto de fe, con varios grados de solemnidad según el nivel del acusado.

Por lo tanto, dado que era muy fácil terminar en las redes de los inquisidores, la paranoia generalizada se extendió por el Languedoc. No era necesario ser un perfecto para caer en sus manos. Los simples creyentes también estaban en el punto de mira. El simple hecho de haber conversado con un perfecto veinte años antes, o de haber asistido a un *consolament*, era motivo para ser condenado con una multa, una peregrinación forzosa a Santiago de Compostela —o a combatir en Tierra Santa—, la cárcel o, en los casos menos graves, a llevar una marca que le identificase como hereje públicamente —una cruz amarilla cosida en la ropa, o dos si la cosa era más grave—. Los perfectos, en cambio, solo podían aspirar a la pena de muerte o, con suerte, a la cadena perpetua, aun habiéndose convertido sinceramente. Además, perdían todas sus propiedades, que pasaban a ser de la Iglesia, y sus casas eran demolidas… y las casas colindantes, y a veces, incluso, la casa en la que fuese detenido.

Los inquisidores realizaban interrogaciones masivas, a pueblos enteros, en busca de herejes. Los interrogatorios seguían siempre un modelo más o menos prefijado e invariable: al inculpado se le preguntaba, entre otras cosas, si había visto herejes o asistido a sus predicaciones o a algún *consolament*, si los había recibido en su casa, si los había adorado (en referencia al *melhorament*), si había comido pan bendecido o si había pactado la *convenensa*. La población, por lo general, callaba, pero era suficiente con que unos pocos hablasen para que creciesen exponencialmente los investigados. Además, esto facilitaba que anteriores rencillas provocadas por otros motivos, como líos de lindes o de faldas, se solucionasen mediante falsas acusaciones de herejía.

Por este motivo no es de extrañar que en determinadas ocasiones estallase la ira contra los inquisidores. En Cordes, una de las aldeas más bonitas del Tarn, fundada en 1222 por Raimundo VII, la población, indignada, arrojó a un pozo a dos de ellos en 1233.

Al año siguiente, el 15 de junio de 1234, al inquisidor Arnaud Cathala, encargado de la zona de Albi, no se le ocurrió nada mejor que exhumar el cuerpo de una cátara para quemarlo. Los albigenses le dieron un palizón, pero consiguió salir con vida, y no dudó a la hora de excomulgar a toda la ciudad. Esto de juzgar como herejes a personas ya fallecidas fue una práctica tan sorprendente como habitual, y no solo afectaba al honor de sus allegados, sino a su economía, ya que sus posesiones también eran embargadas.

En Narbona, tras la detención de un cátaro en la primavera de 1234, dio comienzo una sublevación masiva que terminó con el saqueo del convento dominico; y en Toulouse, al año siguiente, en abril de 1235, Raimundo VII y los *capitouls* expulsan a los inquisidores, a los dominicos e incluso al obispo.

La tensión se apaciguó momentáneamente cuanto el endémico conflicto entre la Santa Sede y el emperador del Sacro Imperio Germánico comenzó a repuntar. Gregorio IX, sobrino de Inocencio III, fue nombrado papa en 1227. Lo primero que hizo fue excomulgar a Federico II (1194-1250), que a punto estuvo de invadir los Estados Pontificios. Firmaron la paz, pero en 1239 el papa le excomulgó de nuevo. Sea como fuere, necesitaba el apoyo de Raimundo VII en la Provenza, marquesado que había recuperado tiempo atrás, desde donde el emperador planteaba un ataque contra la Santa Sede —se había instalado en Verona unos meses antes—. El conde de Toulouse pidió el cese de los inquisidores, y el papa aceptó, suspendiendo la inquisición en mayo de 1238. Pero tampoco duraría mucho el buen rollito: en julio de 1240 volvió a ser excomulgado por varios motivos… y volvió a perder la Provenza.

Por cierto, Gregorio IX también redactó la primera bula de la historia contra las brujas, titulada *Vox in rama*, en 1233.

Ese mismo año, un cátaro tolosano llamado Jean Tisseyre, antes de ser pasto de las llamas, dijo algo ante una multitud de indignados que, sin duda, evidencia la actitud ante la muerte de estas gentes y el característico buen humor occitano:

Señores, escuchadme: no soy un hereje. Estoy casado y hago el amor con mi mujer. Tengo hijos y como carne. Miento, reniego; luego, soy un buen cristiano. No creáis ni una sola palabra de lo que dicen los frailes: que no creo en Dios. También a vosotros os lo reprocharán, no temáis, porque estos malditos inquisidores quieren eliminar a la buena gente y arrebatar la ciudad a nuestro buen señor, el conde (Nelli, 1984, 148).

La revuelta de 1242 y la caída de Montsegur

En este estado de las cosas, una nueva rebelión se lanzó desde las Fenouillèdes, una comarca lindante con los Pirineos y Cataluña, al suroeste del Languedoc, que durante años se convirtió en uno de los principales refugios para los *faydits*, ya que, en la práctica, seguía siendo independiente —hasta el año 1250 no se integra en el reino de Francia—. Allí se encuentran los famosos castillos de Quéribus, Peyrepertuse y Puilaurens, controlados por algunos señores que apoyaron a los cátaros, aunque también hubo numerosas encomiendas templarias.

Pues bien, en noviembre de 1240, Raimundo II de Trencavel (1209-c. 1265), el hijo de Raimundo-Roger de Trencavel —el antiguo vizconde de Béziers, Albi, Carcasona y el Razès, fallecido en 1209, tras la caída de Carcasona—, que ya había colaborado con Raimundo VII en la reconquista de sus tierras frente a Simón de Montfort, se lanzó a la guerra junto a un buen número de *faydits* con el objetivo de recuperar Carcasona. No lo consiguió, tras un largo asedio de tres meses, ya que el rey Luis IX mandó un contingente para apoyar a su gente. El líder se vio obligado a refugiarse en Aragón, y sus caballeros, en las montañas del Ariège y el Sabartés. Al año siguiente claudicó y se unió para siempre al rey de Francia.

Además, la revuelta de Trencavel y la muerte del papa Gregorio IX, que se produjo el 22 de agosto de 1241, relanzaron la Inquisición y dieron paso a una durísima represión.

Poco después entró de nuevo en acción Raimundo VII de Toulouse, que en 1241 preparó una revuelta contra el rey de Francia y el hermano de este, Alphonse de Poitiers, su yerno. Contó con el apoyo del rey de Inglaterra (Enrique III Plantagenet), los reyes de Aragón, Navarra y Castilla, Hugo X de Lusignan (un importante barón norteño), Raimundo II de Trencavel y el conde de Foix. El objetivo era provocar una revuelta simultánea en el Languedoc y en el Poitou, una región situada al noroeste de Occitania, al sur de la Bretaña, que había sido adjudicada a Alphonse de Poitiers.

Por otro lado, el 28 de mayo de 1242 se produjo un luctuoso suceso que terminaría desencadenando el golpe definitivo contra los rebeldes occitanos. Ese día, unos cuantos *faydits*, dirigidos por Pierre-Roger de Mirepoix, el comandante de la guarnición de Montsegur, tras enterarse de que un grupo de inquisidores dirigido por los hermanos Guillaume y Étienne Arnaud estaba asentado en el castillo de Avignonet, al sur de Toulouse, decidieron desplazarse hasta allí para acabar con ellos. Los *faydits*, que contaban con el apoyo de numerosos lugareños, masacraron a hachazos a todos los allí presentes. Aunque las cifras bailan, se considera que fueron unos once los asesinados.

Cuenta la leyenda de Pierre-Roger que, cuando acabó la matanza, le preguntó a uno de sus soldados dónde estaba la copa. Este le dijo que se había roto, y el *faydit* dijo: «¿Por qué no recogiste los trozos? Los habría juntado en un círculo de oro, y en esta copa habría bebido el vino durante toda mi vida» (Nelli, 1984, 184). Se refería al cráneo de Guillaume Arnaud.

Raimundo VII, que estaba enterado de la operación, aprovechó para levantarse en armas y dar comienzo a la conspiración. Pero fue un fracaso: tras la terrible derrota de la batalla de Taillesbourg, que tuvo lugar el 12 de julio de 1242, en la que los franceses se impusieron al rey de Inglaterra y a Hugo X de Lusignan, sus aliados no pudieron dirigirse hacia el sur para apoyarle, y Raimundo VII, una vez más, se vio obligado a claudicar. Además, fue excomulgado de nuevo por el arzobispo de Narbona, Pierre Amiel, que le acusaba de haber sido el autor intelectual de la masacre de Avignonet.

Unos meses más tarde, ya en 1243, firmó su sumisión definitiva al rey francés. Fallecería unos años después, el 27 de septiembre de 1249, con tan solo 52 años. Durante sus últimos años contribuyó más que nunca a la persecución de los cátaros, y se encargó personalmente de condenar a la hoguera a cientos de ellos.

Su yerno, Alphonse de Poitiers, el hermano del rey francés, casado con su hija, heredera de todos los derechos de su padre, se convirtió en conde de Toulouse. En 1271, tras la muerte de este sin descendencia, el condado fue anexionado a la Corona de Francia definitivamente. Al fin, todo el Languedoc había pasado a manos de los franceses.

Bueno, casi todo. Aún quedaba un irreductible reducto en el Ariège...

MONTSEGUR

Montsegur era un pequeño *castrum* construido en torno a una fortaleza que se levantó hacia 1206 sobre el *puèg* homónimo, un enorme macizo de 1207 metros de altitud situado en mitad del Pays d'Olmes, en el Ariège, al sur del Sabartés —*puèg* es una palabra occitana que se emplea para señalar a una montaña aislada, aunque a veces aparece como *pog* por culpa de Napoléon Peyrat, que ya veremos quién es; en francés se usa *puy*.

Se cree que hubo una fortaleza anterior, aunque no está del todo claro. En cualquier caso, en 1204 comenzó la construcción del *castrum* por iniciativa de Raimundo de Péreille (Raimon de Perelha en occitano), señor de a Roque d'Olmès y Péreille, y del obispo cátaro de Mirepoix, Raimon, aunque alguna leyenda decimonónica, como veremos cuando hablemos de los movimientos neocátaros, le atribuye el proyecto a Esclarmonde de Foix, hermana del conde de Foix. ¿Por qué? No se sabe con seguridad, pero en aquella época había cátaros allí. Forneria, la madre de un caballero de Mirepoix, se fue a vivir a la montaña en 1203. Todo parece indicar que ya entonces el *pog* era considerado como un lugar especial.

Así, en torno al *castèl* del señor del lugar, Raimundo de Péreille, se edificó un poblado lo suficientemente grande como para alojar a varios cientos de personas. Cuesta creerlo al observar el poco espacio que se puede vislumbrar en la cima del *pog*, pero cualquiera que haya estado, por ejemplo, en alguno de los castros amurallados de Galicia comprenderá hasta qué punto se aprovechaba el espacio en este tipo de construcciones. Por desgracia, en la actualidad apenas se conservan las ruinas de algunas viviendas, un espacio que se usaba como aljibe y un silo.

El *castrum* estaba defendido por tres murallas situadas a diferentes alturas. La primera se levantó cerca de donde se sitúa en la actualidad la pequeña casetilla en la que se venden las entradas para acceder al castillo —ojo, el castillo actual no es la fortaleza que se construyó o se rehabilitó a comienzos del siglo XIII, sino la que levantó, a partir de las ruinas del anterior, el nuevo señor del lugar tras la rendición de los cátaros, Guy II de Lévis—. Además, a unos 800 metros de altura, en el lado norte del *pog*, había una torre defensiva desde la que se controlaba esta escarpada y poco accesible zona.

Montsegur, en definitiva, se convirtió en un importante centro cátaro durante la Cruzada Albigense. Muchas perfectas cátaras, como Auda de Fanjeaux, Fays de Durfort o Hélis de Mazerolles, se instalaron allí de forma permanente. Otros, como Guilhabert de Castres o su sucesor como obispo de Toulouse, Bertrand Marti, salían para predicar o para consolar a algún novicio. Además, dado que en la cumbre del *pog* poco se podía cultivar, había un tránsito constante de mercancías procedentes de los pueblos de la zona, unas donadas y otras compradas, y de emisarios que mantenían a la comunidad al tanto de lo que sucedía en la región, en Lombardía o en Cataluña. Además, muchos creyentes acudían hasta allí para ser consolados o, si estaban enfermos, para morir en paz en aquella especie de santuario cátaro, tras recibir también el *consolament*.

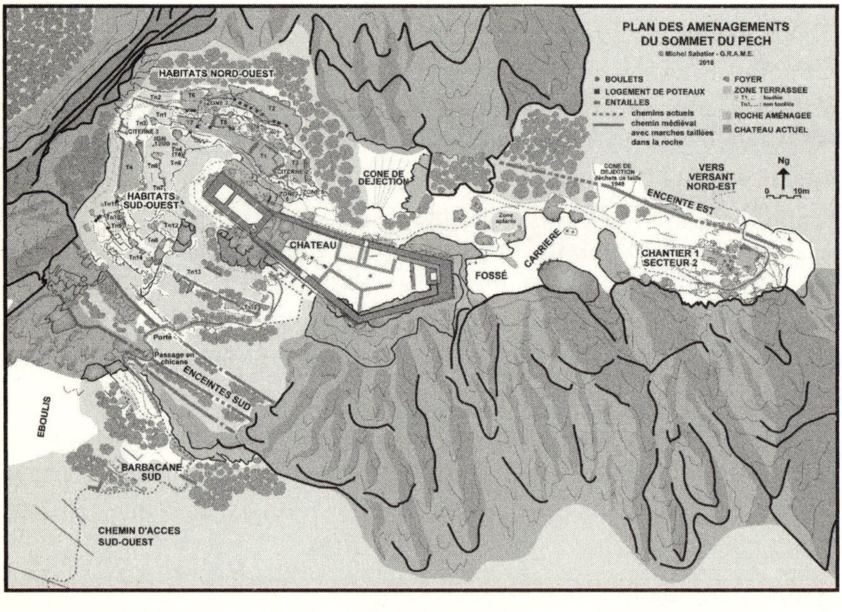

Plano del *castrum* de Montsegur según las últimas excavaciones. Tomado de L. Barthet y M. Sabatier: «Montségur: le mythe à l'épreuve de l'archéologie».

Montfort, conocedor de su existencia, no se molestó en tomarlo, consciente como era de que aquella acción podía retrasarle en su objetivo final, conquistar Toulouse. Así que permaneció durante casi cuatro décadas como un refugio seguro para los cátaros y los *faydits*, y eso que en el Cuarto Concilio de Letrán se mencionó el lugar como una cuna de herejes.

En realidad, su papel como epicentro espiritual y administrativo del catarismo fue asumido más tarde, tras la firma del tratado de París (1229). En 1232, Guilhabert de Castres le pidió permiso a Raimundo de Péreille para convertir aquel *castrum* en la sede principal de la desarticulada iglesia, donde se instalarían decenas de perfectos. Aceptó, pero Montsegur se puso en el punto de mira de los franceses. Eso sí, para defenderse, Péreille llamó a su primo y yerno Pierre-Roger de Mirepoix, un *faydit*, al que confió el mando de la guarnición que protegía el *castrum* y a los cientos de perfectos y creyentes cátaros que allí vivían —le confió también a su hija Philippa, con la que se casó—.

Poco después, todos estos fueron excomulgados.

Los asesinatos de Avignonet hicieron que Montsegur fuese puesto en el punto de mira de los franceses. Al fin y al cabo, la matanza fue orquestada por varios *faydits* que estaban al mando de Pierre-Roger de Mirepoix y que vivían allí.

Cuando se descubrió quiénes eran los culpables, el senescal de Carcasona, Hugues des Arcis, y el arzobispo de Narbona, Pierre Amiel, recibieron órdenes de Blanca de Castilla y Luis IX de sitiar y tomar el *castrum*. «Hay que cortarle la cabeza al dragón», expresó según alguna crónica la veterana reina. La decisión había sido tomada durante el Concilio de Béziers, celebrado el 18 de abril de 1243, al que asistió Raimundo VII, que una vez más intentó que la Inquisición se retirase de sus tierras, dejando la persecución de los herejes en manos de los obispos. No lo consiguió y, por enésima vez, fue excomulgado.

Hugues de Arcis ordenó el asedio de Montsegur en mayo de 1243, pero pronto descubrió que era imposible sitiar por completo a los refugiados del *pog*, que disponían de varias vías de escape. Y eso que contaba con unos seis mil soldados. Esto tiene más importancia de lo que puede parecer: el sitio no era completo, proveedores, emisarios, *faydits* y hasta algunos perfectos salían y entraban cuando querían; por lo tanto, los allí congregados podían haber escapado en cualquier momento para huir del trágico destino que les esperaba, pero no lo hicieron. Además, en previsión a un posible asedio habían acumulado enormes cantidades de víveres y dinero, el famoso tesoro de Montsegur.

Durante unos meses no pudieron avanzar prácticamente nada, hasta que en la Navidad de 1243 un pequeño grupo de montañeros consiguió, en una hazaña espectacular hecha con nocturnidad y alevosía, hacerse con la torre de vigilancia, situada, como vimos, a 800 metros de altura. Esto les permitió colocar allí una catapulta que a partir de ese momento bombardeó de forma sistemática el *castrum*.

Los sitiados, por su parte, lograron que Raimundo VII, que una vez más seguía jugando a dos bandas, les enviase a un arquitecto y fabricante de máquinas de guerra llamado Bertrand de la Bacalaria. Llegó el 1 de enero, y en pocos días levantó una gigantesca catapulta con la que consiguieron mermar a las fuerzas sitiadoras.

Pero el avance de los invasores era imparable: en febrero consiguen tomar la segunda muralla defensiva. El asalto definitivo al *castrum* era inminente. Así que Raimundo de Péreille, con el consentimiento del obispo cátaro Bertrand Marti, la máxima autoridad de los buenos cristianos allí presentes, decidió iniciar conversaciones para la rendición, que dieron comienzo el 1 de marzo de 1244.

Montsegur en mitad de un temporal. Foto de Carlos Pascual.

El acuerdo, que resultó muy beneficioso para los asediados, se cerró en cuestión de horas. El *castrum* debía rendirse en quince días. Todos los *faydits* conseguirían el perdón, incluidos los que habían participado en la matanza de Avignonet, a condición de que declarasen ante la Inquisición; y los perfectos y creyentes salvarían su vida a cambio de que renunciasen a su fe y pidiesen perdón. Los que no lo hiciesen serían pasto de las llamas. Muchos lo hicieron, pero la mayoría no.

De este modo, cuando la fortaleza se entregó el 16 de marzo, un grupo de cátaros compuesto por unas 220 personas se entregó voluntariamente a las llamas en una gigantesca hoguera que se instaló, al parecer, en la ladera del *pog*, en un prado que se conoce hoy en día como el *prat dels Cremats*. No todos eran perfectos o creyentes; algunos soldados de la guarnición no quisieron abandonarlos en este honroso gesto. Los historiadores dudan de si sucedió exactamente en este lugar, y hay quien plantea que se trata de una historia legendaria y que los cátaros irredentos, si bien terminaron también en las llamas, fueron llevados a algún pueblo de las cercanías, como Bram o Tarascón, para ser juzgados. Lo que sí se sabe con seguridad es el nombre de decenas de ellos, entre los que estaban los obispos Bertrand Martí y Raimundo Agulher. Raimundo de Péreille, junto a Pierre-Roger de Mirepoix y muchos de los *faydits*, fue liberado tras ser interrogado por la Inquisición. Pero su mujer, su hija Esclarmonde y su suegra fueron pasto de las llamas.

Las consecuencias de esta terrible derrota fueron tremendas para el catarismo occitano, que llegó a funcionar en la práctica como una iglesia perfectamente estructurada. La Iglesia cátara, ya mermada tras más de treinta años de persecución, había quedado destruida por completo.

Tras Montsegur

El *castrum* de Montsegur fue entregado a Guy II de Lévis, señor de Mirepoix desde el tratado de París de 1229. Su padre, Guy I, fue uno de los lugartenientes de Montfort y recibió el feudo de Mirepoix. El linaje sobrevivió hasta la Revolución francesa.

Las casas del *castrum* fueron totalmente destruidas, como marcaban las normas decretadas por los distintos papas. El antiguo castillo de Raimundo de Péreille, que no sería más que una pequeña fortaleza, fue reformado y reconstruido por Guy II, y desde entonces sirvió como guarnición real; hasta el Tratado de los Pirineos, entre Francia y España, firmado el 7 de noviembre de 1659, en el que se estableció definitivamente que la frontera entre ambos países sería la cordillera. Desde entonces cayó en el abandono y el olvido —en un censo de construcciones de la zona elaborado en 1673 ya aparecía como arruinado—, y sus piedras sirvieron de cantera para los que construyeron las casas del pueblo de Montsegur, un poquito más hacia el sur, hasta que un siglo y medio después puso su atención en él un señor llamado Napoleón Peyrat...

El castillo fue clasificado como monumento histórico en 1862. Y desde entonces se han realizado varias excavaciones arqueológicas y alguna que otra restauración, no del todo exitosa, como las que se realizaron entre 1948 y 1952, y entre 1956 y 1958, bajo la dirección de Silvain Stym-Popper, arquitecto jefe de la sección departamental dedicada a los monumentos históricos. Por desgracia, el saqueo, el expolio y algunas fechorías, han hecho difícil el trabajo a los estudiosos. Sirva de ejemplo la historia de Arthur Caussou, un terrateniente, banquero y buscador de tesoros de la cercana localidad Lavelanet, que a finales del siglo XIX se dedicó a poner dinamita en varios puntos del antiguo *castrum* y de la fortaleza. Solo encontró, y no está muy claro, una paloma tallada en piedra.

Las mejores excavaciones se realizaron entre 1975 y 1986, así como algunas posteriores que se hicieron en 1998. Las primeras, dirigidas por André Czeski y Jean-Pierre Sarret, dejaron claro que el castillo es posterior a la primera mitad del siglo XIII y que no existe evidencia que permita demostrar el rumor legendario, tan extendido desde mediados del siglo XIX —ya veremos quién lo hizo—, de que existía una red de túneles bajo el castillo.

> El hallazgo, entre otros muebles, de un *double tournois* [una moneda] de Felipe IV el Hermoso, emitido en 1295, da un término *post quem* de esta remodelación que hasta ahora solo se sospechaba debido al uso excepcional de mortero de cal en las paredes de este edificio [una de las casas en ruinas de la terraza nordeste] y la cisterna contigua. Este nuevo elemento corrobora el análisis del considerable mobiliario desenterrado en todo el sector. Concluimos que hubo una reocupación masiva de parte del sitio en la primera mitad del siglo XIV. Sin duda está ligado a la construcción y ocupación del castillo que borra, en lo alto de la montaña, los vestigios del *castrum* anterior (Czeski y Sarret, 1997).

Hoy en día, aunque falta mucho por descubrir, se sabe que el *castrum* en el que habitaron los cátaros y los *faydits* se levantó en varias terrazas situadas a diferentes alturas, no solo en la cumbre, siendo la más importante la del lado nordeste, donde se encontró dicha moneda.

Pese a que la arqueología ha demostrado que el castillo actual no existía durante el asedio de 1243-1244, a lo largo de las últimas décadas han surgido un montón de propuestas relacionadas con movimientos ocultistas o *new age* construidas sobre su orientación y su relación con algunos aspectos esotéricos de los cátaros; y eso sin tener en cuenta todas las leyendas relacionadas con el supuesto tesoro que justo antes de la toma del *castrum* consiguieron sacar algunos de allí… Ya hablaremos de esta fascinante historia dentro de unas páginas.

QUÉRIBUS

Eso sí, aunque siempre se ha dicho que Montsegur fue la última fortaleza cátara en caer, esto no es cierto. Quéribus y Niort-de-Sault aguantaron más de una década.

El primero, el *castèl* de Quéribus, construido cerca de Cucugnan, en la frontera entre el Aude y los Pirineos Orientales, aunque se expone en las guías turísticas locales como un castillo cátaro, no lo fue. De hecho, ninguno lo fue, excepto Montsegur, y con matices. Levantado a comienzos del siglo XI, perteneció a los condes de Besalú, que tenían numerosos vizcondados vasallos por la zona. Posteriormente pasó al condado de Barcelona y a la Corona de Aragón. A finales del siglo XII, Pedro II de Aragón se lo concedió al vizconde de Narbona, Raimundo-Roger de Trencavel. Cuando este lo perdió, durante la Cruzada Albigense, pasó a manos del vizconde de las Fenouillèdes, Nunó Sanç, que en un primer momento se alió con el rey de Francia. Pero posteriormente se uniría a las revueltas iniciadas por Raimundo II de Trencavel (1240) y Raimundo VII de Toulouse (1242), aunque, curiosamente, Sanç había vendido el castillo de Quéribus, así como el de Peyrepertuse, a Luis IX. Anteriormente sí que había servido de refugio para los cátaros. El famoso Benoît de Termes, obispo cátaro del Razès, vivió allí hacia 1230.

Sea como fuere, la caída de Montsegur coincidió con la muerte de Nunó Sanç, y el castillo, así como el vizcondado de las Fenouillèdes (que también incluía Peyrepertuse) pasó a manos de su primo, el rey Jaime I de Aragón. En aquella época estaba bajo el control de uno de los últimos *faydits*, el caballero Chabert de Barbeira, antiguo

Queribus. Foto de Carlos Pascual.

señor de Puilaurens, compañero de armas de Raimundo VI durante las luchas contra Simón de Montfort, vasallo de Nunó Sanç y aliado de Raimundo II de Trencavel. Pues bien, sería un antiguo aliado y amigo, el *faydit* Olivier de Termes, reconvertido en cómplice de los franceses, quién se enfrentaría a él en mayo de 1255 en Quéribus. El asalto había sido ordenado por Pierre d'Auteil, nuevo senescal de Carcasona, y el objetivo era eliminar el último bastión de la resistencia cátara.

El 26 de mayo, Barbeira capituló a cambio de su vida.

NIORT

Pero no fue realmente el último bastión occitano en caer. En realidad, fue el castillo de Niort, en el país de Sault, no muy conocido, en parte porque no aparece en las guías turísticas de las tierras cátaras, ya que apenas hay nada que ver, solo unas cuantas ruinas desperdigadas.

De origen visigodo, la primera estructura se levantó en el siglo VI. Posteriormente estuvo en manos de los condes de Razès y de los condes de Foix.

Durante la cruzada se convirtió en refugio de muchos cátaros, ya que la familia de Niort, los señores locales, vasallos de Foix, estaban muy relacionados con la herejía. De hecho, Guillaume de Niort estaba casado con Esclarmonde de Montréal-Laurac, hija de la conocida perfecta Blanche de Laurac y sobrina de la mítica Guiraude de Lavaur, la perfecta que fue arrojada a un pozo y apedreada en mayo de 1211 por las tropas de Simón de Montfort. Además, lo abrupto de la zona, llena de acantilados y cerrados bosques de abetos, convertía a la región del Pays de Sault en el refugio perfecto.

El hijo mayor de Guillaume y Esclarmonde, Géraud de Niort, si bien luchó a favor de los rebeldes occitanos en Muret y mantuvo una buena disposición a proteger a los herejes, posteriormente, en 1240, se terminó sometiendo al rey de Francia, a quien entregó todos sus castillos. Sin embargo, las gentes del Pays de Sault no aceptaron esta rendición y se levantaron en armas junto a Guillaume, el hijo mayor de Géraud, y algunos de sus hermanos, que se refugiaron con una guarnición en el castillo de Niort. Luis IX, contrariado, no dudó en ordenar al senescal de Carcasona, Pierre d'Auteuil, que tomara el castillo, que, tras un duro asedio, acabó siendo tomado en agosto de 1255.

La fortaleza se convirtió en un importante punto defensivo fronterizo, como Quéribus, en la frontera entre Francia y Aragón. Durante unos siglos permaneció en pie, pero en 1573, durante las guerras religiosas contra los protestantes, terminó siendo destruido. Hoy en día no queda prácticamente nada, excepto algunos muros, una escalera excavada en la roca y una cruz occitana grabada en el suelo de lo que se cree que fue una mazmorra.

Tres años más tarde, el 11 de mayo de 1258, el rey San Luis y Jaime I de Aragón firman el tratado de Corbeil, mediante el que se autorizaba al monarca francés a ocupar los últimos castros cátaros que quedaran en el Languedoc. La frontera entre los dos países se fijó muy

Cruz occitana del castillo de Niort.

cerca del castillo de Quéribus, que pasó a depender de Carcasona. Por supuesto, desde entonces ha sido reformado y reconstruido en varias ocasiones.

Un último detalle: el 16 de octubre de 2016, a los pies de la fortaleza de Montsegur, casi ocho siglos después de la hoguera de Montsegur, el obispo de Pamiers, monseñor Jean-Marc Eychenne, durante una misa multitudinaria, pidió perdón oficialmente, en nombre de la Iglesia, por lo acontecido durante la persecución cátara. «No pedimos perdón a los cátaros, sino al Señor, por este inconsciente colectivo herido. Mucha gente aquí siente que los católicos de hoy son los mismos que ayer persiguieron a estos cristianos», expresó.

Un breve renacer

LA PERSECUCIÓN CONTINÚA TRAS MONTSEGUR

En pocas palabras: el catarismo, tras la caída de Montsegur, quedó tocado y hundido. No desapareció por completo, claro, pero quedó como algo completamente residual y sin trascendencia. Los cátaros habían perdido el apoyo de los nobles locales, que sucumbieron uno a uno a la presión del poder francés. Además, tanto creyentes como perfectos vivían con el miedo constante a la delación y la traición. Existen numerosos ejemplos de cátaros ajusticiados por chivatazos vertidos por amigos, vecinos o familiares suyos; o lo que es peor, por otros cátaros arrepentidos. Se conocen varios casos, aunque el más llamativo y determinante es el de Sicard de Lunel, un perfecto cátaro de Albi que entregó a cientos de compañeros y conocidos, incluidos sus propios padres. Muchos de ellos eran simples creyentes que le habían ayudado en alguna ocasión a refugiarse o a cualquier otra cosa.

Además, muchos perfectos se convirtieron voluntariamente al catolicismo, y la Iglesia los aceptaba en su seno, aunque a cambio de que delatasen a sus antiguos compañeros. Uno de ellos fue Raimundo Gros, un perfecto del Lauragais que se entregó en abril de 1237 a los dominicos de Toulouse y que estuvo cantando durante varios días, provocando un buen número de detenciones.

Pero también es cierto que la mayoría de perfectos no renegaron de su fe ni delataron a sus compañeros, y se entregaron voluntariamente a la muerte. Como comenta René Nelli, se decía entre los medios cátaros que la hoguera «no dolía» porque Dios hacía insensible el cuerpo de aquellos que durante toda su vida habían trabajado para despreciarlo.

Llegó un momento en el que casi cualquiera era sospechoso. Si alguien no comulgaba tres veces al año, el cura local, siempre atento, informaba a la Inquisición por si acaso. Cualquiera al que escuchasen hacer un chiste sobre la cruz o la eucaristía, o que no mostrarse un excesivo respeto durante la misa, podía ser denunciado. Hasta estaba penado discutir sobre algún tema relacionado con la fe católica.

Sirva este ejemplo para ilustrar el nivel: Guillemette Benet, una chica de Ornolac, en el Sabartés, andaba un buen día de 1320 vendimiando, cuando, fatídicamente, tuvo un accidente y se hirió en la nariz. Comenzó a sangrar. Una compañera fue a socorrerle, y la joven, que tenía sus dudas existenciales y metafísicas, le dijo: «El alma, el alma, ¿qué es sino sangre?». Fue condenada a prisión, al Muro, el 8 de marzo de 1321. Nueve años después, el 16 de enero de 1329, la pena fue conmutada por el porte de cruces amarillas.

Y poco a poco fueron desapareciendo los cátaros, unos por edad, otros porque huyeron a Cataluña o a Italia, donde algunos exiliados intentaban mantener viva la llama de varias comunidades muy minoritarias que ansiaban poder regresar a su tierra. Pero también terminaron sucumbiendo cuando comenzó allí la persecución que emprendió Carlos de Anjou, con permiso del papado.

La Inquisición, además de extender sus inquisiciones a judíos y brujas, obtuvo nuevos poderes, como la capacidad de excomulgar directamente (a partir de 1262, por decisión del papa Urbano IV) o el derecho a emplear la tortura durante los interrogatorios, que se aprobó con la bula *Ad Extirpanda*, firmada por el papa Inocencio IV (1185-1254) el 15 de mayo de 1252, tras el asesinato del inquisidor italiano Pedro de Verona, que se produjo el 6 abril de ese mismo año. Los herejes, decía el texto papal, «deben ser obligados, como los ladrones y los bandoleros, a confesar sus errores y acusar a los demás, aunque los peligros para la vida o la integridad física no deben pasarse por alto». Eso sí, también se dejaba claro que «el inquisidor debe encontrar cierta la evidencia contra el acusado» y que solo se podía torturar una vez. Así cualquiera...

Esta nueva herramienta, si bien fue utilizada con los últimos cátaros, se empleó en todo su esplendor contra los templarios. Además, existía una norma que ponía todo más a favor, si cabe, de la Iglesia: si un condenado, tras confesar una herejía, se retractaba de su confesión, aunque fuese argumentando que había sido torturado, podía serlo nuevamente o quemado en la hoguera por reincidente. Esto, precisamente, pasó con decenas de templarios.

Así, tras la caída de Montsegur, los inquisidores se lanzaron a hacer investigaciones masivas en muchas localidades del Languedoc.

En muchos casos interrogaban a todos los habitantes del pueblo. El monje Ferrer, responsable de interrogar a los *faydits* que vivían en Montsegur, lo hizo en varias ocasiones; además de llevar su celo hasta el límite de revisar antiguos procesos inquisitoriales, llegando a condenar a personas que anteriormente, a veces hasta treinta años antes, habían sido absueltas.

Dos de los más temidos inquisidores de esta época fueron los hermanos Jean de Saint-Pierre y Bernard de Caux, que interrogaron a decenas de miles de personas en su búsqueda obsesiva de cualquier atisbo de herejía, y, como era de esperar, condenaron a muerte o a prisión a cientos, algunos solo fuesen por haber acogido en su casa a algún perfecto. De hecho, el segundo, Bernard, llegó a redactar un manual para inquisidores en Carcasona, que le vino fenomenal a un posterior inquisidor de la ciudad, Geoffrey d'Ablis.

Algo parecido hizo un tiempo después el temido inquisidor de Toulouse, Bernard Gui (1261-1331), que también escribió su propio recetario de inquisiciones, que tanto influyó en la persecución de los herejes en los reinos españoles. Por cierto, este señor, dominico y decano de Albi durante unos años, fue retratado de un modo genial en la brillante e indispensable novela de Umberto Eco *El nombre de la rosa*.

Pero el más implacable de todos estos nuevos inquisidores fue Jacques Fournier (1280-1342), nacido en Saverdun, en el Ariège, monje cisterciense, maestro de teología de la Universidad de París, obispo de Pamiers y de Mirepoix, y futuro papa con el nombre de Benedicto XII. Se centró en la zona del condado de Foix, como veremos en breve.

Fueron estos señores los que remataron definitivamente lo poco que quedaba de la *Glesia de Dio* en el Languedoc, tras tres siglos de existencia, o quizás más.

Quemando cuerpos

Un aspecto que merece la pena destacar de las prácticas inquisitoriales, y que ya he esbozado brevemente, es la exhumación de cuerpos de supuestos herejes para quemarlos como castigo. Existen numerosos testimonios. Se podrán hacer una idea del motivo con este fragmento de la sentencia que el inquisidor Bernardo Gui lanzó contra un grupo de creyentes y perfectos de la comunidad de Pierre Authié, de la que les hablaré en breve, el 23 de abril de 1312:

> Reunidos en tribunal para dictar sentencia definitiva, decimos y declaramos a dichos difuntos y difuntas haber sido herejes, como impenitentes de la herejía, y haber muerto en la herejía; y condenamos a dichos hombres y a dichas mujeres, por nuestra sentencia aquí escrita, que, en señal de su perdición, sus huesos —siempre que se consiga distinguirlos de las demás osamentas católicas— sean exhumados de la tierra sagrada de los cementerios y sean quemados en la abominación de tan detestable crimen (Brenon, 1997, 169).

Del mismo modo, puede servir de ilustración este otro fragmento en el que se condena la casa en la que vivía uno de estos cátaros, Raimundo de Lantar, así como la de algunos de sus compañeros:

> Por la autoridad que nos fue impartida, pronunciamos en este escrito como definitiva sentencia, y ordenamos que dichas casas con sus dependencias sean destruidas y demolidas hasta los cimientos; y que, por nuestra decisión, sus materiales sean quemados o recuperados para usos piadosos. Que en el porvenir ninguna morada, reconstrucción o cerca sea allí posible, sino que el lugar permanezca siendo inhabitable, inculto y abierto a todos los vientos; por haber sido receptáculo de perfidia, que sea en adelante lugar de mancilla (*ibid.*).

Quemar casas y cadáveres para erradicar la herejía, aunque es fácil de entender desde la perspectiva de la época, no deja de resultar algo sumamente perturbador desde nuestra mirada actual; de alguna manera, y siguiendo alguna clásica definición antropológica, se trata de algo bastante común en los constructos religiosos: la idea de que tanto lo sagrado como lo maldito se contagian, se extienden. Así, por la misma lógica que estar cerca de una reliquia o de un lugar considerado sagrado propiciaba la acción benefactora y milagrosa de la divinidad sobre la persona en cuestión, lo contrario, estar en contacto con algo maldito, podía provocar una respuesta del Diablo. Por supuesto, esto era igual para católicos y cátaros. Todos pensaban de este modo.

Sin pecar de incongruente, hay que dejar claro que la Inquisición, si bien hizo barbaridades importantes y fue responsable de cientos de asesinatos en nombre de Dios, lo hizo dentro de una legalidad —aunque esto, como bien ha demostrado la historia, tampoco quiere decir mucho— y en menor grado que los cruzados de Simón de Montfort o que algunos legados papales, como el propio Arnaud

Amalric o Robert le Bougre (1173-1239), un oscuro personaje que, siguiendo instrucciones del papa de turno, acabó a sangre y fuego con cientos de personas. Se ganó el sobrenombre Bougre, que significa «búlgaro» porque durante un tiempo fue un perfecto; quizás por eso, tras regresar al redil, y tras ser nombrado inquisidor en Borgoña por el papa Gregorio IX (en 1233), se lanzó a una sangrienta espiral que sembró de hogueras Charité-sur-Loire, Reims y Sens. De hecho, el propio pontífice terminó suspendiéndole de sus funciones durante un año por las noticias que llegaban de su extrema crueldad. Pero le rehabilitó con un cargo aún más importante: inquisidor general de Francia. Y nada, volvió a las andadas y asesinó a cientos de cataros en Champagne, Lille, Douai o Cambrai.

Quizás el punto culminante de su terrible currículum sea la matanza de Mont Aimé, en la Champaña, donde quemó el 13 de mayo de 1239 a 183 hombres y mujeres delante de un expectante público, entre el que había varios obispos. Este fue el motivo, entre otros, de que terminase siendo detenido y condenado a cadena perpetua.

Dominicos y franciscanos

Por otro lado, no podemos olvidar el papel de las dos nuevas órdenes monacales que habían nacido bajo la batuta del papa Inocencio III: los dominicos y los franciscanos. Fueron ellos los que pusieron la estocada final al catarismo, y no solo en el Languedoc, sino también en Italia.

Por un lado, por su papel activo en la Inquisición a partir de 1233, cuando el papa Gregorio IX les puso a las riendas de Inquisitio Hereticae Pravitatis. Tras la matanza de Avignonet, el tema cambió y se crearon sedes de la Inquisición en las principales ciudades. A lo largo de las siguientes décadas, los letrados dominicos, especialmente, y los franciscanos fueron desarrollando y mejorando el sistema, pero siempre de acuerdo al derecho romano.

Por otro lado, su éxito se debió más bien a que fueron capaces de entender los factores que habían llevado a triunfar a la herejía, y no dudaron en mimetizarlos para ganarles en la batalla por las esperanzas de salvación de los hombres de aquellas tierras.

La Orden de Predicadores de santo Domingo, aceptada por Inocencio III, pero confirmada oficialmente por su sucesor,

Honorio III, el 22 de diciembre de 1216, como vimos, creció como la espuma. Y Domingo, que había visto en primera persona el éxito obtenido por los cátaros gracias a sus casas de perfectos y perfectas en las ciudades y los *castra*, no dudó en hacer lo mismo, además de lanzar a predicar a sus monjes, siguiendo el modelo pastoral de los buenos cristianos. Les copiaron, y funcionó. Además, contaban con varios eruditos teólogos de alto calado, como el propio Tomás de Aquino, que contribuyeron a fortalecer la doctrina católica y, sobre todo, a formar mejor a sus miembros.

Por otro lado, la Orden de Frailes Menores, fundada por san Francisco de Asís, y aprobada por Inocencio III, en 1209, también contribuyó a la lucha contra los herejes, sobre todo cuando comenzaron a ganarle la partida del ejemplo vital. Como los cátaros y los dominicos, se dedicaban a la oración y la vida ascética, pero también a una activa actividad pastoral. Esto, unido al modo de vida austero y humilde de los franciscanos, que siguieron el ejemplo de su fundador, y a la narrativa mística y eucarística de Francisco, contribuyó a que estos, incluso más que los dominicos, consiguiesen ganar la partida a los cátaros. Además, por lo espectacular y lo novedoso, debieron ayudar los estigmas que «imprimió» un ángel en sus manos y pies, y en su costado, durante un trance místico que experimentó al final de su vida, en 1224. No en vano, es el primer estigmatizado, que se sepa, aunque antes hubo una estigmatizada, la beata María de Oignies (1177-1213), una beguina…

Los perfectos, en definitiva, eran ejemplos de santidad en vida, y por eso conseguían impresionar y seducir hasta a los cristianos; y Francisco asumió, con su dramática pero interesantísima vida, ese mismo rol, el de un santo real que había llegado para proponer un nuevo cristianismo más cercano al de los primeros apóstoles y mucho más coherente con sus propias creencias. ¿Les suena?

Les ganaron con sus mismas armas.

BERNARD DÉLICIEUX

Carcasona adquirió gran protagonismo en los tiempos finales del catarismo. Desde 1280, los representantes locales de la Inquisición, al mando por aquel entonces de Jean Galand, comenzaron a atosigar a los burgueses de la ciudad, a la que acusaba de mantener y cuidar a los herejes. Y tenían razón. Así que un grupo de notables se aliaron y crearon una especie de «partido» cátaro en la sombra mediante el que conspirar para acabar con aquella situación. Entre otras cosas, planearon destruir los archivos de los interrogatorios que custodiaba la Inquisición, aunque no lo consiguieron, y se dedicaron, ya que contaban con algunos abogados, a luchar en el terreno jurídico en Roma, presentando una contundente apelación al papa Honorio IV (1210-1287) en 1285. Le pedían intervenir con urgencia y devolver la Inquisición a los obispos, en vez de a legados papales, para poner fin a la durísima represión que estaban padeciendo. Por fortuna, se conserva el texto de dicha apelación, de una brillantez impresionante. Les trascribo algunos fragmentos para que se hagan una idea:

> Ciudadanos de noble y católico origen, sobre quienes no pesa ninguna sospecha de herejía, son bruscamente encarcelados, y en las celdas «terribles y muy graves» de la Inquisición se les dice, poco antes de incitarles a la confesión, lo que el juez quiere hacerles declarar. Si se les libra de la tortura, es que se les ha convencido prometiéndoles suavizar su «penitencia» en el momento de su condena. Lo esencial es que hablen, ¡que se acusen a ellos mismos! ¡Que acusen a otros! [...] Unos se consumen en reductos donde la luz del día no entra ni puede el exterior penetrar. Otros, cargados de cadenas y sujetos por grilletes al suelo helado de tugurios tan estrechos que no se cabe más que agachado, y en donde su humillación se acrecienta ante las innumerables inmundicias. [...] A los más obstinados se les aplica el suplicio del potro, y aquellos que no pierden la vida soportando tal tormento, a menudo no pueden evitar la mutilación. En esta cárcel, no hay más que gemidos continuos, gritos de dolor, desesperadas quejas y rechinar de dientes. [...] Y el resultado de este régimen de opresión es el desánimo que embargo a los mejores ciudadanos, es la duda que les nace acerca de la religión, es la emigración en masa fuera de los dominios del rey de Francia (Nelli, 1984, 187).

Y es que los inquisidores de Carcasona tuvieron la brillante idea de crear, con permiso del rey San Luis, una terrible prisión que fue conocida como *Le Mur* («el muro») —la de Toulouse y alguna otra también fueron llamadas así— y que abrió sus puertas en 1260. Según las descripciones medievales, estaba dividida en dos secciones: *le Mur Large* («el muro ancho»), una enorme sala diáfana que albergaba a los simples creyentes, y *le Mur Strict* («el muro estricto»), un grupo de pequeñas celdas individuales donde acababan los perfectos.

La ubicación exacta de esta cárcel de la Inquisición fue un enigma hasta que en 2013 Dominique Baudreu y Fabienne Calvayrac, dos historiadores locales miembros del Centre d'Archéologie du Midi Médiéval, encontraron su ubicación exacta: a unos 150 metro al sur de la famosa *Porte d'Aude* de la Cité.

El papa, como podrán haber imaginado, no hizo ni caso. Al contrario, ordenó perseguir a los que entorpeciesen de algún modo la labor de los inquisidores. Pero los burgueses de Carcasona siguieron en la lucha. Además, surgieron voces contrarias a las fechorías de la Inquisición en otros lugares del Languedoc, como Albi, Toulouse, Limoux o Castres, donde también se produjeron reacciones burguesas importantes.

En 1291, el alcalde de Carcasona recibió la orden, lanzada por el mismísimo rey Felipe el Hermoso de Francia (1268-1314), de no encarcelar a nadie más por orden de la Inquisición, a menos que no se tratara de herejes notorios. El monarca, informado de la situación, había decidido intervenir. Y no quedó ahí la cosa: ordenó que un grupo de juristas se encargase de revisar los casos por si se estaban

L'Agitateur du Languedoc, Jean-Paul Laurens, 1887.

cometiendo abusos. Gracias a esto se calmaron los nervios, pero hacia 1295 comenzó una nueva revuelta en Carcasona con motivo de las investigaciones iniciadas contra varios notables locales.

En ese momento sucedió algo sorprendente: entró en acción Bernard Délicieux, un fraile franciscano nacido en Montpellier (hacia 1260) que, al amparo de esta revuelta burguesa generalizada, no solo se lanzó a defender a los condenados por herejía en el Muro de Carcasona, sino también a sus hermanos franciscanos espirituales.

Los espirituales fueron una facción extremista y radical de la orden, que abogaba por un regreso al ejemplo marcado por Francisco de Asís y por cumplir al pie de la letra su regla. Fueron muy favorecidos por el curiosísimo papa Celestino V (1215-1296), nombre que tomó el prestigioso eremita Pietro Angeleri di Murrone, que solo duró unos meses en el cargo, convirtiéndose en el primero que dimitía. Su sucesor, Bonifacio VIII (1235-1303), los persiguió con denuedo y llegó a excomulgar a varios *fraticelli*, como se conoció a los más rebeldes. Juan XXII (1244-1334), el segundo papa cismático de Aviñón, fue más allá y llegó a condenarles por herejes, lo que provocó que terminasen desapareciendo hacia 1330.

Esto, de nuevo, guarda relación con *El nombre de la rosa*. Ese es el motivo por el que el protagonista, el franciscano Guillermo de Baskerville, antiguo inquisidor, viaja hasta una abadía benedictina del norte de Italia en el invierno de 1327: organizar una reunión entre los delegados del papa Juan XXII y los líderes de la orden para tratar el problema de los franciscanos espirituales. Como sabrán los que hayan leído la novela o visto la película, todo se complica cuando empiezan a producirse una serie de asesinatos...

Bernard Délicieux, además de convertirse en un destacado intelectual de la orden y un talentoso orador, se mostró muy receptivo a todas las formas de pensamiento, desde el interés por el conocimiento científico de la naturaleza a la magia y la nigromancia. Tiempo después, pagaría caras estas apetencias intelectuales.

Entre 1296 y 1304, convencido, como otros espirituales, de que aquello se le había ido de las manos a la cristiandad y de que, sin duda, se estaba abusando de un poder extraordinario, se unió al movimiento de protesta contra los inquisidores de Carcasona y Albi, dirigidos por Jean Galand, y contra el obispo de esta última, Bernard de Castanet. Fue lo que se conoció como *la rage carcassonnaise*, la «rabia de Carcasona».

Además, protagonizó varios actos memorables: en agosto de 1303 exhortó a una muchedumbre a que le acompañasen para tomar por la fuerza las mazmorras de la Inquisición de Carcasona, el famoso Muro, y liberar a todos los reos. «¡Mueran los traidores!», fue su grito de guerra.

Durante un tiempo, con el apoyo de parte de la burguesía y de los cátaros en la sombra, consiguieron hacerse con la ciudad. El representante de Felipe el Hermoso, para templar los ánimos, decidió llevar a aquellos reos a los calabozos reales. Pero fue excomulgado. Esto provocó que el rey, que casualmente se encontraba en Toulouse, se dirigiese a Carcasona para poner remedio al conflicto.

La délivrance des emmurés de Carcassonne, Jean-Paul Laurens, 1879.

Hay que tener en cuenta que justo en aquel momento el rey de Francia andaba a la gresca con el papa Bonifacio VIII porque aquel quería gravar con impuestos las propiedades de la Iglesia en el país. El asunto llegó a ponerse muy feo, hasta el punto de que el monarca envío un pequeño ejército hasta Roma para detener al papa a principios de septiembre de 1303. Todo se solucionó el 11 de octubre, cuando Bonifacio VIII falleció.

El rey, en realidad, había tomado partido a favor de los rebeldes de Carcasona para fastidiar al papa, pero, cuando este murió, su actitud dio un giro de 180 grados.

Esto coincidió con una extraña jugada que hicieron los rebeldes de Carcasona y Limoux, bajo la dirección de Délicieux: le ofrecieron el antiguo vizcondado de los Trencavel a Fernando, infante de Mallorca, tercer hijo del rey Jaime II (1243-1311) y de Esclarmonde de Foix (hija del conde Roger IV de Foix). ¿Por qué? Porque su padre, que además de rey de Mallorca, era conde del Rosellón y la Cerdaña y señor de Montpellier, lugar de nacimiento de Délicieux. Délicieux y un colega se reunieron en Saint-Jean-Pla-de-Corts, cerca de Perpiñán, con el infante, que en un primer momento se mostró dispuesto a aceptar el ofrecimiento; pero Jaime II, que tenía firmado un pacto de no agresión con Felipe el Hermoso, fue informado y desbarató los planes de su hijo.

Esto fue la gota que colmó el vaso para el rey de Francia, que no dudó en aplastar la rebelión de una vez por todas. Los cónsules de Limoux y Carcasona, así como unos treinta notables de esta última, fueron ejecutados a finales de noviembre de 1304. Algunos especialmente poderosos consiguieron conmutar la pena por prisión perpetua. El monarca pacificó la revuelta, reprimió a los rebeldes, pero también consiguió que el nuevo papa, Benedicto XI (1240-1304), se llevase al obispo de Albi a otro lugar.

Délicieux salió indemne gracias a la benevolencia del rey Felipe el Hermoso y del papa Clemente V (1264-1314) —recuerden que ambos fueron los responsables de acabar con los templarios—, pero Juan XXII, que, como vimos, declaró herejes a los franciscanos espirituales, ordenó su arresto el 15 de mayo de 1317. Fue juzgado por el mismísimo Bernardo Gui y acabó siendo condenado a cadena perpetua. Poco después, en 1319, el héroe franciscano moría en una miserable mazmorra del Muro Estricto de Carcasona. Unos años antes había estado allí Guilhem de Bélibaste, del que luego hablaremos.

AUTHIÉ

En la zona oriental del Languedoc, en los antiguos condados y vizcondados de Carcasona, Albi, Béziers y Narbona, la presencia cátara había desaparecido casi por completo a finales del siglo XIII. Y Toulouse iba por el mismo camino. El catarismo había sucumbido tras casi un siglo de persecución.

Pero antes de la caída definitiva, cuando todos los protagonistas de los acontecimientos que les he narrado ya habían fallecido, surgió un último brote que merece la pena conocer.

El protagonista fue Pierre Authié (o Autier), nacido en 1245 en Ax-les-Thermes, en las montañas del Ariège, no muy lejos de Montsegur y a escasos kilómetros de Andorra y de la frontera con España. Era notario y estaba relacionado con la corte del conde de Foix. Pero en 1296, tras leer un antiguo libro cátaro que había conservado su familia, vio la luz, vendió parte de sus bienes, dejó a su mujer y a su amante, y a casi todos sus hijos —bastardos incluidos—, y se marchó a Lombardía junto a su hijo Jacques y un hermano, Guillaume, que también había dejado a su familia. Allí contactó con los cátaros locales, que habían recibido a numerosos exiliados del Languedoc, entre los que estuvo viviendo un tiempo.

Debió de experimentar una especie de epifanía, ya que, a su regreso, hacia 1299, con 45 años, comenzó a predicar las ideas cátaras por las zonas montañosas de su región. No iba solo. Desde el primer momento le acompañaron, además de su hermano y su hijo, que habían estado con él en Italia, varios seguidores, entre los que hubo varios perfectos: Pierre Raimond, Amiel de Perles, Prades Tavernier, Philippe d'Alayrac, Pons den Baille, Pierre Sans, Sans Mercadier, Guilhem de Bélibaste y Raimond Fabre, además su hermano y su hijo.

Consiguieron hacer renacer el catarismo en las montañas del Ariège y el Sabartés, en el condado de Foix, aunque vivieron en permanente huida. Se dice que consoló en su lecho de muerte al conde Roger Bernard de Foix en su bellísimo castillo de Tarascón sur Ariège —pueblo al que volveremos en breve—.

Además, Authié y sus perfectos se encargaron de difundir por el condado de Foix la práctica de la *endura*, ya saben, el ayuno sistemático que algunos hacían tras recibir el *consolament* y que les aseguraba una buena muerte. Y no fue solo por las dificultades que tenían para permanecer junto a los moribundos hasta su muerte, sino porque el grupo de Authié se entregó a la férrea aventura de salvar el máximo número posible de almas.

Los inquisidores del momento pusieron pronto su atención en él, especialmente Geoffrey d'Ablis, inquisidor de Carcasona, y Bernard Gui, inquisidor de Toulouse.

Y pronto llegó la traición. El culpable fue Guillaume-Pierre Cavaillé, un creyente que, pese a que no delató a nadie durante el tiempo en el que estuvo cumpliendo una corta condena por colaborar con los herejes, al salir, pidió dinero prestado a Authié para saldar una deuda que había contraído con un guarda de la prisión y, como no se lo dio, le tendió una trampa en septiembre de 1305. Le llamó para que acudiese a consolar a una moribunda en Limoux; Authié acudió junto a Prades Tavernier, y fueron capturados. Pero consiguieron escapar, posiblemente sobornando a algunos soldados.

Todo se complicó con la llegada de Bernardo Gui a Toulouse. Como inquisidor de la región, se lanzó a una feroz campaña de represión y consiguió convencer a Gastón I, conde de Foix, de que dejase de apoyar a Authié y los suyos, que, desde el Sabartés, región que pertenecía a ese condado, seguían activos.

Uno a uno fueron cayendo todos sus perfectos, incluidos su hermano y su hijo Jacques, tras cientos de interrogatorios a los aldeanos de la zona por parte del inquisidor de Carcasona, Geoffrey d'Ablis.

Finalmente, Pierre Authié fue detenido en el verano de 1309, justo un siglo después de que comenzara la cruzada contra los cátaros. Estuvo en prisión durante diez meses, y, finalmente, el 10 de abril de 1310 fue quemado en una hoguera frente a la fachada de la catedral de Saint-Étienne de Toulouse.

Cuando fue interrogado por los inquisidores, no dudó en afirmar que «en el mundo hay dos iglesias: una huye y perdona; la otra posee y desuella».

Algunos de sus perfectos le sobrevivieron, como Sans Mercadier, que terminó quitándose la vida, Philipe d'Alayrac, que al poco tiempo fue capturado, y Guilhem de Bélibaste, que consiguió huir al sur.

Años después, en 1322, Jacques Fournier, obispo de Pamiers, que no llegó a conocer a Authié, ya que asumió el cargo en 1318, interrogó a la viuda Sibille Peyre, una perfecta cátara de Arques que años atrás ya había sido interrogada por el inquisidor de Carcasona y que, tras esto, huyó y pasó a la clandestinidad. Gracias a su extensa declaración conocemos la historia de este resurgir protagonizado por Authié.

Entre otras cosas, explicó que Prades Tavernier consoló a una hija de Sibille que, con tan solo un añito, había caído gravemente enferma. Además, le indicó a la madre que no le diese nada de beber o de comer. Sibille se rebeló y le dio el pecho, pero terminó falleciendo...

EL CURA HEREJE DE MONTAILLOU

Andaba Fournier investigando a la bruja Gaillarde Cuq, hacia 1319, cuando se topó con el caso de Béatrice, hija de Philippe de Planissoles, que al parecer había tenido contactos con ella. Tras ser detenida, no dudó en declarar que tanto el cura de su pueblo, Montaillou, llamado Pierre Clergue, como su hermano Bernard, antiguo bailío del conde de Foix, eran creyentes cátaros. Así fue como el futuro papa cismático destapó otro brote herético relacionado con Authié.

Clergue representaba el ejemplo perfecto del cátaro clandestino: exteriormente, seguía la disciplina católica que se esperaba de un cura, pese a que había sido criado en el catarismo por sus padres. Aunque era un mal cátaro, claro, sobre todo por su lujuria desmedida. Aun así, contó con el apoyo de los Authié. Fue el hijo de Pierre, Guillaume, quién le convirtió, aunque nunca fue consolado.

En cualquier caso, Clergue consiguió crear en Montaillou una comunidad completamente cátara. Como cura, era el encargado de informar de posibles herejes, pero no lo hizo; al contrario, se sabe que denunció a los pocos católicos del lugar, que terminaron siendo ajusticiados. Es más, algún enemigo suyo, como Arnaud Lizier, apareció muerto; a otro, Mengarde Maurs, le cortaron la lengua. Además, pese a que Geoffrey d'Ablis le interrogó, consiguió salir absuelto.

Hasta que Fournier puso sus ojos en aquella preciosa aldea del sur del Ariège y denunció en 1320 a Béatrice de Planissoles por tener contactos con aquella bruja —su padre ya había sido acusado de brujería— y por haber hecho algunos comentarios escépticos sobre las misas diez años antes.

Tras un primer interrogatorio, Béatrice escapó por miedo a ser condenada. Tenía por aquella época unos 45 años, había enviudado dos veces —primero, de Bérenger de Roquefort, guardián del castillo local, y después, de Otho de Lagleize, otro noble menor—, y tenía varios hijos y nietos. En ese momento mantenía una relación con otro cura, Barthélemy Amilhac, junto al que fue detenida.

Unas semanas después fue apresada de nuevo. Encontraron en su bolso evidentes pruebas de que practicaba la brujería: los cordones umbilicales de sus dos nietos, que eran una especie de amuleto que aseguraban el éxito ante cualquier problema, y ropa interior manchada con sangre menstrual de su hija, con la que pensaba hacer una pócima amorosa para el marido de esta; así como incienso, algunas yerbas y unas cuantas fórmulas escritas. Dado que esto era suficiente motivo para arder en una pira, decidió salvarse contando todo lo que sabía sobre el cura de Montaillou, Pierre Clergue, y los cátaros locales.

En primer lugar, reconoció que había sido su amante casi veinte años antes, hacia 1303. Todo empezó cuando un buen día fue a confesarse ante Clergue. Este se vino arriba y empezó a abrazarla y a besarla, diciéndole que no había mujer en el mundo a la que quisiese tanto. «Sorprendida e indignada, me fui sin confesarme».

Hay que tener en cuenta que en aquella época se pensaba que las mujeres que se entregaban a los curas no verían jamás el rostro de Dios, o que se transformaban en yeguas que el Diablo cabalgaba, de ahí que se las llamase «yeguas del Diablo».

Pero Clergue siguió insistiendo. Y finalmente consiguió convencerla el día de Nochebuena. Tras mantener relaciones, se estableció un curioso diálogo que transmitió a Fournier:

> —¡Cómo podéis cometer un pecado tan grande en una noche tan sagrada!
> —¿Qué importa la noche, cuando el pecado es el mismo?

Además, este señor parece que patentó un curioso método anticonceptivo, que, al menos, a él parece que le funcionó:

> El cura llevaba algo enrollado y atado dentro de un paño de lino, del grosor y largo de una onza o de la falange de mi dedo pequeño, al que había atado un cordón que me pasaba alrededor del cuello. Era, al parecer, una planta. Lo hacía descender por mis senos hasta mi bajo vientre. Todas las veces que quería tenerme, lo colocaban en este sitio y lo dejaba hasta que hubiera terminado. Cuando se levantaba, me lo quitaba del cuello. Si en la misma noche quería poseerme varias veces, me decía: «¿Dónde está la planta?». Yo la encontraba tirando del hilo que pendía de mi cuello. [...] Un día le dije que me entregara la planta, me respondió que se guardaría muy bien, ya que me apresuraría, al no tener que quedar encinta, a darme a otros hombres.

¿Qué planta sería esta? No lo sabemos. Pero llama la atención la lujuria a la que se entregaba este curioso cura cátaro… Y el uso de este tipo de brujerías.

Sigamos: durante unos dos años fueron amantes, y Béatrice, a su vera, llegó a aceptar el catarismo. Pero terminó dejándole y abandonó el pueblo. Fue entonces cuando se casó con su segundo marido, que tampoco tardaría mucho en morirse, mientras Clergue seguía acosándola e insistiéndole para que volviera con él, además de dejarle claro que su pasado cátaro le podía llevar ante la Inquisición. En alguna ocasión volvieron a tener sexo. Y él estuvo a su vera cuando Béatrice enfermó gravemente en 1308, pero consiguió recuperarse. Durante el interrogatorio, Fournier le insistió en si la había consolado, pensando que iba morir, pero no se acordaba. Finalmente se fue de allí y se instaló en Limoux, donde comenzó a frecuentar a los franciscanos.

Años después comenzó una relación con el cura Barthélemy Amilhac; se escaparon juntos, se casaron y permanecieron escondidos unos años. Hasta que en 1320 fueron detenidos e interrogados.

Monumento levantado en honor de Emmanuel Le Roy Ladurie en Montaillou.

Solo estuvieron un año en prisión, hasta el 4 de julio de 1322. El cura fue absuelto, y Béatrice tuvo que llevar de por vida la cruz amarilla. Su rastro desaparece de la historia...

Por otro lado, también reveló que Pierre Clergue, el cura de Montaillou, había mantenido relaciones con varias parroquianas más, que tenía relación con los Authié y que, por supuesto, era creyente cátaro. Clergue fue detenido y murió en la cárcel a finales del año 1321, aunque no existe registro de su testimonio ni de su muerte. Su hermano Bernard también, y fue condenado al Muro en 1324. Además, todos los habitantes de Montaillou fueron interrogados y casi todos fueron condenados como herejes a llevar las dichosas cruces amarillas.

A modo de conclusión, esta truculenta historia, digna de una buena serie de HBO, fue novelada en 1978 por el autor francés Emmanuel Le Roy Ladurie, con el título de *Montaillou.* Por ese motivo, si algún día van por allí, podrán ver un monumento que se levantó en su honor en un pequeño parterre del centro del pueblo. De camino, no duden en visitar el centro histórico Jean Duvernoy, que alberga los objetos encontrados y listados durante las campañas de excavación llevadas a cabo en el sitio del antiguo castillo de Montaillou, así como una exposición permanente sobre el catarismo.

BÉLIBASTE, EL ÚLTIMO CÁTARO

24 de octubre de 1321. Castillo de Villerouge-Termenès, en el Aude, residencia del arzobispo de Narbona, Bernard de Farges. Mientras este observa desde la ventana de su suntuoso cuarto, un grupo de soldados levantan una pira en el centro del patio de armas. Al rato conducen hasta allí a un señor llamado Guilhem de Bélibaste, condenado a muerte por herejía. Desde su alcoba, el arzobispo presencia su agonía y su muerte.

Fallecía así el último perfecto cátaro occitano, aunque existe constancia de que en 1328 aún se encendió alguna pira en Carcasona para quemar a algún creyente. Su historia, digna de una novela —de hecho, alguna hay, como *El último hereje*, de Jesús Ávila Granados (Círculo Rojo, 2014)—, muestra a la perfección la decadencia absoluta en la que entró el catarismo tras la caída de los Authié.

Paradójicamente, pese a ser el último representante de un movimiento que duró casi tres siglos, tenemos mucha información sobre él y el renacer de los Authié gracias a la traducción que realizó Jean Duvernoy del registro de la Inquisición, coordinada de nuevo por el ínclito Jacques Fournier, obispo de Pamiers entre 1318 y 1325.

Bélibaste nació en 1280 en Cubières-sur-Cinoble, a escasos kilómetros del *puèg* de Bugarach, en el seno de una familia de campesinos terratenientes creyentes. Gracias a eso terminó conociendo a los hermanos Authié, pero se hizo cátaro más bien por obligación: en 1305 mató a un pastor católico de Villerouge en una reyerta. El motivo no está claro, aunque algunos estudiosos apuntan a que lo hizo porque le iba a denunciar por hereje. En cualquier caso, el arzobispo de Narbona, que residía en el castillo de aquella localidad, como vimos, le declaró culpable y confiscó sus bienes. Pero Bélibaste escapó, dejando atrás a su esposa y a su hijo, y adentrándose en las redes clandestinas cátaras.

Hacia 1306 fue ordenado perfecto en Rabastens por Philippe d'Alayrac, uno de los miembros del grupo de Authié. Pero poco después ambos fueron detenidos y encerrados en el Muro de Carcasona. Lograron escapar en 1309, cruzaron los Pirineos y se refugiaron en el condado de Ampurias, en la Torroella de Montgrí. Al año siguiente,

Placa de piedra del paseo dedicado a Guilhem Bélibaste en Sant Mateu, Valencia.

Philippe d'Alayrac regresó a Occitania. Murió unos meses más tarde, durante la captura masiva del grupo de Authié que realizó el obispo Fournier.

Bélibaste permaneció un tiempo por la zona de la cuenca de Barberà, hasta que en 1314, con el nombre de Pere Penchenier, se instaló en Morella, en el reino de Valencia, en la mítica región del Maestrazgo. Muy cerca de allí, en el pueblo de San Mateu, existía una pequeña comunidad de cátaros procedentes, precisamente, de Montaillou y de otras localidades del Ariège, de la que terminará convirtiéndose en líder. Allí tomó contacto con Pierre Maury, un creyente del grupo de los Authié que también había huido a Cataluña.

Tenía un conocimiento teológico pobre y defendía una cosmogonía algo disparatada. Ni siquiera en la práctica se comportaba según la regla de los *bonne homes* del siglo XIII. Pero se entregó de lleno a predicar y a consolar.

Bélibaste tuvo una amante, Raimonde Piquier, viuda y con una hija, e intentó hacerla pasar por su esposa de cara a los católicos; a sus seguidores, en cambio, les decía que era una sirvienta. Así estuvo como una década. Pero un buen día, estando en Prades, la hermana de esta, Blanche, les pilló en la cama en una postura «incómoda».

Se sabe que Raimonde se quedó embarazada en 1320 y que Bélibaste, para evitar problemas con los colegas cátaros, decidió casarla con su amigo Pierre Maury, que reconoció la paternidad del crío. ¿Casarla? Sí, Bélibaste casaba a los creyentes, aunque no como conductor de una ceremonia sagrada, sino como una autoridad que daba constancia ante Dios de la unión de dos personas que realmente se amaban —no era este caso, claro—. Además, planteaba que el *melhorament* era suficiente para que aquellos que no habían sido consolados pudiesen alcanzar la salvación... Aseguraba que el *consolament* les sería administrado en el Cielo por un ángel...

En 1321, un traidor, Arnaud Sicre, le convenció para que regresara con él al Languedoc con la insana intención de entregarle. La historia la conocemos, precisamente, gracias al relato del propio Sicre ante la Inquisición.

Nacido en Ax-les-Thermes, era hijo de Arnaud Sicre y de Sybille Baille, una perfecta cátara que fue quemada en la hoguera. Aquello supuso la pérdida de todas las posesiones de su familia. Por si fuera poco, su hermano, Pons den Baille, había sido uno de los perfectos del grupo de Authié. Así que llegó a un acuerdo con Fournier: a cambio de entregar a Bélibaste, recobraría las tierras y derechos de su familia.

La toma de contacto se produjo en 1317, cuando Sicre se presentó en Sant Mateu. En poco tiempo fue aceptado dentro de la comunidad cátara, y consiguió convertirse en un miembro destacado, aunque no llegó a ser consolado.

A comienzos de 1320, Sicre viajó al norte, supuestamente para traerse a su tía y a su hermana soltera, pero a los pocos meses regresó solo. Contó que su tía estaba demasiado mayor para viajar y bastante enferma, y que quería ser consolada antes de morir. Al parecer le había dado una importante suma de dinero, similar a la que había entregado como dote a su sobrina, a la que querían casar con algún creyente del grupo de Bélibaste. Fue así como consiguió convencer a Bélibaste para que viajara con él al Languedoc.

Por supuesto, todo era mentira. El dinero procedía de Fournier.

Finalmente, en la primavera de 1321, Arnaud Sicre, Bélibaste, Pierre Maury y Arnaud Marty —el que se iba a casar con la hermana de Sicre—, emprendieron el camino.

Placa conmemorativa que representa a Bélibaste y su compañero cátaro Philippe d'Alairac. Está en la puerta este del castillo de Villerouge-Termenès, Aude, Francia.

Ni Bélibaste ni Maury se fiaban mucho de él. Así que decidieron emborracharle mientras estaban en Ascó para sacarle su posible secreto. El traidor, que se dio cuenta de la movida, fingió estar ebrio. Maury le susurró la posibilidad de entregar a Bélibaste y cobrar así la recompensa que se había puesto a su cabeza, pero Sicre se mostró indignado; así consiguió convencerles de que era de fiar. Craso error. Como dijo mi querida Raquel cuando le comenté esto, «la cagaste, Bélibaste».

Así, tras un largo viaje, y después de pasar por localidades como Agramunt, Tragó y Castellbó, hacia marzo de 1321 llegaron a Tirvia, en la diócesis de Urgell —en la actual Lleida—, dentro de los dominios del conde de Foix. Allí le entregó, y también a Maury. En un primer momento fueron detenidos y conducidos al castillo de Castellbó. Durante la primera noche, según contó Sicre, Bélibaste le propuso aplicarle el *consolament* para, acto seguido, lanzarse los dos desde la torre del castillo y acabar con su vida. No lo hicieron.

Arnaud Sicre fue absuelto por el obispo y los inquisidores de Carcasona, y consiguió que se restableciesen todos sus derechos. En cambio, esos mismos señores condenaron a muerte a Bélibaste. O, mejor dicho, fue cosa del arzobispo de Narbona, ya que Corbières, su lugar de nacimiento, formaba parte de su jurisdicción.

La noticia de su captura y de su muerte hizo que los creyentes de Sant Mateu y Morella se dispersasen, para desaparecer poco después en el olvido de la historia. Pierre Maury, por cierto, consiguió escapar a Mallorca. Fue detenido en 1324... y nada más se supo.

En el castillo de Villerouge se puede visitar una exposición permanente con el título: «El mundo de Bélibaste, el último perfecto cátaro». Si algún día van por allí, no duden en almorzar en la Rôtisserie Médiévale, un restaurante medieval que hay en el propio castillo.

Ah, si es posible, vayan en verano, entre el 15 de julio y el 31 de agosto, cuando se celebra la ya tradicional fiesta medieval. Norecuerdo el día exacto, pero suelen hacer una dramatización de los últimos momentos de Bélibaste.

PD. Sí, no he comentado nada de la mítica frase que, según la tradición, lanzó Bélibaste desde la hoguera: «Al cap de sèt cents ans, verdeja lo laurièr» («Después de setecientos años reverdecerá el laurel»). ¿Por qué? Porque es falsa. Se lo podría explicar yo, pero ya lo dejó claro mi amigo Xavi Bonet en el prólogo de esta obra.

Cátaros everywhere

Antes de continuar con otro tema, me gustaría hablarles de cómo se desarrolló el catarismo en otras regiones del Occidente europeo, y en alguna del Oriente. En algunos lugares, como Colonia o el norte de Francia, fue erradicado por completo antes de la Cruzada Albigense, pero en otros, como Cataluña o el norte de Italia, perduró bastante tiempo, aunque nada que ver con esa excepción oriental que les adelantaba, la Iglesia de Bosnia, que se mantuvo activa hasta mediados del siglo XV, aunque lo suyo era un catarismo algo *sui generis*.

Vamos con ello.

CÁTAROS EN CATALUÑA

Como vimos páginas atrás, en la carta de Nicetas se aseguraba que en el concilio cátaro celebrado en Saint-Félix-de-Caraman en 1167 se eligió un obispo para la *Ecclesia Aranensis*, es decir, para una comunidad situada en el Valle de Arán. Esto no está nada claro, en parte por las dudas sobre la carta, pero, sobre todo, porque no existe evidencia de la presencia de cátaros en aquellas tierras ni en esa época ni en tiempos posteriores. El prestigioso historiador Yves Dossat defendió que se trataba de un error de transcripción y que en realidad hacía referencia a la villa de Agen —sería *Agenensis* en vez de *Aranensis*—, al noroeste de Toulouse, donde sí había cátaros a mediados del siglo XII. Tampoco está claro esto, ya que el análisis crítico del documento demostró que era bastante difícil que se hubiese producido ese error al copiar el texto.

Otros historiadores, como el catalán Jordi Ventura, uno de los principales estudiosos del catarismo catalán, aunque quizás sesgado por sus ideas identitarias y nacionalistas, sí consideran auténtica la misiva, lo que vendría a demostrar que había cátaros en Arán, aunque fuese una comunidad modesta que, por circunstancias que desconocemos, terminó sucumbiendo y desapareciendo. De hecho, Ventura aportó pruebas procedentes del archivo de la Corona de Aragón que parecían probar la existencia en el valle de un tal Ramón de Casals, nombre muy parecido al Ramón de Casalis que, según la carta, fue nombrado obispo. No debería extrañarnos. Como ya vimos también, el Valle de Arán era un bastión de la lengua *d'òc* en este lado de los Pirineos, aunque por circunstancias históricas formase parte de la Corona de Aragón; aunque, curiosamente, a finales del siglo XII, cuando se celebró el concilio de Saint-Félix-de-Caraman, la zona estaba bajo la autoridad del obispo de Saint-Bertrand-de-Comminges, al otro lado —hasta su incorporación a la diócesis de Urgell, en 1804—, continuó siendo así.

Por desgracia, no existen más testimonios escritos que avalen la presencia cátara en esta región antes de la cruzada, cuando cientos de buenos hombres tomaron el camino del exilio rumbo al sur, a excepción quizás de dos decretos antiheréticos publicados por los reyes Alfonso el Casto y Pedro el Católico en 1194 y 1198, respectivamente;

Escudo de los valdenses. Candelabro con la inscripción *Lux lucet in tenebris* («La luz brilla en las tinieblas»).

aunque esto tampoco está claro, ya que parecen referirse más bien a los valdenses. También es cierto que en 1198 el papa Inocencio III ordenó al arzobispo de Tarragona que ayudase a sus legados a luchar contra los «valdenses, catari et paterini» de su diócesis, lo que sí parece demostrar que había buenos hombres en Cataluña.

Otras evidencias eclesiásticas permiten afirmarlo con bastante rotundidad, por ejemplo, las actas de un concilio que se celebró en Lleida en 1173, unos años después de que esta ciudad fuese conquistada al islam por parte de los cristianos (en 1149), en las que se establecen condenas contundentes contra los herejes.

Hay que tener en cuenta los vínculos familiares entre determinados linajes aristocráticos de ambas vertientes de los Pirineos, como ya hemos visto, que la comunicación entre esta región y Occitania era muy fluida, y que allí, a mediados del siglo XII, había muchos comerciantes y mercaderes occitanos, especialmente dedicados a la industria textil. Como vimos, esto era algo bastante frecuente entre los buenos cristianos. Es más, hay que tener en cuenta que el Valle de Arán está justo en medio del eje que forman Lleida y Toulouse. Años después, ya en plena persecución, ese camino sería uno de los habituales de los exiliados.

La lanza sagrada

Si me lo permiten, hablando de estas conexiones familiares y dinásticas, me voy a apartar un poco del tema para hablarles un poco sobre una de mis reliquias favoritas.

En 1070, Ramón Berenguer II (1053-1082), conde de Barcelona, adquirió los derechos hereditarios de los condados de Carcasona y el Raséz por vía materna. Su madre, Almodis de la Marca, era hija de Bernardo I de la Marca, descendiente de Carlomagno. Al parecer, Ramón Berenguer I, su padre, la secuestró y se casó con ella en 1052, cuando solo tenía 19 años, pese a que la dama estaba casada con el conde de Toulouse, Ponce III. Como es lógico, esto acabó en una guerra, que terminó ganando el conde de Barcelona, que adquirió así el control de aquellos condados occitanos —aunque también tuvo que aportar un poco de dinerito—. Por cierto, la pobre Almodis murió asesinada en 1071 a manos de su hijastro Pedro Ramón de Barcelona, hermanastro de Ramón Berenguer II, por motivos que no vienen al caso.

No es mi intención adentrarme en exceso en este juego de tronos lleno de infidelidades y bastardos, al menos no más de lo necesario, pero con esto quiero mostrar que en la época en la que eclosionó la herejía en Occitania había una clara relación con los condados del sur y la Corona de Aragón. Además, aprovechando que el Pisuerga pasa por Valladolid, hay una curiosidad relacionada con algunos personajes de esta trama que es casi más interesante que lo que les venía contando.

Almodis también fue la madre de Raimundo IV, conde de Toulouse —su padre era Ponce III—, un interesantísimo personaje que guarda relación con la Primera Cruzada y con la reliquia de la lanza con la que, según la tradición, el soldado romano Longinos —cuyo nombre no se menciona en los Evangelios— atravesó el costado de Jesús.

En 1096, cuando contaba 54 primaveras, Raimundo IV se lanzó a luchar en Tierra Santa contra los infieles mahometanos. En 1098 destacó durante la larga y complicada lucha por la ciudad de Antioquía. Fue precisamente durante esta complicada misión cuando uno de los suyos, un monje llamado Pedro Bartolomé, tuvo una serie de visiones en las que el apóstol Andrés le indicaba dónde estaba la preciada

Supuesta lanza de Echmiadzin.

reliquia, en el subsuelo de la catedral de San Pedro (Antioquía), además de comentarle explícitamente que tenía que informar de esto a los jefes cruzados, en especial de Raimundo IV, destinatario por derecho de la sagrada lanza.

Dicho y hecho, unos meses después, cuando ya tenían casi tomada Antioquía, Pedro y el propio Raimundo comenzaron a excavar en los sótanos de la iglesia. Finalmente, el 14 de junio de 1098, Pedro encontró la lanza.

Es posible que gracias a ella consiguiesen liberar la ciudad del terrible asedio al que estaba siendo sometida por los feroces mahometanos, quizás porque su búsqueda elevó la moral de los cruzados y les dio una motivación extra. Así que no es de extrañar que se convirtiese en un objeto de gran valor para Raimundo IV. Pese a esto, sus compañeros cruzados no creyeron a Pedro Bartolomé, que llegó a ser sometido a una ordalía para demostrar la veracidad de sus visiones y la autenticidad de la reliquia: se le sometió a la prueba de fuego, que consistía en atravesar dos hogueras y salir ileso.

Murió doce días después como consecuencia de las quemaduras sufridas.

La tradición dice que la reliquia fue llevada a Armenia por los cruzados, y por eso se conserva en el museo de la catedral de Echmiadzin (Armenia), el centro de la Iglesia apostólica armenia —esta ciudad es considerada la capital espiritual del país, y allí es donde reside el *catolicós*, su principal obispo—. Ojo, que no estamos hablando de un lugar sin importancia. Esta iglesia es de las más antiguas del orbe cristiano. Para que se hagan una idea, en una fecha tan temprana como el año 301 el cristianismo se convirtió en la religión oficial por orden del rey Tiridates III de Armenia, siendo por lo tanto el primer Estado en hacerlo, ¡antes incluso que Roma! ¡Antes de Nicea!

Ahora bien, perdonen el escepticismo, pero lo cierto es que ni siquiera se trata de una punta de lanza, sino de la punta de un estandarte, así que no parece la más firme candidata, de las muchas que hay, para ser la lanza de Longinos. Eso sin tener en cuenta que la historicidad de esa escena evangélica es más que dudosa...

Sea como fuere, al margen de esta curiosa historia, merece la pena señalar que Ramón Berenguer II, conde de Barcelona y Carcasona, y Raimundo IV, conde de Toulouse, que terminó cumpliendo su deseo de morir por Tierra Santa (falleció en 1105 luchando por la ciudad de Trípoli), eran hermanastros.

Para concluir con esta breve narración de las relaciones entre los condados catalanes y Occitania en tiempos de los buenos cristianos, decir que los condes de Barcelona defendieron durante décadas sus derechos sobre algunos condados del norte. Por ejemplo, en 1107, Ramón Berenguer III tomó Carcasona, que reclamaba como suya. Ramón Berenguer IV, el Santo, conde de Barcelona, hijo de aquel, templario, como su padre, se terminó casando con Petronila de Aragón, hija de Ramiro II de Aragón. Se unían así el reino de Aragón y el condado de Barcelona.

El exilio

Lo que sí parece claro es que antes de la Cruzada no era fácil encontrar perfectos cátaros en Cataluña. Lo demuestra una expedición que emprendieron hacia 1214 dos hermanos de Berga, una localidad de la actual provincia de Barcelona, en busca de dos *bons homes* que pudiesen consolar a su madre moribunda. Los encontraron en Puivert.

Por esa época había un fuerte vínculo entre el vizcondado de Castellbó, al norte de la actual provincia de Lleida, y el condado de Foix; como evidencia de que Roger Bernard II, hijo y sobrino de perfectas, antes de ser conde de Foix (lo fue entre 1223 y 1241), se casase en 1203 con Ermessenda, la heredera del vizcondado, que en ese momento estaba en manos de su padre, Arnau. De este matrimonio nacería Roger IV, futuro conde de Foix, vizconde de Castellbó y señor de Andorra.

En 1221, Arnau de Castellbó y Roger I de Pallars Sobirà (vizconde de Coserans y de Pallars Sobirà) fueron a ver al cátaro Guillem Clergue en Mirepoix y acudieron a un concilio cátaro dirigido por Guilhabert de Castres. Tres años después, este perfecto estaba predicando en la casa cátara de Castellbó. A partir de ese momento fue algo habitual que algunos cátaros occitanos se asentasen en estas tierras. Uno de ellos fue Isarn de Castelló, uno de los coseñores de Mirepoix, que fue consolado en Castellbó en 1234. Esto deja claro no solo que esta localidad se convirtió en el epicentro del catarismo catalán de la época, sino que se había establecido una especie de hermandad con Mirepoix.

Años después, hacia 1269, la Inquisición aplicó una sentencia póstuma por herejía a Arnau de Castellbó y a su hija Ermessenda, esposa del conde de Foix, cuyos restos exhumaron y quemaron. Los lugareños, indignados, se tomaron la revancha en 1280 y mataron al inquisidor, el fraile dominico Pere de Cadireta. No en vano, este tipo tenía un amplio historial: ya había matado a numerosos cátaros en Siurana (Tarragona), donde, según Miguel Aracil casi la mitad de la población era creyente, y en Prades, en el sur de Cataluña, cerca de Tarragona.

Por cierto, Aracil comenta algo muy interesante sobre Arnau de Castellbó, que, al parecer, demostró «en muchas ocasiones una crueldad absoluta con los cristianos no cátaros dependientes del obispado de la Seo de Urgell. Destruyendo una gran parte de las iglesias de la Cerdanya. Principalmente cruel fueron con los templos (y habitantes) de Coborriu y Pedra. Incluso sabemos, gracias a Pous I Porta, que, ante la imposibilidad de destruir la recia iglesia de Talló, Arnau se vengó robando gran parte del ganado de las masías y casas de labranza que había en la zona» (Aracil, 2010a, 123).

Por otro lado, hacia 1226 ya había en Cataluña un diácono cátaro dependiente del obispo de Toulouse. El primero que se conoce es Pere de Corona, consolado, al parecer, en Tarascón, de nuevo en el condado de Foix. Vivió durante mucho tiempo en la bella localidad de Josa del Cadí, aunque posteriormente se desplazó hacia el sur.

Castellbó.

Un personaje muy destacado fue Arnau de Bretós, de la localidad de Berga, al que el mismísimo Bentrand Martí, en Montsegur, le encomendó hacia 1242 establecer contacto con las comunidades de creyentes de Prades. Tiempo después, Bretós huyó a Lombardía, pero fue capturado en el camino. Allí, en Lombardía, residía también Felip Català, otro diácono de Cataluña que se vio obligado a exiliarse al menos entre 1262 y 1277. Catalá fue nombrado hijo mayor del obispo de Toulouse.

Sea como fuere, desde que comenzó la persecución, a principios del siglo XIII, muchos emprendieron el camino hacia el sur. Anne Brenon, muy acertadamente, describe este exilio, a diferencia del italiano, como el exilio de los pobres. Pero este éxodo fue mucho mayor durante el renacer del catarismo provocado por Pierre Authié en los primeros años del siglo siguiente, tras tres o cuatro décadas en las que la presencia cátara en Cataluña había pasado a ser muy minoritaria. Cuando los Authié y sus perfectos cayeron en manos de Geoffrey d'Ablis, un buen número de cátaros del condado de Foix, una vez más, huyeron hacia el sur, especialmente desde Montaillou, el pueblo del cura Pierre Clergue. En Puigcerdà coincidieron algunos, como Guillem Maurs, de aquella localidad, Pierre Mauri, posterior compañero de Guilhem Bélibaste, o los hermanos de este último, Joan y Arnau.

Incluso algunos parientes de Pierre Authié se asentaron en la zona, como Rixenda de Cortil, su sobrina, que estaba en Puigcerdà en 1314, o sus sobrinos Arnaud y Pierre, que se establecieron en Montblanc, muy cerca de Prades, junto a otros muchos exiliados. Fue precisamente en 1314 cuando Bélibaste se instaló en Morella, muy cerquita de Sant Mateu, en una comunidad compuesta también por muchos exiliados de Montaillou.

La presencia de cátaros en Cataluña comenzó a decaer drásticamente a partir de entonces.

Hace algunos años comenzó a promoverse una ruta turística de senderismo, con el nombre de *Camí del Bons Homes*, que coincide con la principal senda que los cátaros occitanos utilizaron para desplazarse a Cataluña, aunque hay otras. Antes empezaba en Montsegur, pero ahora lo hace en Foix, y termina en el santuario de Queralt, cerca de la localidad de Berga, un importante enclave cátaro, como Bagà, Gósol, Josá del Cadí, Saga o Bellver de Cerdanya. La ruta tiene una extensión de unos doscientos kilómetros y se puede hacer en unos diez días.

En Bagá, por cierto, se puede visitar el Centro Medieval y del Catarismo, un museo que acoge varias salas sobre la presencia cátara en Cataluña.

CÁTAROS EN ITALIA

No está claro cuando aparecieron las primeras comunidades heréticas en Italia. Anselmo de Alejandría, inquisidor en Lombardía, escribió una obra hacia 1266 sobre la herejía en la que, además de relacionar a los cátaros con los maniqueos y los bogomilos, expuso que el primer grupo estuvo dirigido por un tal Marcos, que centró su actividad en la localidad de Concorezzo, y nació hacia 1160; es decir, justo en el momento en el que el emperador Federico Barbarroja (1122-1190) estaba enfrentado con el papado, hasta el punto de que se produjo un importante cisma tras nombrar como papa alternativo a Alejandro III, nombrado en 1159 tras la muerte de Adriano IV, y a Ottaviano Crescenzi di Monticelli, Victor IV, el primero de varios antipapas. Finalmente, en 1177 firmaron la paz, pero esos diecisiete años fueron esenciales para el desarrollo de la herejía... que se vio favorecida por el empeño de los emperadores del Sacro Imperio Romano Germánico por someter al papado. El asunto se puso especialmente tenso en 1186, cuando Enrique de Hohenstaufen (1211-1242), el futuro emperador Enrique VI, se casó con Constanza, hija del rey normando Roger II de Sicilia. Esto implicaba que el futuro monarca alemán podría tomar, como finalmente hizo, el control de un enorme y rico territorio al sur de Italia. El hijo de estos, el futuro emperador Federico II Hohenstaufen, también gobernó como rey de Sicilia, y esto no le gustó nada a la Santa Sede. El cerco del imperio sobre Roma era cada vez más estrecho.

Tras la muerte de Enrique VI, mientras su hijo Federico era aún un niño, el imperio fue todo un caos. Se sucedieron en el trono Felipe de Suabia y Otón de Brunswick (nombrado en 1209, justo cuando comenzó la Cruzada Albigense). El papado apoyó a este último. Y durante un tiempo la cosa fue bien, hasta que en 1220 Federico, rey de Sicilia, nieto de Federico Barbarroja, tras varias guerras intestinas, se hizo con el trono, algo que no gustó nada al papado.

Pues bien, durante esta movida, y desde un tiempo antes, el norte de Italia estuvo dividido entre los que apoyaban como ocupante del trono del imperio a la casa de Baviera, a la que pertenecía Otón de Brunswick (Otón IV), conocidos como güelfos (término que proviene de Welfen, nombre alemán de esta dinastía), y los que estaban con la casa de Hohenstaufen de Suabia, los gibelinos (nombre que procede del castillo principal de esta estirpe, Waiblingen). Así pues, dado que Federico II Hohenstaufen se hizo con el trono, con el apoyo de los gibelinos, los güelfos apoyaron al papado, que había apoyado a la casa de Baviera y a Otón IV.

Las ciudades libres del norte de Italia dividieron sus simpatías. Génova, Bolonia, Cremona o Mantua fueron güelfas, mientras que Pisa, Arezzo o Siena fueron gibelinas. Y otras, como Florencia, Verona, Milán, Piacenza o Padua, fueron variando sus afinidades según tocaba.

Los motivos eran varios, pero se pueden resumir en esta sencilla idea: las que estaban controladas por el imperio buscaban el apoyo del papado para liberarse, de ahí que fuesen güelfas; y las que estaban controladas por el papado querían el apoyo del imperio, también para liberarse. Pero claro, esa misma pugna se daba en el seno de muchas ciudades italianas.

Entiendo que todo esto es un rollazo, sí. Pero es importante comprender cómo estaba el estado de las cosas para poder entender mejor qué llevó a los distintos papas a centrarse en exterminar la herejía de los buenos cristianos, especialmente en Italia, donde, como veremos, fueron protegidos, más o menos, por los gibelinos. La victoria de sus rivales, los güelfos, puso la alfombra roja a la represión inquisitorial y papal.

Divisiones internas

Pero sigamos con el tal Marcos, del que les hablé hace un rato. Resulta que este señor se enfrentó con Nicetas, el obispo cátaro que asistió en 1167 al concilio hereje celebrado en Saint-Félix-de-Caraman. Nicetas afirmó que la línea de transmisión del Espíritu Santo no parecía clara en el caso de Marcos, que, al parecer, había sido consolado por un perfecto búlgaro. Así que consiguió convencer a sus seguidores para que se uniesen a su propio linaje de consolados, y se llevó a Marcos al concilio de 1167, donde le reconsoló y le nombro obispo de Lombardía.

No se sabe qué fue de Nicetas tras esto, pero debió morir poco después. Lo guapo viene ahora: al poco tiempo apareció por

Lombardía un tal Petracio, de la Iglesia de Bulgaria, junto a varios acompañantes, con la intención de informar de algo gravísimo. Al parecer, Simón, un obispo de Draguntia del que procedía el linaje de Nicetas —fue quien le consoló—, había caído en las tentaciones de la carne. Le pillaron con una mujer. Esto tenía trágicas consecuencias: como vimos, si un perfecto caía en el pecado, su *consolament* dejaba de tener validez, pero también los que había realizado a otros. Por lo tanto, Nicetas ya no estaba autorizado, al igual que todos los que había consolado, ¡y todos los que reconsoló en el concilio de Saint-Félix-de-Caraman!

Si bien las crónicas difieren al narrar esta historia —en otra es Nicetas el que peca—, el resultado es el mismo: los cátaros italianos se dividieron en dos secciones, la que apoyaba el linaje de Nicetas —no creían a Petracio—, dirigida por un tal Judeo, al que le había pasado el cargo Marcos; y los que pensaban que sí era cierta, dirigidos por un tal Pedro de Florencia.

La disputa se alargó durante años. Finalmente se celebró un concilio en Mosio, en el que se debía elegir entre dos caminos: el de Garato, un seguidor de Judeo, y el de Juan de Júdice, del grupo de Pedro. Ganó Garato, pero al poco tiempo los del partido contrario también le acusaron de pecar con una mujer. Y aquí se lio la de San Quintín: cada una de las comunidades (Mantua, Concorezzo, Desenzano, Florencia, Bagnolo y Vicenza, entre otras) eligió a sus propios obispos y pasaron de todo este embrollo, mientras el pobre Garato afirmaba que ninguno de estos tenía legitimidad.

Además, surgieron diferencias doctrinales, las más intensas entre los de Concorezzo, controlados por Garato, y los de Desenzano, que no se reconocían entre sí. Los primeros eran dualistas moderados, como los bogomilos; mientras que los segundos eran dualistas radicales.

Esto, sin duda, es el motivo principal de por qué el catarismo no triunfó en el norte de Italia como lo hizo en Occitania, aunque durante un tiempo estuvo a punto de hacerlo. En el Languedoc, pese a que también había alguna disputa que otra, la unidad doctrinal se mantuvo firme, en parte porque el lío provocado por Petracio no atravesó los Alpes. Y eso que allí no tenían demasiados problemas legales. Aunque la Iglesia tenía claro que el norte de Italia era un pozo de herejes, poco podía hacer en la práctica si los señores de las ciudades no movían pieza. Era un catarismo esencialmente urbano. Ni las decisiones del Tercer Concilio de Letrán (1179) ni la bula *Ad abolendam* (1184), que prestaba especial atención al caso italiano, sirvieron para nada.

Claro, como en Occitania, todo empezó a cambiar cuando tomó el poder el papa Inocencio III en 1198. Con él, comenzaron las persecuciones, las excomuniones y las hogueras. Y continuaron con su sucesor, Honorio III, que consiguió que el emperador Federico II Hohenstaufen aceptase las decisiones tomadas en el Cuarto Concilio de Letrán en 1220. El monarca puso su espada al servicio de la ortodoxia católica y contra la herejía que campaba a sus anchas por las ciudades independientes del norte de Italia. Su objetivo real era hacerse con el control de estas, que se negaban a aceptar la intromisión de unos y otros.

Pero Honorio III falleció en 1227. Su sustituto fue Ugolino de Segni, sobrino de Inocencio III, jurista canónico y delegado papal durante años en Lombardía y la Toscana, donde reprimió duramente a los herejes. Ya como Gregorio IX, lo primero que hizo fue excomulgar a Federico II por no terminar de mojarse y unirse a la Sexta Cruzada. Esto dio comienzo a un nuevo conflicto entre el Sacro Imperio Romano Germánico y la Iglesia de Roma que duraría varios años. Además, continuó reprimiendo a los cátaros italianos y occitanos, como ya vimos.

Las quemas masivas ordenadas en 1233 por su inquisidor Juan de Vicenza en Verona —durante tres días seguidos— consiguieron aterrorizar a los herejes, ya que otras ciudades, como Parma o Milán, también comenzaron a aplicar medidas estrictas. Algunas, como Génova, Cremona o Florencia, continuaron sin adoptar leyes antiheréticas, pese a la presencia de predicadores franciscanos y dominicos y la existencia de varias confraternidades laicas que luchaban por la ortodoxia. Pero poco a poco, una a una, todas las ciudades terminaron claudicando.

Fue por esta época, entre 1230 y 1250, cuando Juan de Lugio, hijo mayor y, después, obispo de la iglesia cátara de Desenzano, escribió, según parece, el *Libro de los dos principios*. Esta obra nos ha permitido conocer de primera mano las ideas del dualismo extremo, pero también el pique tremendo que vivían los miembros de la escuela a la que pertenecía este señor, los albanensianos, y sus rivales, los concorezzanos.

Los primeros, siguiendo el camino de la Iglesia de Desenzano, con fuerte presencia en Verona y varias ciudades de Lombardía, eran dualistas radicales, mientras que los otros, mucho más extendidos, por casi toda Lombardía, eran herederos de Garato —¿lo recuerdan?, hablamos de esto hace un rato— y moderados. El choque era comprensible, aparte de que heredaban rencillas del pasado. Los albanensianos tenían ideas realmente alucinantes, nacidas de sus intentos de conciliar los relatos evangélicos con su dualismo extremo: por ejemplo, planteaban que Jesús era fruto de la unión de Lucifer con una esposa de Dios o un espíritu maligno. Imaginen lo que suponía aceptar esto. La obra *La cena secreta*, de la que les hablé páginas atrás, recoge las creencias de los concorezzanos.

Así, lo que caracterizó al catarismo italiano fue la división interna. Y no solo entre estos dos grandes grupos, sino entre los otros que había repartidos por toda la península. Hasta en Roma y en Sicilia había cátaros, pero en una densidad mucho menor que en el norte.

Sea como fuere, la acción orquestada de varios papas (Inocencio IV, Alejandro IV, Urbano IV y Clemente IV), la Inquisición, los dominicos y los franciscanos, así como la fragmentación del movimiento y la aparición de Carlos de Anjou (1227-1285), conde de Provenza y rey de Sicilia, como aliado político y militar frente al emperador, provocaron la decadencia y desaparición de los cátaros en Italia. Habían perdurado gracias al apoyo de los gibelinos, que, enfrentados al papa, poco hicieron para perseguirles. Pero cuando la balanza se decantó hacia los güelfos y el papado, comenzó su decadencia. Además, otros proyectos religiosos, como los apostólicos de Gerardo Segarelli de Parma (quemado en 1300), o el movimiento de fray Dolcino de Novara (en 1307), junto a los seguidores de Joaquín de Fiore, revolucionaron por completo la cristiandad e hicieron que las gentes encontrasen otras vías para saciar sus ansias espirituales.

Aun así, la herejía sobreviviría en Italia durante varias décadas más. El último obispo cátaro que se conoce fue arrestado y quemado en Figline en 1342. Los altos valles del norte del Piamonte se convirtieron en los refugios perfectos para los últimos cátaros. Fueron perseguidos durante décadas, y se lanzaron varias inquisiciones masivas para acabar con ellos. Poco a poco fueron desapareciendo.

El final del catarismo en Italia tuvo lugar de un modo tremendamente significativo. En 1412 se celebró en Chieri, un municipio de la actual provincia de Turín, la exhumación de quince herejes ya fallecidos, cuyos restos fueron quemados en la plaza del pueblo en presencia del duque Amadeo VIII de Saboya (1383-1451), príncipe del Piamonte. Años después, curiosamente, este señor sería el último antipapa, con el nombre de Félix V. Aun así, terminó siendo enterrado en la capilla de la Síndone, en la catedral de Turín…

CÁTAROS EN LEÓN

Como hemos visto, el trasvase de cátaros entre ambos lados de los Pirineos fue algo constante, tanto en tiempos de paz como, especialmente, en tiempos de persecución, sobre todo en la parte oriental. Se sabe que en el valle navarro del Baztán, muy cercano a la frontera actual con Francia, también se formaron algunos grupos cátaros, que, por desgracia, son bastante desconocidos. Pero también hubo algunas comunidades en Galicia, Asturias y Logroño.

Sin duda, esto guarda relación con el Camino de Santiago, por el que transitaron muchos cátaros, unos como penitencia tras haber sido condenados de una manera laxa, otros por motivos puramente espirituales o por proselitismo. Muchos fueron detectados e interrogados por las autoridades católicas.

Pero donde hubo una colonia especialmente reseñable fue en León.

Marcelino Menéndez Pelayo, en su magnífica obra *Historia de los heterodoxos españoles* (publicada entre 1880 y 1882) se hace eco de la crónica del clérigo leonés Lucas de Tuy, que también fue obispo de Tuy (a partir de 1239), acerca de un grupo de cátaros que se desarrolló en el reino de León, dirigidos al parecer por un tal Arnaldo, francés de nacimiento. La obra en cuestión se tituló *De altera vita fideique controversias adversus albigensium errores* y fue escrita hacia 1235.

El tal Arnaldo, según el cronista, llegó a la ciudad de León hacia 1216, y desde entonces se dedicó a predicar y a divulgar pequeños opúsculos manuscritos escritos por él mismo en los que recogía parte de su doctrina, así como a adulterar las obras de algunos Padres de la Iglesia. Sus seguidores solían camuflarse como católicos para no llamar la atención y para poder acercarse a posibles conversos. Además, y esto resulta muy llamativo, usaban tácticas bastante extrañas: por ejemplo, cuenta el cronista que en un lugar llamado Monculis, en Galicia, tomaron una imagen de la Virgen a la que le faltaba un ojo, con el fin de argumentar que Jesús se había humillado por el género humano de tal manera que hasta tomó como madre a una mujer con una tara física. Además, para acrecentar la fama de la imagen, fingían estar enfermos para luego, frente a la Virgen tuerta, simular que habían sido milagrosamente curados. Claro, la noticia se hizo viral y pronto aparecieron tallas similares, para regocijo de los sarcásticos herejes, que hacían este tipo de cosas para confundir a los católicos.

Y no solo eso:

> A veces interrumpen estos sectarios los divinos Oficios con canciones lascivas y de amores, para distraer la atención de los circunstantes y profanar los Sacramentos de la Iglesia. [...] En las fiestas y diversiones populares se disfrazan con hábitos eclesiásticos, aplicándolos a usos torpísimos. Y es lo más doloroso que les ayudan en esto algunos clérigos, por creer que así se solemnizan las fiestas de los Santos. [...] Hacen mimos, cantilenas y satíricos juegos, en los cuales parodian y entregan a la burla e irrisión del pueblo los cantos y oficios eclesiásticos (Menéndez Pelayo, 238).

Al parecer, el tal Arnaldo consiguió convencer a numerosos leoneses, entre ellos varios monjes. Terminaron siendo desterrados por don Rodrigo, obispo de León, que murió en 1232, circunstancia que aprovecharon para regresar.

Lucas de Tuy, al que se le conocía como el Tudense, también narró que el líder del movimiento leonés, el tal Arnaldo, fue objeto de un contundente castigo divino: al parecer, se encontraba manipulando un ejemplar del *Libro de los sinónimos* de san Isidoro de Sevilla en el día de su festividad, que ya es casualidad. De pronto se desató una terrible tormenta y al hereje le dio una apoplejía que le dejó tieso.

Quizás exagerando un poco, también explicó cómo acabó él mismo con una pequeña capilla que los herejes habían levantado en honor al difunto Arnaldo al lado de una fuente milagrosa de la que manaba sangre. Aseguraba que la ciudad estaba siendo castigada por Dios con una pertinaz sequía que no terminaría hasta que todos los herejes fuesen destruidos y se demoliese el templete de marras. Así que las autoridades locales le tomaron la vez y le dieron permiso para destruirlo. Lucas de Tuy se fue para allá, tomó los huesos del hereje y los arrojó a un vertedero, mientras sus seguidores y la soldadesca terminaban con la capilla, que fue pasto de las llamas, con tan mala suerte que el fuego se propagó y acabó con varias casas.

Pese a que los cátaros se indignaron, consiguió librarse de un posible linchamiento gracias a la prodigiosa lluvia que había profetizado que llegaría. La cosecha de ese año, cuenta, fue la mejor en décadas... Esto supuso el punto final para los cátaros leoneses, que a partir de entonces fueron perdiendo todo el crédito.

Aunque la crónica de Lucas de Tuy está evidentemente exagerada con fines apologéticos, sirve para testimoniar la existencia de una floreciente comunidad cátara en León. De hecho, el propio Bernardo Gui, en su *Manual del inquisidor*, menciona alguno de estos casos gracias a la crónica de Lucas de Tuy.

El rey Fernando III de León y Castilla (1199-1252), conquistador del valle del Guadalquivir, también los persiguió con entusiasmo. Impuso penas de confiscación de bienes y muerte a los herejes. Incluso se dice que él mismo no dudó en cargarse a varios: «Enforcó muchos homes e coció muchos en calderas» (*Anales Toledanos*). Gracias a esto, entre otras cosas, fue conocido como «el Santo».

CÁTAROS EN BOSNIA

Como vimos páginas atrás, a finales del siglo xii los bogomilos fueron cruelmente perseguidos en el Imperio bizantino. Pero, por algunos avatares del destino, Bosnia se terminó convirtiendo en un refugio seguro.

Sin entrar en mucho detalle, Bosnia, que no coincide con el estado actual de Bosnia-Herzegovina, era una región situada al oeste de la península balcánica, a orillas del mar Adriático. Durante los siglos ix y x fue pasando de Croacia a Serbia en varias ocasiones, hasta que a principios del xi pasó a manos del reino de Hungría, y en 1160 entró a formar parte del Imperio bizantino, que en ese momento estaba en manos del emperador Manuel I Comneno.

Poco después, en 1180, un señor llamado Ban Kulin (1163-1204) —*ban* es el nombre con el que se conocía a los representantes de los reyes húngaros— se convirtió en gobernador de Bosnia. Además de conseguir que se independizase del imperio y pasase a ser un estado vasallo de Hungría, tras una cruenta guerra, fue el principal responsable del desarrollo de la Iglesia bosnia, que nació a partir de varias comunidades bogomilas que se desarrollaron en la región. Sus miembros, que se autodefinían como *hrstjani* («cristianos») o *dobri bošnjani* («buenos bosnios»), vivían en unos monasterios llamados *hiža*, «casa», dirigidos por un prior (*gost*).

En 1203, el príncipe serbio Vukan, que controlaba las regiones de Dujlka y Zeta, escribió una carta a Inocencio III informándole de las actividades heréticas de su vecino, Ban Kulin. El papa, preocupado, le escribió a Emerico, rey de Hungría, para que interviniese. Kulin reaccionó afirmando que era un buen católico y consiguió que los herejes acabasen renunciando oficialmente a la herejía, aunque en la práctica no fue así. De este modo consiguió evitar una posible cruzada.

Kulin falleció en 1204. Su hijo, Esteban, se mantuvo supuestamente fiel a la Iglesia católica, hasta que terminó cayendo en las redes de la herejía.

En 1222 Hungría invadió Bosnia, en lo que iba a ser la primera de al menos dos cruzadas contra los cátaros bosnios. No consiguió mucho. La segunda tuvo lugar en 1236, y tampoco. Además, en 1241 Hungría sufrió la invasión mongola. De este modo, las aspiraciones del papa Inocencio IV se vieron frustradas al no conseguir convertir a los bosnios al catolicismo.

A partir de ese momento, la iglesia cátara se convirtió en la iglesia oficial de Bosnia. No me negarán que esto es sorprendente.

La iglesia contó siempre con el apoyo de los gobernantes y los nobles, que no dudaron en ayudar a destruir todos los conventos dominicos. El periodo de máximo esplendor tuvo lugar durante los reinados —aunque no eran reyes exactamente— de Esteban Kotromanić (entre 1318 y 1353) y su sobrino y sucesor, Tvrtko I, que ocupó el poder hasta 1391. La Iglesia de Bosnia siguió sin ser perseguida durante ambos mandatos. Tras la muerte de Tvrtko I, por problemas sucesorios, hubo una cruenta guerra civil. Esteban Ostoja, su hermano y sucesor, que gobernó entre 1398 y 1404, y entre 1409 y 1418, fue el único monarca miembro de la iglesia, aunque todos los anteriores se mostraron bastante cercanos.

En 1443, Esteban Tomás, hijo ilegítimo de Ostoja, tomó el poder y se convirtió al catolicismo. Durante un tiempo mantuvo la paz con la Iglesia de Bosnia, pero en 1459 terminó prohibiéndola. Les ofreció a todos sus miembros que eligiesen entre el exilio y la conversión. La mayoría se quedó.

Finalmente, los turcos otomanos conquistaron aquellas tierras en 1463, lo que supuso el fin definitivo del catarismo bosnio.

TERCERA PARTE
Neocatarismos varios

Esta orden-Iglesia medieval que fue sistema religioso completo presenta, sin embargo, una característica que la distingue realmente de las otras dos «grandes espiritualidades»: es religión muerta. El vínculo sagrado que unía a sus creyentes con Dios por medio de un clero, de una revelación y de un sacramento de salvación cristiana, fue irremediablemente cortado durante los dos últimos siglos de la Edad Media. Ya no hay, y ya no puede haber, cátaros.

ANNE BRENON, *La verdadera historia de los cátaros*

No, no hay cátaros hoy en día, aunque algunos afirmen serlo. No puede haberlos, por mucho que haya quien pretenda seguir su ejemplo existencial y su doctrina religiosa. Del mismo modo que no hay tampoco templarios, ni esenios, ni celtas.

Nada queda de ellos. No hay pueblos cátaros ni casas. Ni siquiera lo son esos castillos a los que van los turistas emocionados, atraídos por la propaganda que de un tiempo a esta parte han lanzado los departamentos del Ariège y el Aude, en especial este, donde en 1992 se registró la marca Pays Cathare para promocionar la zona de cara al turismo.

De hecho, hasta hace poco existía algo llamado *Passeport des sites du Pays Cathare*, una versión algo bochornosa de la Credencial del peregrino del Camino de Santiago que facilita el acceso a albergues y, si se hacen los últimos 100 kilómetros a pie —o 200 en bici—, permite obtener la Compostela. El dichoso pasaporte consistía en una lista de veintidós lugares del Aude, más el castillo de Montsegur (Ariège) y la ciudad de Minerve (Hérault), supuestamente relacionados con los cátaros, en los que te iban poniendo un sello. Al final... no te daban nada. Y para lo único que servía era porque aplicaban algunos descuentillos.

Ojo, con esto no quiero menospreciar, ni muchísimo menos, el patrimonio cultural e histórico del Languedoc. Solo quería matizar eso, que nada queda cátaro realmente.

Sí, hay algunas palabras peyorativas que guardan relación con ellos, como *patarinage*, de «patarino», que hace referencia a una reunión de gentes ruidosas y groseras; o *paratinejar*, «mendigar»; o *bougre*, que significa «búlgaro», pero que desde hace siglos se emplea para denominar a los homosexuales... Pero poco más.

Y, por supuesto, no quedan cátaros. Eso no quita que haya personas que en las últimas décadas hayan pretendido tomar su senda y autodenominarse neocátaros. Algún grupo más o menos auténtico hubo en los años sesenta, aunque muy influidos también por la espiritualidad oriental y la Nueva Era, pero poco más. Otros, en cambio, sin llegar a denominarse neocátaros, han hecho suya su historia y la han mezclado con otras corrientes religiosas o espirituales, como el hermetismo, el ocultismo, el gnosticismo o la masonería. Lo curioso, y lo realmente significativo, es que si hoy hablamos de cátaros es gracias a algunos de estos personajes. Les hablaré de ellos en breve; antes, si me lo permiten, me tengo que acercar a un lugar...

Todos los caminos conducen a Rennes

Un cúmulo de mentiras a quemarropa, rumores infundados, teorías sin evidencia, ensoñaciones melancólicas, dimes y diretes. Un gigantesco castillo de naipes, construido sobre arenas movedizas, que acabó convirtiendo la curiosa y decadente historia de un curita rural que se hizo rico, sepa Dios por qué, en un mito moderno y en un lugar común del mundo del misterio. Templarios, cátaros, rosacruces, masones, gnósticos, martinistas; María Magdalena, linajes sagrados y secretos de la Iglesia. Todo se ha querido relacionar con Rennes-le-Château —y con los cátaros—. ¡Hasta nazis y extraterrestres, caramba! Como hace un tiempo comentó mi amigo y compañero Jesús Callejo, es un parque temático del misterio donde están presentes casi todos los temas relacionados con lo enigmático.

El problema es que casi siempre se ha especulado sin tomar como punto de partida la documentación real y contrastada que disponemos sobre este *affaire*, que, sorprendentemente, y pese a lo que pueda parecer, existe y es bastante abundante y reveladora. Por supuesto, no es mi intención entrar con excesivo detalle en esta fascinante historia, a la que dediqué un libro, *Prohibido excavar en este pueblo*, centrado en desmontar las mentiras de este mito moderno; y otro que escribí junto a los compañeros Xavi Bonet y Enric Sabarich, *Compendium Rhedae, 100 años de Rennes-le-Château*, en el que nos centramos en las verdades, obviando y pasando de todo lo que se había escrito hasta el momento. Si quieren saber más, ya saben.

Pero, como era de esperar, el supuesto misterio de Rennes-le-Château también guarda relación con los cátaros, o al menos eso han planteado algunos de los creadores del mito y varios mercaderes del misterio. Tampoco debería extrañarnos. Esta pequeña aldea se encuentra en el corazón del Alto Valle del Aude, en el mítico

Razès, muy cerca de Carcasona, de Bugarach y, más o menos, de Montsegur, de Puivert y del castillo de Peyrepertuse. Es decir, en eso que los modernos pretenden llamar Aude Pays Cathare.

Sea como fuere, esta fascinante trama me va a servir para introducir esta última parte del libro, centrada, como verán, en un grupo de variopintos personajes que a lo largo de los siglos XIX y XX han pretendido reinterpretar la historia de los cátaros desde perspectivas románticas, pseudohistóricas y cercanas a la *new age*. Dicho esto, si les parece, viajemos a lo alto de aquel pequeño cerro que en los años sesenta se convirtió en la meca de los buscadores de tesoros.

LA BELLE HISTOIRE

Casi todo lo que se ha contado sobre Rennes-le-Château es mentira. Por no decir todo. Los culpables son muchos, pero, sin duda, los dos principales son el escritor de enigmas históricos Gérard de Sède y un *bon vivant* mentiroso y extraordinario llamado Pierre Plantard, que, tras quedarse prendado con el misterio, e investigarlo exhaustivamente —como casi nadie—, comenzó a producir documentación falsificada con la intención de relacionar esta trama con la supuesta supervivencia del linaje de los merovingios, una antigua casa real francesa. Juntos escribieron —aunque oficialmente el mérito se lo llevó el primero— un libro titulado *El oro de Rennes o La vida insólita de Bérenger Saunière*, publicado a mediados de los años sesenta. Lo que contaron en este libro ha pasado a ser conocido por los frikis de Rennes-le-Château como la *Belle Histoire*, un cúmulo de mentiras que acríticamente han sido repetidas hasta la saciedad por divulgadores vagos y maleantes que no se han molestado en profundizar lo más mínimo. Si les parece, les contaré primero el mito y luego algunas ideas sobre qué pasó realmente aquí.

El protagonista, como bien sabrán, fue un tal Bérenger Saunière, un sacerdote nacido en 1852 en la cercana población de Montazels. Tras ser ordenado en 1879, con 27 años, y tras ejercer en las pequeñas iglesias de Alet-les-Bains y Le Clat, fue trasladado a Rennes-le-Château, según De Sède, porque «sus superiores le consideraban demasiado independiente de ideas y desembarazado de modales» (De Sède, 1980, 25). Tenía 33 años cuando llegó a la aldea, supuestamente castigado por sus actitudes liberales y poco ortodoxas. Allí le esperaba la deteriorada y casi en ruinas iglesia de santa María Magdalena y una casa parroquial inhabitable. Llegó con una mano delante y otra detrás. No tenía ni para pagar el alquiler. Pero poco después, en 1891, con los fondos legados por el anterior párroco, alguna donación particular y un préstamo del ayuntamiento, comenzó a realizar una serie de obras. Así, tras reparar el techo, decidió meterle mano al altar mayor, que reposaba sobre dos pilares visigóticos. Al levantar la losa de piedra que lo cubría, descubrió en uno de los pilares tres tubitos de madera sellados y camuflados entre helechos secos. Contenían unos pergaminos.

A principios de 1893 (dos años después), Saunière fue a visitar a su obispo, Félix-Arsène Billard, a Carcasona, llevando consigo los pergaminos. El obispo le ordenó marchar a París, con todos los gastos pagados y con una carta de recomendación, con el objetivo de llevar aquellos legajos a unos eclesiásticos que conocía y que podrían descifrar el mensaje oculto en los textos.

L'abbé junto a la puerta de la iglesia.

Y así, una vez que *l'abbé* Saunière llegó a París, contactó con ellos y les confió los documentos para que pudiesen examinarlos. Durante esos días de espera, el curita se dedicó a visitar la capital gala, a conocer a varias personalidades importantes —como la célebre cantante Emma Calvé— y a comprar varias reproducciones en el Louvre, entre otras, *Los pastores de la Arcadia* de Nicolas Poussin.

Tres semanas después, sin los documentos, o solo con algunos de ellos, Saunière regresó a Rennes-le-Château. Nada más llegar, reanudó las obras de la iglesia. Y lo primero que hizo, significativamente, fue levantar una losa enorme situada a los pies del altar. Al darle la vuelta, se dio cuenta de que el reverso estaba esculpido —se trataba de la piedra conocida como Losa de los Caballeros—, y allí mismo ordenó excavar una fosa de un metro de profundidad en la que se encontraron dos esqueletos y una olla con objetos brillantes, sin demasiado valor para el cura, según les dijo a los testigos, los albañiles…

A partir de entonces comenzó a ausentarse todos los días del pueblo, acompañado siempre por Marie Dénarnaud, su criada, con la excusa de ir a recoger rocas para construir una gruta en homenaje a la Virgen de Lourdes, excusa que no acababa de convencer a los vecinos. Pero además se entregó a otra misteriosa faena: por las noches, y también en compañía de Marie, empezó a realizar extrañas actividades en el cementerio. Por algún motivo que desconocemos, Saunière rompió la lápida de Marie de Negri d'Ables, esposa del marqués de Blanchefort, antiguo señor de Rennes. Estas actividades nocturnas alertaron a los vecinos, que se quejaron a las autoridades pertinentes. Por ese motivo, en 1895, el municipio le ordenó que cesase con sus macabros quehaceres.

Poco después, Saunière comenzó a viajar mucho, y parece que lejos, y durante varios días, aunque no se sabe a dónde iba. Además, comenzaron a llegar giros desde lugares distantes (Alemania, España, Suiza, Italia) y desde varias comunidades religiosas, giros que cobraba siempre Marie en la cercana estafeta de Couiza.

Y Saunière comenzó a tener dinero a raudales. Y a gastarlo.

En primer lugar, reemprendió en 1896 la reparación de la iglesia, a costa suya, añadiendo esculturas, relieves y vidrieras nuevas, así como un nuevo púlpito, un nuevo altar —en el que él mismo pintó a María Magdalena, según aseguraba De Sède—, y un llamativo suelo ajedrezado. El conjunto fue terminado en 1897 y el obispo

Billard fue invitado a la inauguración. Algo curioso, porque aquella iglesia no era, si hacemos caso a esta versión, la más ortodoxa del mundo. Eso sí, «una vez allí, un indefinible malestar se apoderó del prelado; el mismo malestar que os oprimirá a vosotros si visitáis este extraño santuario» (*ibid.*, 45). No era para menos, ya que, como De Sède destacó, la iglesia nos recibe con una inscripción labrada sobre la puerta que pone: «TERRIBILIS EST LOCUS ISTE». Este lugar es terrible. Y más cuando, nada más entrar, te encuentras con la estatua de un demonio, Asmodeo, según este autor, el custodio del tesoro del Templo de Salomón.

Poco después, en 1900, y dado que la sed de construcción de Saunière estaba lejos de hallarse satisfecha, compró unos terrenillos baldíos en el pueblo y construyó la Torre Magdala y la Villa Betania: la primera, para albergar su biblioteca; la segunda, para vivir en ella —algo que en realidad nunca hizo, ya que siempre vivió en la casa parroquial—. «Ya podía la propiedad del padre Saunière tener un magnífico aspecto: había costado un millón de francos», dijo De Sède (*ibid.*, 47). Por si fuera poco, y en pleno derroche orgiástico, comenzó a coleccionar sellos y postales, muebles antiguos, telas, cuberterías, vajillas... Creó, incluso, un pequeño parque zoológico en los jardines, en los que plantó árboles exóticos. Además, organizaba comilonas y cenas suntuosas en su villa, a las que acudían la flor y nata de la región y personalidades de relieve.

Eso sí, el cura sibarita también hacía buenas obras a su alrededor para beneficio de la gente de Rennes-le-Château.

Todo iba a las mil maravillas, hasta que en 1902 monseñor de Beauséjour sucedió a monseñor Billard como obispo de Carcasona. Este comenzó a perseguir a Saunière, intrigado y molesto con la supuesta fortuna que manejaba y con la forma que tenía de gastársela. Fue llamado a declarar, pero nuestro cura se negó en diferentes ocasiones, alegando motivos de salud, hasta que finalmente se vio obligado a hacerlo. El obispo quería que comunicase la fuente de sus ingresos. Saunière se explicó afirmando que procedían de donaciones particulares cuyo nombre le estaba prohibido dar bajo secreto de confesión. Beauséjour insistirá y le volverá a pedir un informe detallado de sus ingresos y gastos. Con muchas triquiñuelas, consiguió reducir el gasto de sus construcciones a 193.000 francos, lo que no supone «ni la quinta parte de los gastos reales» (*ibid.*, 55). El obispo, descontento con la explicación, le acusó finalmente de traficar con misas. Algo más que curioso, porque una misa costaba unos 50 céntimos, y no podían celebrarse más de tres al día. Para poder ganar esos 193.000 francos ¡tenía que haber oficiado 386.000 misas durante 350 años! No tenía sentido —para De Sède—. Aun así, el 5 de diciembre de 1910, le declararon *suspens a divinis*. Ya no podía impartir sacramentos ni dar misa en la iglesia.

Saunière apeló al Vaticano. No logró nada.

Por otro lado, la guerra en Europa parece mermar la fuente de riqueza de Saunière —al no poder viajar— y comenzó a tener deudas. Pero de alguna manera encontró la solución a sus necesidades, ya que hacia 1917 tenía en mente varios proyectos caros y magníficos

La Torre Magdala. Foto del autor.

para el pueblo, como construir una carretera desde Rennes-le-Château hasta Couiza, hasta entonces un mero camino de tierra, para poder conducir el coche que se quería comprar.

Pero no pudo llevarlas a cabo: doce días después le dio un chungo en la puerta de la Torre Magdala. No se recuperaría. Y el 22 de enero de 1917 falleció, a sus 65 años.

Todos sus bienes muebles e inmuebles pertenecían a Marie Dénarnaud, su sirvienta, descubrieron todos sus familiares cuando se abrió el testamento. Fue la última jugada maestra del cura. La pobre Marie no solamente heredó todo el *domaine* («finca») de Saunière, sino que guardó celosamente el secreto del origen de su fabulosa fortuna.

Tuvo que ser un tesoro. El cura, según De Sède, manejó cantidades ingentes de dinero: 425.000 francos de la época. Aunque «sabemos con certeza [dice], por las facturas, que dichas obras costaron en realidad un millón treinta mil francos nuevos» (*ibid.*, 69). Y eso sin tener en cuenta todo lo que no estaba contabilizado, como el millón de francos que le entregó al obispo Billard para que le dejase tranquilo, según afirma este autor, que se plantea que el montante final debió ser de entre «un mínimo de quince millones de francos y un máximo de veinticinco millones» (*ibid.*, 69).

Quédense, por favor, con esta cifra.

De Sède, además, fue el primero en hacerse eco públicamente de los dos famosos pergaminos que supuestamente encontró Saunière bajo el altar. Pero, por extraño que pueda parecer, no aportó en su obra el texto desencriptado, pese a que, en teoría, había dado con el método empleado para codificarlo. El gran público no pudo conocer el mensaje oculto hasta más de una década después, en 1982, cuando se publicó *El enigma sagrado*, escrito a medias por Michael Baigent, Richard Leigh y Henry Lincoln. En esta obra, de tremendo éxito, y polémica como pocas, se planteó la temeraria idea de que Jesús de Nazaret y María Magdalena tuvieron descendencia, y que esa descendencia se acabó mezclando con los antiguos reyes merovingios, dando lugar a una estirpe que se habría preservado hasta la actualidad gracias, en parte, a una misteriosísima sociedad secreta conocida como el Priorato de Sion.

Lo interesante es que esta monumental teoría se levantaba, como un gigantesco castillo de naipes, sobre los textos secretos de aquellos dos pergaminos que, según la versión de De Sède, se habían quedado en París tras la visita de Saunière en 1893...

LA CREACIÓN DE UN MITO MODERNO

Ahora, contemos verdades.

Esta historia salió a la luz gracias a Noël Corbu, un empresario de Perpiñán que en 1946 se hizo con las antiguas propiedades de Saunière. Corbu llegó a conocer a Marie Dénarnaud, la compañera y heredera de Saunière, y, al parecer, esta le comentó en alguna ocasión que algún día le contaría un secreto que le haría muy rico y que en el subsuelo de Rennes-le-Château se escondía un tesoro enorme.

Marie falleció sin darle más detalles. Este, necesitado de rentabilizar su inversión en la finca, decidió montar un negocio allí: el Hotel-Restaurante La Tour, que se inauguró el 10 de abril de 1955. No calculó bien. Allí no iba ni Dios, excepto algún dominguero despistado. Habían pasado aquellos esplendorosos años en los que los bañistas de Rennes-les-Bains acudían ansiosos a conocer las posesiones de aquel extraño cura y a escuchar de boca del propio sacerdote la fantástica historia de la región. Así que se le ocurrió una idea brillante: comenzó a narrar a sus pocos clientes la fabulosa historia del tesoro encontrado por el antiguo cura, un tesoro tan enorme que no pudo gastar en vida, por lo que parte de él estaba aún escondido en algún lugar de la zona. Fue todo un éxito. Si hay algo que le gusta a la gente, y más en aquella época, es el romántico sueño de un enorme tesoro escondido a la espera de ser encontrado. Imaginen que les sucede a ustedes. ¿Qué harían?

El boca a boca hizo el resto. Corbu comenzó a llenar su restaurante y poco a poco fueron llegaron los primeros *chercheurs*, los primeros buscadores. Y fue entonces, a finales de 1955, cuando tuvo una brillante idea: aquella historia tenía que aparecer en la prensa. Así, los días 12, 13 y 14 de enero de 1956 apareció en *La Dépêche du Midi* una serie compuesta por tres artículos con el sugerente título de «El fabuloso descubrimiento del cura de los millardos de Rennes-le-Château». En dichos artículos Corbu afirmaba que lo que había hecho enormemente rico a Saunière había sido el hallazgo del tesoro de los Capetos, oculto en el siglo XIII por Blanca de Castilla, que, como recordarán, había sido regente del trono francés mientras su hijo, Luis IX de Francia, San Luis, estaba en las cruzadas.

Argumentaba que el tesoro real se había trasladado hasta allí durante la Cruzada de los Pastores, un curioso movimiento de mediados del siglo XIII (1251) protagonizado por numerosos jóvenes de las regiones del norte del país que comenzaron a seguir a un enigmático caudillo conocido como el maestro de Hungría, un asceta iluminado de unos sesenta años que afirmaba que la mismísima Virgen se le había aparecido y le había pedido que iniciase una cruzada con el fin de obtener para la cristiandad, de una vez por todas, las perdidas colonias de Tierra Santa. Tras reunir a miles de enfervorecidos pastores que se unieron a su locura, decidieron dirigirse hacia París, convirtiendo el movimiento en una auténtica subversión que amenazaba directamente a la Corona. Y a ello tuvo que hacer frente la reina Blanca, que por aquel entonces tenía cerca de 60 años. Para evitar que el tesoro real cayese en manos de estos fanáticos, se lo llevó al sur, al Languedoc…

Corbu aseguraba que esto fue lo que encontró Saunière, un tesoro tan enorme que no lo pudo gastar al completo, a pesar de derrochar a manos llenas.

Por supuesto, es algo realmente difícil de aceptar, ya que en aquella época aún estaba en marcha la persecución masiva contra los

El autor junto al famoso demonio que nos recibe a la entrada de la iglesia de Rennes-le-Château.

cátaros del Languedoc, y el pueblo protagonista de nuestra historia estaba en el centro de la contienda. Además, no existe ningún documento o testimonio que lo avale. No era el lugar más indicado para esconder el tesoro real.

Si Saunière encontró un tesoro, no fue el de la reina Blanca.

Una curiosidad antes de continuar: en 1964 Noël Corbu decidió vender la finca a Henri Buthion, un empresario de Lyon amante del misterio, que ya en aquel entonces era bastante popular. Con el dinero de la transacción —ignoramos su cuantía—, Corbu se compró el castillo de Saint-Félix-du-Lauragais, en el departamento cercano de la Haute-Garonne, conocido por haber sido la sede del primer concilio cátaro, celebrado en 1167.

Pero antes de esto, hacia 1961, entró en acción Robert Charroux, un divulgador francés que se hizo enormemente conocido como pionero de eso que se ha venido a llamar «teoría de los antiguos astronautas». Este señor escribió en 1962 *Trésors du Monde enterrées, emmurés, engloutis* («Tesoros ocultos: enterrados, emparedados, sumergidos»), una obra en la que estudiaba el paradero de diferentes tesoros perdidos del mundo, tanto europeos —templarios, cátaros— como americanos —incas, mayas— o marítimos —los tesoros de los piratas, los de la Segunda Guerra Mundial—, y otros tesoros legendarios, encantados y fantasmales. Pues bien, le dedicó unas páginas al recién nacido misterio de Rennes-le-Château, usando como principal fuente de referencia el relato que personalmente le transmitió Noël Corbu.

Pero añadió nuevas posibilidades, aparte del supuesto tesoro de Blanca de Castilla.

> Pero, en realidad, nada demuestra que ese tesoro sea el de la madre de San Luis. Algunos suponen que se trataría del tesoro de Alarico, cuya capital era Rennes-le-Château; otros, y es más verosímil, creen que sea el tesoro de los cátaros, tomando en cuenta que Rennes era su segunda ciudadela después de Montsegur…

¿Rennes era la segunda ciudadela cátara después de Montsegur? No sé de dónde demonios sacó esto Charroux, pero no existe la más mínima evidencia de eso, ni siquiera de que allí hubiese cátaros, aunque sí en las cercanas localidades Bugarach y Coustaussa.

Sea como fuere, era la primera vez que se planteaba que aquello que hizo rico a Saunière fuese el tesoro de los cátaros.

Pues bien, en 1967 todos estos hilos convergieron con la aparición de una obra definitiva y fundamental en la creación del mito: *El oro de Rennes*, escrita, como dije, por Gérard de Sède y Pierre Plantard; el primer libro dedicado exclusivamente al misterio que nos ocupa.

El origen de la fortuna de Saunière tenía que estar relacionado con un tesoro —como, en efecto, pensaban sus vecinos, y hay evidencias que lo avalan—. Los autores plantearon un montón de opciones, entre ellas, de nuevo, el tesoro de los visigodos, aquel que se trajo de Roma el rey Alarico I (370-410) tras saquearla el 24 de agosto del 410, y que contenía, a su vez, los despojos del tesoro del Templo de Jerusalén, de los que se había apoderado el emperador Tito (39-81) en el año 70 d. C. Pero también pudo ser el tesoro de los templarios, otro lugar común, desaparecido cuando en 1307 se suprimió la orden.

Cien años antes se había producido la Cruzada Albigense. En esa época, en los años sesenta, estaba muy extendida la creencia de que durante el asedio de Montsegur algunos cátaros habían logrado sacar sus riquezas de oro y plata y las depositaron en una gruta de la zona. Pero De Sède se planteaba que en realidad el tesoro de los cátaros era más bien algo espiritual, algunos objetos o textos religiosos de gran valor; por ejemplo, el Santo Grial. Aquí introduce una idea nueva y con conexiones laterales inmensas: quizás Blanca de Castilla «obtuvo la rendición de Montsegur a cambio de documentos genealógicos de suma importancia que los defensores del castillo, en cuanto los tuvieron en sus manos, ocultaron, al parecer, en lugar seguro». Interesante conexión… ¿A qué linaje pertenecían esas genealogías? ¿Qué tenían que ver con los cátaros?

La trama se estaba tejiendo, con Pierre Plantard al timón y De Sède cumpliendo órdenes. De repente, lo que había hecho rico a Saunière, si bien podría ser un tesoro «físico», era más bien algún documento o algún objeto que tenía un valor extraordinario. La explicación salió a la luz en 1982, cuando se publicó *El enigma sagrado*.

En esta obra, otra vez, se enumeran todos los tesoros mencionados como posibles candidatos, pero todo se vuelve delirante cuando entra en acción un personaje trascendental que, según las leyendas galas, llegó al sur de Francia en el siglo I d. C.: María Magdalena, aquella a la que estaba dedicada la iglesia de Rennes-le-Château. Y es que algunas de aquellas historias afirmaban que allí llevó consigo el Santo Grial (o la sangre real)… Dos más dos, cuatro.

> Es en este punto donde introducen el polémico tema de la descendencia de Cristo: quizá la Magdalena era en realidad la esposa de Jesús. Quizá esa unión produjo vástagos. Después de la crucifixión tal vez la Magdalena, con un niño como mínimo, fue llevada clandestinamente a la Galia, donde ya existían comunidades judías y donde, por consiguiente, encontró refugio. Resumiendo, quizás había una estirpe hereditaria que descendía directamente de Jesús. Quizás esta estirpe, esta *Sang Real* suprema, se perpetuó luego, intacta y de incógnito, durante unos cuatrocientos años [...] y quizás en el siglo v el linaje de Jesús se alió con el linaje real de los francos, engendrando así a la dinastía merovingia (Baigent, Leigh y Lincoln, 2006a, 439).

Además, gracias a una serie de documentos que habían conseguido gracias a De Sède, los famosos *Dossiers Secrets*, unos documentos inventados por Pierre Plantard, esenciales en esta trama, los autores de *El enigma sagrado* conocieron la existencia del Priorato de Sion, una sociedad secreta supuestamente fundada en el siglo XI, y que, desde entonces, había custodiado en la sombra la existencia del linaje perdido de los merovingios. Claro, estos autores fueron mucho más lejos y afirmaron que en realidad ¡estaba custodiando la estirpe de los descendientes de Cristo! Un secreto de una categoría inmensamente mayor que, además, atacaba directamente la versión de la historia defendida por el Vaticano.

Esta hipótesis explicaría la gran importancia que se le ha concedido a la Magdalena, la condición sagrada atribuida a los merovingios, el intento de borrarlos de la historia, la misteriosa familia del Grial de la que hablaban los romances y, sobre todo, la importancia que debía tener aquel secreto como para haber involucrado a gente como Newton, Da Vinci o Victor Hugo, que, según los *Dossiers Secrets*, habían sido grandes maestres del Priorato de Sion.

El Santo Grial representaría, pues, tanto al linaje de Cristo, la sangre real, como al receptáculo de esta en primer lugar, la Magdalena.

Los miembros de este linaje, según plantean estos autores, intentarían desde entonces, ayudados, dirigidos o protegidos (o todo ello a la vez), por el Priorato de Sion, recuperar su patrimonio. En primer lugar, erosionando el poder de la Roma cristiana con el fomento de herejías —cátaros, herméticos, rosacruces, francmasones—, pero también mediante la maquinación política y los matrimonios dinásticos.

Pero, ahora que lo pienso, ¿qué tiene que ver todo este embrollo con nuestro pobre cura rural, Bérenger Saunière, y su misteriosa fortuna? Pues muy sencillo: los supuestos pergaminos que encontró eran dos genealogías y dos textos encriptados que, sin entrar en detalle, demostrarían la supervivencia de la estirpe merovingia, camuflada bajo determinadas familias europeas (la casa Lorena, los Sinclair, los Plantard, los Habsburgo).

Quizá así se explique la fortuna de Saunière: los del Priorato de Sion le pagaron para que buscase algo y, además, para que se mantuviese callado. O, yendo más allá, había un poco de todo: unos documentos de vital importancia que fueron bien pagados, así como un tesoro oculto en algún sitio que le hizo aún más rico.

Así, el tema de Rennes-le-Château estaría en relación con el intento de determinadas personas, pertenecientes al Priorato, interesadas en restaurar la monarquía en Francia —y probablemente en toda Europa—, amparándose en un linaje legítimo mantenido en secreto a través de los siglos, y que no solo descendería de los merovingios, sino de Jesús de Nazaret. Y ¿quién sería el último heredero de esta saga? Pues, señores y señoras, ni más ni menos que Pierre Plantard.

Por supuesto, todo esto es mentira. Esas genealogías y esos pergaminos son un fraude ideado por este señor, como los *Dossiers Secrets.* María Magdalena poco tiene que ver con esto, más allá de la especial veneración que sentía por ella Saunière, nada extraño en Francia, por otro lado. La propia iglesia de Rennes-le-Château estaba consagrada a esta santa, y antes de que Saunière llegase allí. Tampoco hubo templarios por la zona. Ni hay constancia de que llegasen hasta allí los merovingios. Ni siquiera se sabe si hubo cátaros en el pueblo, aunque sí cerca.

¿RESUELTO EL MISTERIO DE RENNES-LE-CHÂTEAU?

Todo es mentira, sí, pero quizás se pregunten cómo se hizo tan inmensamente rico Saunière. Yo me lo pregunté, como también hicieron Xavi Bonet y Enric Sabarich, pero, tras investigar a fondo la historia, dejando a un margen todo lo que se había escrito y todo lo que sabíamos, llegamos a la conclusión de que no se había hecho tan inmensamente rico. Sí, dispuso de más dinero de lo normal para un cura honrado. Pero él no lo era.

No encontró ningún enorme tesoro. Un tesorillo, tal. No sería raro. Tampoco encontró esos famosos pergaminos ni aquellas dichosas genealogías. Lo sabemos porque el propio Plantard, y algunos de sus colegas implicados, acabaron reconociendo el embuste. Por lo tanto, tampoco fue enviado allí por algún oscuro motivo, ni por su carácter rebelde, liberal y levantisco, como muchos han planteado.

Es más, un episodio que sucedió solo unos meses después de su llegada permite hacernos una idea de cómo era realmente Saunière: a finales de octubre de 1885, junto a varios curas de la zona, fue sancionado por lanzar proclamas antirrepublicanas desde el púlpito y por exhortar a sus feligreses a que votasen a favor de la Unión de Derechas. Tampoco era raro esto. La Iglesia católica llevaba tiempo sufriendo recortes en sus privilegios por culpa de los gobiernos republicanos y anticlericales de izquierda —en los que había una gran densidad de francmasones, por cierto—. Así pues, ante la inminencia de unas nuevas elecciones, muchos sacerdotes franceses hicieron campaña a favor de la restauración de la monarquía, tradicional defensora del clero. Saunière pagó cara su osadía: fue castigado por el ministro francmasón Goblet a seis meses sin empleo ni sueldo, al igual que sus compañeros, y se le trasladó al *Petit Séminaire* de

Foto antigua de Rennes-le-Château.

Narbona, pese a la extraordinaria defensa de su obispo, Félix-Arsène Billard, otro reaccionario, que no dudó en justificar la acción de aquellos curas y en retrasar el castigo lo máximo posible. Por lo tanto, Saunière sí que era un cura levantisco, pero no un liberal, sino todo lo contrario: le castigaron por ser un reaccionario ultraderechista defensor del Antiguo Régimen. Por cierto, los monárquicos ganaron las elecciones pero, como estaban divididos, no llegaron a gobernar.

Sí que es cierto que Saunière estaba relativamente bien relacionado: 6 meses después de su castigo, el 1 de julio de 1886, regresó a Rennes-le-Château con 3000 francos que había recibido de María Teresa de Austria, condesa de Chambord y esposa de Enrique de Artois, nieto de Carlos X, el último Borbón que reinó en Francia, y aspirante al trono francés por esta casa real. ¿Por qué se produjo esta donación? No lo sabemos, aunque parece probable que la noble aristócrata se congratulase con aquel pobre cura rural que había sido amonestado por defender sus mismos ideales. Y la conexión parece estar en su hermano, Alfred Saunière, relacionado con los círculos monárquicos parisinos.

Sea como fuere, poco tiempo después comenzó con las obras de restauración de la iglesia de Santa María Magdalena. Pero no en 1891, como defendía el mito, sino en junio de 1887. Lo primero que hizo fue sustituir el viejo altar, y, de nuevo, fue gracias a un generoso donativo, en esta ocasión de Marie Cavailhé, una señora burguesa y profundamente monárquica. Pero no fue por iniciativa propia: como casi todas las reformas de la iglesia, esto procedía de acuerdos tomados un tiempo antes por sus antecesores en el cargo y por el *Conseil de Fabrique*, un consejo local dedicado a gestionar los ingresos y los gastos de la iglesia, compuesto por un mínimo de cinco personas. Es decir, todas las obras que se hicieron en la iglesia fueron aprobadas por la *Fabrique*, que además se hizo cargo de casi todos los gastos. Todo estaba planeado con antelación. Y casi nada lo pagó Saunière. Para que se hagan una idea, tardó diez años en terminar la rehabilitación de la iglesia, desde el cambio del altar (en 1887) hasta las últimas obras (en los primeros meses de 1897). ¿Cómo explicar que tardase tanto tiempo si había encontrado un tesoro compuesto por miles de millones de francos?

Sea como fuere, el sacerdote no mostró el más mínimo signo de riqueza durante los siguientes años. Ni viajó a París, como se ha dicho, ni compró aquellos cuadros, ni nada por el estilo. No existe evidencia que avale nada de esto. Sí, es cierto que acabó construyendo la Villa Betania, la Torre Magdala y unos preciosos jardines, pero lo hizo a partir de 1901, es decir, catorce años después de llegar a Rennes-le-Château. Además, cualquiera que haya estado allí puede comprobar que esas construcciones no son realmente extraordinarias.

Pero hay más: ¿cómo explicar que durante las obras de construcción de la Torre Magdala se llegase a plantear paralizarlas por problemas económicos? Esto, al menos, demuestra que no se hizo tremendamente rico, como hubiese sucedido de haber encontrado alguno de los tesoros propuestos, todos tesoros con mayúsculas. Ni tampoco ayuda a explicar la famosa teoría de que alguien le pagó por algo que encontró. Si le pagaron, no le pagaron mucho...

Ahora bien, descartado un grandioso e histórico tesoro como explicación de su fortuna, y descartada la idea de que alguien le pagó por *no-sé-qué-tipo-de-secreto*, nos sigue quedando el misterio del origen del dinero que le permitió construir su *domaine* y comprar muebles caros, cuberterías, colecciones de sellos y cientos de libros a lo largo de diecinueve años.

Eso sí, también se ha exagerado enormemente la cuantía de su riqueza. Y esto es esencial para entender toda esta movida. Vayamos por partes: durante el proceso judicial que emprendió contra Saunière la diócesis de Carcasona, que comenzó en 1909 y terminó un par de años después, se investigaron exhaustivamente sus cuentas, y las conclusiones fueron asombrosas. El propio cura reconoció unos gastos totales de unos 193.000 francos, de los cuales solo pudo justificar, con facturas, unos 36.000. El problema es que entre los ingresos que el sacerdote afirmó tener se incluyeron varias generosas donaciones, algunas de 30.000 o 20.000 francos, procedentes de personas cuyo nombre no quiso revelar, y algo asombroso: 52.000 francos procedían, según Saunière, del sueldo que toda la familia Dénarnaud había ganado durante años. Es decir, incluyó en su contabilidad todos los sueldos de estas gentes solo porque vivían con él...

¿Qué pretendía Saunière con esta evidente falsa contabilidad? Ocultar el origen de su fortuna y demostrar que las acusaciones de sus superiores religiosos, que defendían que estaba traficando con misas, eran infundadas. Esto podría avalar la hipótesis del tesoro, sí, pero no. Saunière, sin la más mínima duda, traficó con misas. Como comenté, un sacerdote solo podía realizar tres misas al día, por las que se cobraba una tarifa, aparte de las sacramentales. En caso de que hubiese más solicitudes de misas, los párrocos estaban obligados a cederlas a otros compañeros con menos suerte. Saunière jamás hizo esto. Y no solo eso, se encargó durante años de pedir de forma masiva solicitudes de misas por toda Francia.

De hecho, el comienzo de su calvario judicial se produjo, precisamente, porque su obispo le ordenó que dejase de pedir misas y porque le exigió una contabilidad detallada. Saunière no hizo ni una cosa ni la otra. Por reincidir en sus peticiones de misas fue condenado a una suspensión a *divinis* de un mes (el 23 de julio de 1910). Pero, como no presentó la contabilidad de las misas, ni devolvió los honorarios cobrados de más, esta suspensión se hizo continúa. Nunca más pudo ejercer como sacerdote.

¿Explica la venta masiva de misas la riqueza de Saunière? En parte sí, sin duda. Aunque el tribunal eclesiástico que le juzgó nunca pudo condenarle por esto, dado que Saunière no presentó ningún registro de las misas realizadas, esos registros existían y están disponibles. Las cifras que aportan son impresionantes. Un ejemplo: en 1909, Saunière vendió cerca de 4800 misas, a un franco cada una (como se indica en los anuncios publicados en esa época). Se metió en el bolsillo casi 5000 francos, pero vendió una media de trece misas al día, muchas más de las permitidas. Por lo tanto, si bien resulta complicado explicar solo con la venta de misas los gastos que aseguró tener, sin duda esta actividad le aportó enormes beneficios.

Por otro lado, hay algo sorprendente en toda esta historia que nunca ha sido tratado en la bibliografía sobre el tema. Saunière, en la relación de ingresos que presentó durante el proceso judicial, incluyó un par de partidas que aportan nueva luz sobre su personalidad y sobre sus ambiciones económicas. Una es esta:

> El cepillo [de la iglesia] estaba destinado a los visitantes que, después de escuchar nuestras explicaciones sobre Rennes-le-Château y aceptar mis cortesías, recompensaban mi complacencia con una limosna que, en definitiva, eran propinas. Cómo los bañistas de Rennes-les-Bains y de otros lugares eran numerosos, esto explica su generosidad.

La cercana localidad de Rennes-les-Bains se convirtió en un importante centro turístico de la zona gracias a sus baños termales. Saunière, en este escrito, reconocía que ejercía de guía turístico y que los cepillos para limosnas de su iglesia se llenaban gracias a los turistas que venían a ver ¡sus propias construcciones! Además, como puede comprobar cualquiera que visite el templo, hay una densidad enorme de *troncs* (como llaman los franceses a los cajones para las ofrendas). ¿Para qué colocar diez *troncs* en una iglesia de una localidad de menos de 200 habitantes?

Pero no queda aquí la cosa. Otra de las partidas de ingresos reconocidos por Saunière dice lo siguiente:

> Las tarjetas postales son de vistas de Rennes-le-Château. Hay 33 a 10 céntimos cada una. Todos los bañistas compran toda la colección. Estas postales son de tal éxito que apenas puedo abastecerlas. Las postales son recientes y son de mi propiedad.

Cualquiera que fuese a los baños de Rennes-les-Bains debía escuchar la historia del cura que había hecho unas extrañas construcciones no lejos de allí. Él mismo lo comentaba en un escrito que acompañaba la colección de postales:

> Estas obras de arte han tomado el lugar de las antiguas construcciones militares. Las almenas y las torretas sirven ahora para contemplar, cerca del cielo, el maravilloso horizonte que se extiende por todas partes. Y las hordas pacíficas han reemplazado a las hordas guerreras. Estas vienen aquí arriba a admirar, en el centro de una estampa incomparable, los prodigios del arte de un sacerdote con alma de artista, amante de su iglesia y de su parroquia.

¿No es rara esta actitud en un señor que, según algún avispado investigador ha planteado, estaba relacionado con sociedades secretas o herméticas? ¿Por qué alguien que llena de simbología heterodoxa su iglesia recibe a los turistas por centenares? ¿Un sacerdote con alma de artista? ¿Qué es esto?

Eso sí, tengan en cuenta algo: lo recaudado por las limosnas, siempre según Saunière, fueron 18.000 francos, a los que había que sumar otros 3600 de las postales, lo que hace un total de 21.600 francos obtenidos de los turistas. Pero todo esto lo ganó una vez que ya había construido el *domaine*, por lo que no nos sirve para explicar el enigma de la fortuna de Saunière, aunque sí para comprobar que el sacerdote era un buscavidas que no dudaba en hacer uso de su cargo para vender misas y conseguir donaciones, y que usaba su iglesia para llenarse las arcas con los turistas. Por todo esto, no es de extrañar que el 5 de diciembre de 1911 fuese condenado por la diócesis de Carcasona a una suspensión a *divinis* al ser considerado «culpable de malversación y apropiación indebida de fondos de los que era custodio», que «continuará hasta que hubiera entregado y restituido en las manos de quién, por derecho, y según las formas canónicas, los bienes por él desviados».

En definitiva, fue condenado por quedarse con dineros de la Iglesia. Y por eso fue perseguido por Paul-Félix Beuvain de Beauséjour.

Si bien no tenemos la evidencia definitiva, tras analizar concienzudamente la documentación de la *Fabrique* (Iglesia), del *Conseil Municipal* (ayuntamiento), del *Conseil Général* (Prefectura), así como las actas de las visitas pastorales y cientos de artículos de prensa de la época, dimos con una serie datos que podrían explicar la fuente de ingresos clandestina de Saunière. Si bien no descartamos el posible hallazgo de algún pequeño tesorillo, es posible que obtuviese pasta del obispo anterior, Félix-Arsène Billard, un personaje tremendamente importante en todo este lío y del que apenas se ha hablado, pero que tenía una relación especial con Saunière.

Este señor también estuvo implicado en algunos asuntos económicos de lo más turbio, y manejó cantidades de dinero muy superiores a las que movió nuestro protagonista. Un ejemplo: a comienzos de 1893, fue denunciado por el viudo de una señora que había dejado en testamento toda su fortuna al obispo, una enorme cantidad de 1.200.000 francos. El marido, desconsolado, pensaba que Billard había manipulado a la mujer para que le dejase aquella herencia. Pero perdió el juicio y Billard recibió todo aquel dinero. Lo curioso es que el Vaticano le sancionó por esto, inhabilitándole durante 3 meses y obligándole a donar 200.000 francos para la reconstrucción del monasterio de Nuestra Señora de Prouille. ¡Sí! ¡El monasterio que había fundado Domingo de Guzmán en 1209 para recoger a las cátaras arrepentidas!

O cuando se le acusó de meter mano en los ahorros de la Caja de Pensiones de los sacerdotes retirados de su diócesis, en la que faltaban más de 600.000 francos, un turbio episodio en el que se vieron implicados varios de los sacerdotes que estaban directamente vinculados a Saunière y sus cuadernos de misas, curas que eran conocidos por la prensa como «las criaturas de Billard».

¿Recuerdan las cifras que aportó Saunière durante su proceso? 193.000 francos, nada comparado con el dineral que manejó su obispo, un personaje que no dudaba en utilizar a varios de sus sacerdotes como testaferros, como también se supo, para disimular su extraordinaria riqueza, a cambios de favores y comisiones. ¿Pudo ser Saunière uno de ellos? Es más que probable, y hay bastantes indicios que permiten plantearlo. Por ejemplo, Billard, que no era nada dado a visitar las pequeñas aldeas de su diócesis, fue, que sepamos, en dos ocasiones a Rennes-le-Château; en la segunda, presidió la inauguración de la iglesia tras su restauración.

Como comprenderán, no me puedo extender más en esto. Demasiado lo hecho… Perdón por el *off topic*.

¿UN CURA DUALISTA?

Retomemos el tema que nos ocupa, los cátaros, aunque sin irnos del todo aún de Rennes-le-Château.

Como hemos visto, uno de los tesoros candidatos era el de Montsegur. Pero, aparte de esto, existen algunas interesantes conexiones que merece la pena destacar y que me servirán para adentrarnos en el fascinante y revelador mundo de los neocátaros. Aunque antes, si les parece, me gustaría hacerme eco de algo que guarda cierta relación y que tiene que ver con el supuesto talante heterodoxo de Saunière, que, según algunos investigadores, mostraba unas creencias alejadas del dogma católico. Esto es llamativo porque, si fuese cierto que en su iglesia dejó algún tipo de simbología herética, como se ha defendido hasta la saciedad, y si fuese tan obvia, como se ha llegado a plantear, no habría habido mejor argumento para destruirle durante el proceso judicial que el obispo de Carcasona emprendió contra él.

No hay nada extraño en la iglesia, y si lo hay, está en muchas más iglesias. Sabemos que todas las estatuas y los pasos del viacrucis fueron comprados por catálogo a la empresa Giscard de Toulouse, a excepción del diablo que sujeta la pila de agua bendita, que fue por encargo. Si había algo anómalo en la estatuaria, está presente en decenas de iglesias más. Es más, en el propio contrato que firmó con esta empresa, el 20 de noviembre de 1896, nuestro cura incluyó una cláusula sorprendente:

> Por último, en caso de muerte, el señor Saunière autoriza al señor Giscard a eliminar de la iglesia en Rennes todos los objetos por los que no se haya recibido el pago, a menos que la comuna de Rennes o la propia Fabrique se comprometan a pagar por ellos.

¿Cómo explicar que en las estatuas de aquella iglesia hubiese un mensaje oculto que Saunière quiso dejar para la posteridad si no le importaba que se destruyesen en caso de haber muerto sin pagarlas? Por si no lo saben, todas estas piezas se compraron, como casi todo, a plazos…

Además, los que han defendido su afiliación a algún tipo de sociedad secreta o iniciática, basándose también en la supuesta simbología, no suelen tener en cuenta ni la personalidad de Saunière, ni sus creencias ideológicas, ni algunos indicios que hay en la propia iglesia, que hacen muy difícil de sostener la hipótesis masónica (la más extendida). Por ejemplo, en el pórtico de entrada, justo encima de la puerta, Saunière colocó tres escudos de armas, pertenecientes al obispo Billard, gerente de la diócesis en aquella época, al papa León XIII (1810-1903), regente del Vaticano en esos años, y al obispo Leuillieux, el que le nombró sacerdote. Lo curioso es que los tres fueron conocidos por su actitud militante contra la masonería. León XIII redactó cuatro de las quince encíclicas que la Iglesia ha emitido contra esta institución, y Billard publicó decenas de cartas pastorales atacando a los masones, a los que identificaba con los republicanos que gobernaban el país y a los que reconocía como el principal enemigo de la cristiandad.

Pero también hay quien ha planteado que estaba relacionado con algún movimiento neocátaro o dualista y que en sus construcciones se pueden encontrar determinados indicios que lo avalan. Por ejemplo, el suelo ajedrezado, que se ha relacionado con los suelos habituales de las logias masónicas, ya que, según esta creencia, el Sancta Santorum del Templo de Salomón tenía un pavimento así. Representaría algo así como la unidad dentro de la dualidad. Lo que no tienen en cuenta es que en multitud de iglesias, entre las que se encuentran algunas bastante ilustres, como la catedral de Notre-Dame de París o la misma basílica del Santo Sepulcro de Jerusalén, que tienen poco de heterodoxo, también podemos observar suelos similares.

También se ha hablado mucho del diablo de la entrada, tradicionalmente asimilado con Asmodeo, un personaje mencionado en el Libro de Tobías, en el Talmud y en algunas obras de demonología y que, según algunas leyendas judías, guardaba relación con el rey Salomón y el templo de Jerusalén, si bien no hay nada que permita afirmarlo. Hay quien considera que Saunière lo colocó en la iglesia para simbolizar al creador malévolo del mundo material, según los cátaros, el Rex Mundi, el rey del mundo. Por supuesto, esto no parece cierto. Primero, porque no se trata de una estatua aislada, sino de un conjunto escultórico formado por tres piezas: el demonio, la pila de agua bendita sobre él y la escultura de cuatro ángeles que forman la señal de la cruz con sus manos. Y entre la pila de agua bendita y el grupo de ángeles, aparece la famosa frase de Constantino, «Con este signo vencerás»), aunque traducida al francés: «PAR CE SIGNE TU LE VAINCRAS» («Con este signo le vencerás»). Si tenemos en cuenta el contexto del momento, la personalidad del curita, su activismo político y su ideología radical de extrema derecha, el conjunto adquiere un significado mucho más razonable: el demonio representa a la República, vencido por el signo de la religión, la cruz y el agua bendita.

También se ha hablado mucho de las estatuas de la Virgen María y san José que se encuentran a ambos lados del altar, ya que ambas portan en sus brazos un Niño Jesús. Unos creen que se trata de Jesús y Juan, y ven una clara referencia a las ideas juanistas, según las cuales, el verdadero mesías fue el Bautista. Otros defienden que representan a Jesús y a su hermano Tomás, gemelos según algunas tradiciones gnósticas. Y otros, yendo más lejos, argumentan que sería una metáfora dualista. Pero todos, al argumentar estas teorías, omiten el contexto del momento, tan importante para poder interpretar correctamente el simbolismo. No saben que el 15 de agosto de 1889, León XIII —recordemos, el papa antimasón al que Saunière dedicó un escudo en la puerta— publicó una encíclica titulada *Quamquam Pluries o sobre la devoción a san José*, en la que se instaba a las iglesias a potenciar el culto al bueno de san José como padre putativo.

Pero hay más.

Aparte de los jardines que situó frente a la Villa Betania, construyó lo que se conoce como «el mirador», una terraza elevada que comienza en la Torre Magdala y que está formada por dos rectas unidas por un arco de circunferencia. Al otro extremo de la terraza hizo una curiosa construcción que, de nuevo, nos vuelve a mostrar el inquietante gusto por la simetría del abad: una torre de cristal, que sirvió de invernadero. ¿Adónde vamos con esto? Pues que las dos torres, la Torre Magdala y el invernadero, son el positivo y el negativo de la misma torre, una de piedra y otra de cristal. Pero la cosa aún va más lejos: ambas forman los extremos de dos lados exactamente iguales —el mirador—. Es decir, serían los dos vértices de un cuadrado perfecto. Si planteamos ese cuadrado sobre un plano, vemos que la superficie sería 64 veces el área de la Torre Magdala y del invernadero. Como ustedes sabrán, el tablero del ajedrez tiene 64 casillas. Pues bien, la posición de las dos torres coincidiría con la de la torre negra de la izquierda (¿la torre Magdala?) y con la torre blanca de la derecha (¿el invernadero?). ¿Guarda relación esto con el dualismo? Podría ser, pero es que ese cuadrado no es perfecto, ni de lejos.

Por último, hay algo tremendamente curioso en la disposición de la plaza ajardinada que nos recibe en la iglesia de Rennes-le-Château: parece haber sido confeccionada para ser simétrica con la planta de la iglesia y para que algunos elementos coincidan perfectamente. Serían, para entendernos, dos plantas de la iglesia similares: así, el pilar carolingio invertido, en el que supuestamente encontró los pergaminos, situado a la izquierda antes de entrar al templo, quedaría exactamente en el lugar del confesionario que hay a la entrada a la

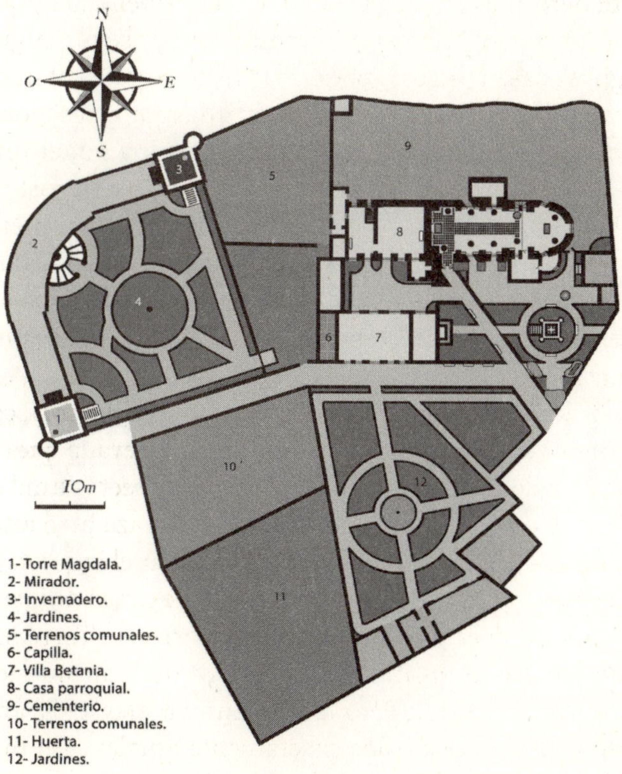

Plano del *Domaine* de Saunière.

iglesia, también a la izquierda, además de producirse una curiosa asociación con la inscripción del pilar: «Penitencia, penitencia». Por otro lado, el calvario está en el lugar del altar, y ambos elementos serían el centro de una circunferencia que en la iglesia correspondería con el ábside y en el jardín, con el seto que rodea el calvario. Y encajan perfectamente, como se puede comprobar en el plano.

¿Tenía alguna intención esto? No lo sabemos, pero cuesta mucho pensar que se trate de algún tipo de alegoría dualista. Recordemos, una vez más, tanto las tendencias políticas que mostró Saunière como su clara y evidente postura religiosa. Pero es que, además, sabemos que no terminaba de llevarse demasiado bien con algunos estudiosos de su época amantes de los antiguos cátaros…

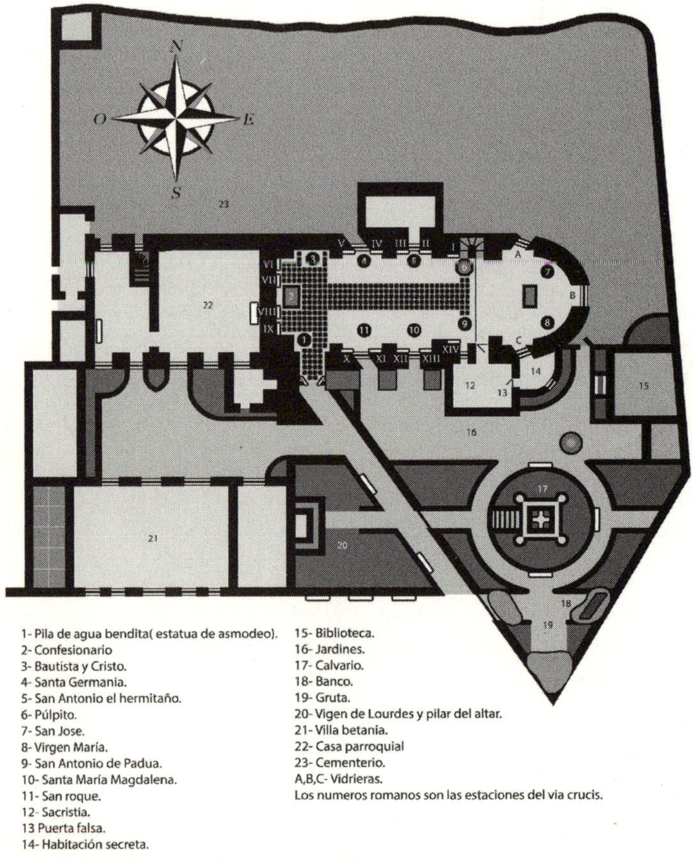

Plano de la iglesia de santa María Magdalena y los jardines.

UN NUEVO MAESTRO

En octubre de 1899 llegó a Rennes-le-Château un nuevo maestro de escuela que venía a reemplazar a *monsieur* Clamon. Su nombre era Prosper Estieu y, significativamente, fue una de las personalidades más importantes del renacimiento cultural occitano del siglo XX por sus actividades literarias y políticas, renacimiento que en parte se articuló en torno a los cátaros. Pero ¿qué hacía un poeta como Estieu ocupando la plaza de maestro en Rennes-le-Château? Lo sabemos gracias al amigo Enric Sabarich, que investigó el tema en profundidad.

Prosper Estieu nació el 7 de julio de 1860 en Fendeille, al sur de Castelnaudary. Después de cursar sus estudios en el colegio de chicos de Castelnaudary y en el Pequeño Seminario de Carcasona, fue nombrado maestro de escuela en 1879 en Coursan, al este del Aude. Dos años más tarde, cuando ejercía en Brunels, cerca también de Castelnaudary, coincidió con Auguste Fourès, un poeta y periodista de aquella localidad, ferviente defensor del nacionalismo occitano. La armonía fue inmediata ya que compartían fuertes valores republicanos y anticlericales, además de coincidir en la defensa de una Occitania libre. Juntos fundaron, al año siguiente, una revista en francés titulada *La Poésie moderne*, de la que solo se llegaron a publicar siete números.

Tras este paréntesis de dos años como periodista, Estieu decidió volver a su oficio de maestro de escuela. A partir de 1887 comenzó sus crónicas regulares en la *Revue méridionale*, editada en Carcasona por Gastón Jourdanne, alcalde de la ciudad y futuro *majoral* de Félibrige, una asociación dedicada a promover y recuperar la cultura, la lengua y la identidad de la lengua *d'òc*, que fue fundada en 1854 por un grupo de intelectuales occitanos, entre los que destacaba especialmente el poeta y lexicógrafo Frédéric Mistral (1830-1914), que ganó el premio Nobel en 1904 y que se encargó de establecer una gramática occitana.

Fue entonces cuando nació realmente el compromiso occitano de Prosper Estieu, que hasta ese momento nunca había escrito en lengua *d'òc*. Desde entonces, sus producciones occitanas comenzaron a multiplicarse. En 1892 fundó el semanario *Le Lengodoucian*, donde tomaría posición, desde el primer número, por una enseñanza sistemática del occitano en la escuela primaria. En 1895, publicó su primera recopilación de poesías occitanas, *Lou Terradou*, fiel a sus ideas federalistas y de lucha contra la dominación francesa sobre las comarcas occitanas. Un año más tarde fundó l'Escolo de

Mountsegur y la revista *Mont-Segur*, que no aparecería hasta 1901. Pues bien, la salida de esta publicación, que se distinguía de otras revistas del género por la omnipresencia de las temáticas relacionadas con el catarismo, coincidió con la llegada de Estieu a Rennes-le-Château. De hecho, la imprimía en su propio domicilio, y así se hizo hasta el último número, lanzado en diciembre de 1904.

Pero ¿qué pasó para que tuviera que dejar de imprimir la revista? Aquí es cuando entra en escena Bérenger Saunière. Todo lo que estuviera relacionado con la república y el paganismo no era del agrado del sacerdote. Desde un principio, mantuvo una actitud de rechazo y enfrentamiento con el poeta occitano. La publicación de algunos versos que ensalzaban a los dioses antiguos, justo cuando vivía en Rennes-le-Château, pudo ser el detonante de esa animadversión. Y para colmo, ¡Estieu vendía esos libros en su casa!

Pues bien, en el verano de 1900, ni corto ni perezoso, a Saunière no se le ocurrió otra cosa que cortar el suministro de agua que abastecía a la escuela, lugar donde vivía Estieu, por lo que el poeta se

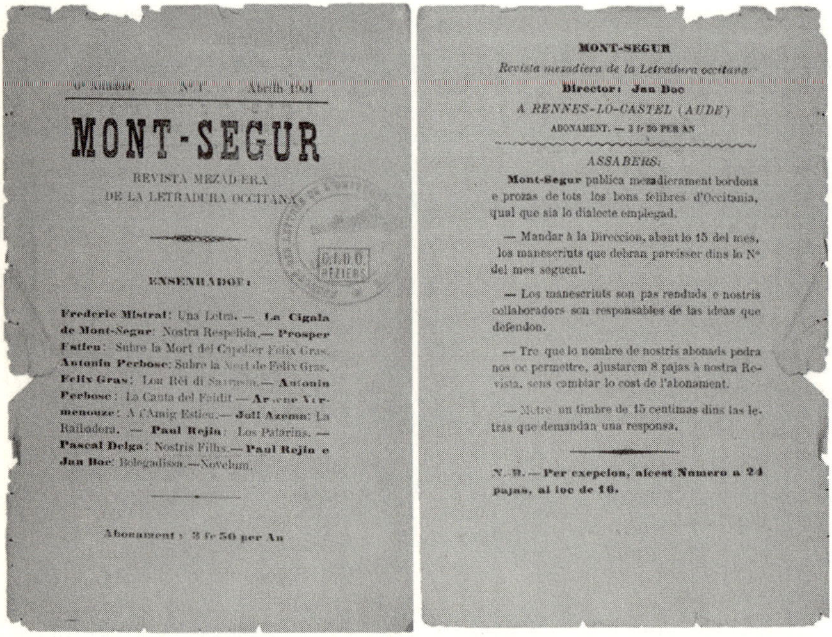

Abrill 1901

MONT-SEGUR

REVISTA MEZADERA
DE LA LETRADURA OCCITANA

ENSENHADOR:

Frederic Mistral: Una Letra. — **La Cigala de Mont-Segur**: Nostra Respelida. — **Prosper Estieu**: Subre la Mort del Capolier Felix Gras. **Antonin Perbosc**: Subre la Mort de Felix Gras. **Felix Gras**: Lou Rèi di Sarrasin. — **Antonin Perbosc**: La Canta del Faidit. — **Arsene Vermenouze**: A l'Amig Estieu. — **Juli Azema**: La Railadora. — **Paul Rejin**: Los Patarins. — **Pascal Delga**: Nostris Filhs. — **Paul Rejin e Jan Boe**: Bolegadissa. — Novelum.

Abonament: 3 fr 50 per An

MONT-SEGUR

Revista mezadiera de la Letradura occitana

Director: Jan Boc

A RENNES-LO-CASTEL (AUDE)

ABONAMENT. — 3 fr 50 PER AN

ASSABERS:

Mont-Segur publica mezadierament bordons e prozas de tots los bons felibres d'Occitania, qual que sia lo dialecte emplegad.

— Mandar à la Direccion, abant lo 15 del mes, los manescriuts que debran pareisser dins lo N° del mes seguent.

— Los manescriuts son pas renduds e nostris collaboradors son responsables de las ideas que defendon.

— Tre que lo nombre de nostris abonads podra nos oc permettre, ajustarem 8 pajas à nostra Revista, sens cambiar lo cost de l'abonament.

— Metre un timbre de 15 centimas dins las letras que demandan una responsa.

N. B. — Per excepcion, aicest Numero a 24 pajas, al loc de 16.

Portada del primer número de la revista *Mont-Segur*, editada desde «Rennes-lo-Castel» (Rennes-le-Château en occitano).

vio obligado a pedir un permiso especial al subprefecto de Limoux para que le garantizara el agua. Este le escribió una carta al prefecto del Aude el 13 de junio de 1900, comunicándole, literalmente, que existía una guerra abierta entre los habitantes del pueblo y el nuevo maestro.

Por si fuera poco, el 2 de agosto de 1900 Prosper Estieu tuvo un encuentro en Rennes-le-Château con una de las mayores figuras del neocatarismo, Déodat Roché, miembro eminente de la Iglesia gnóstica, de la que en breve les hablaré largo y tendido. En una carta escrita unos días antes, el propio Roché se felicitaba por la inminencia de aquel encuentro, llamando al poeta «mi querido hermano en el albigueísmo». ¿Pertenecía también Prosper Estieu a la Iglesia gnóstica? No lo sabemos con certeza, pero es más que probable.

Mientras tanto, ese mismo año 1900, Estieu había sido elegido *majoral* de Félibrige. Pesara a quién pesara, la proyección del poeta era imparable.

Pero el 22 de julio de 1902 la comuna de Rennes-le-Château volvió al ataque presentando una reclamación formal a la prefectura, apoyada por el alcalde Victor Rivière, en donde se solicitaba la expulsión inmediata del maestro por sus tendencias liberales y por educar a los niños de la escuela con «ideas excesivamente progresistas». Pero lo peor aún estaba por llegar: el 8 de febrero de 1903, la comuna volvió a presentar una carta a la prefectura, en la que se decía literalmente que Prosper Estieu «era muy mal maestro». Siete días después, la respuesta del prefecto fue contundente: dudaba de la misiva y acusaba al propio Saunière de haberla falsificado para desacreditar al poeta.

La obsesión de Saunière llegó a tal extremo que el párroco recogía firmas por el pueblo en contra de Estieu. Esto, sin duda, colmó la paciencia del mismísimo obispado, que el 9 de junio de 1903 le prohibió tajantemente realizar y enviarles más peticiones en contra del maestro. Pero ese mismo mes, Saunière, haciendo caso omiso a estas órdenes, presentó de una nueva queja contra Estieu, quien, finalmente, en agosto, cansado de la persecución, terminó rehusando al cargo para marcharse a la localidad de Raissac-sur-Lampy.

Saunière se había salido con la suya.

Prosper Estieu, tras su huida de Rennes-le-Château, tomó una posición claramente relevante en el seno de Félibrige, creando una nueva escuela (que en 1919 acabaría formando l'Escòla Occitana) y promoviendo firmemente sus ideas republicanas y anticlericales.

Durante ese mismo periodo continuó desarrollando su línea ideológica en la revista *Mont-Segur.* Estieu publicó varias obras más durante esa época: *Flors d' Occitania* (1906), *La Canson occitana* (1908) y *Lo Romancero occitan* (1912). En 1911, intentó hacer erigir en Foix una estatua dedicada a la cátara perfecta Esclarmonde, renunciando al proyecto poco tiempo después, en parte por la mala acogida crítica de su libro *La Question d'Esclarmonde,* en donde se multiplicaban los errores y las aproximaciones históricas.

Después de la guerra fundó su asociación de promoción de la lengua y de la cultura occitanas, *Los Grilhs del Lauragués.* En 1933 se retiró del mundanal ruido. Falleció seis años después, en 1939, después de haberse reconciliado con la fe católica gracias a *l'abbé* Salvat, entonces *majoral* de Félibrige.

Sirva esta historia para dejar claro que Saunière no tenía relación con movimientos neocátaros u occitanistas, como algunos han planteado. Al contrario.

Además, esto me sirve para introducir algo que guarda mucha relación con el motivo por el que estamos hablando ahora mismo, en pleno siglo XXI, de los cátaros: lo hacemos por la acción de varios ilustres personajes que, de forma diversa, pero siempre desde una perspectiva romántica y exaltada, reivindicaron su historia desde mediados del siglo XIX.

Uno de ellos fue Prosper Estieu, pero hay unos cuantos más...

¿CREÍAN LOS CÁTAROS QUE JESÚS Y MARÍA MAGDALENA FUERON PAREJA?

En breve iremos con ellos, pero, si les parece, antes de dejar Rennes-le-Château, vamos a ver una última cuestión que, sin duda, merece la pena tratar.

¿Fueron pareja Jesús y María Magdalena? La gran pregunta que ya casi nadie se hace porque, quizás como consecuencia del *boom* de *El código Da Vinci*, todos dan por hecho que sí. Dan Brown no inventó nada, ni siquiera lo hicieron los autores de *El enigma sagrado,* que, como hemos visto, plantearon esto en 1982, relacionándolo con el misterio de Saunière —tampoco fueron los primeros—.

Incluso en la propia página web oficial del santuario de Saint Maximim, en la Provenza, donde reposan los restos mortales de la santa —unos de ellos—, se deja entrever la posibilidad, aunque sugiriendo que era ella la que estaba perdidamente enamorada de Jesús, sin que este llegase a corresponderle más que espiritualmente.

Lo cierto es que, pese a que muchos han planteado la existencia de una subterránea tradición herética basada en la idea de que Jesús y María eran pareja, perseguida con contundencia por la Iglesia y adoptada por todos los movimientos heréticos (cátaros, templarios, rosacruces, masones), no hay nada que indique que haya existido realmente. No existe ningún testimonio que avale esta idea, aunque sí algún que otro indicio que permite suponer que algunos sí que lo creyeron. ¡Ojo!, que alguien crea algo no quiere decir que ese algo exista.

La cuestión es: ¿creían los cátaros en el matrimonio de Jesús y María Magdalena? Algunos estudiosos han afirmado que sí, sin aportar evidencia, y que era una doctrina esencial para ellos. Nada más lejos de la realidad, pues, entre otras cosas, el profundo desprecio que sentían por la materia, dentro de su radical dualismo, implicaba que poco debía importarles el estado civil de Jesús, del que incluso dudaban de que hubiese tenido un cuerpo físico.

Pero resulta que sí que hay algún testimonio al respecto: en su *Historia Albigensis*, escrita entre 1212 y 1218, el cronista y monje cisterciense francés Pierre des Vaux-de-Cernay escribió lo siguiente:

> Los herejes afirman en *sus asambleas secretas que Cristo, el que nació en la visible y terrestre Belén y fue crucificado en Jerusalén, era malvado, y que María Magdalena fue su concubina* y la misma mujer que fue atrapada cometiendo adulterio de la que podemos leer en el Evangelio; *el buen Cristo, dicen ellos, nunca comió, ni bebió ni tocó carne real,* y nunca estuvo en este mundo excepto en el sentido espiritual en el cuerpo de Pablo. [...] La ciudad fue tomada en el día de la festividad de la Bendita María Magdalena. ¡Esto fue un espléndido ejemplo de la justicia divina y de la providencia!

Curioso; por un lado, parece ser que algunos cátaros creían en dos Cristos distintos: uno terrestre y maligno, el que estuvo con la Magdalena; y otro bueno, inmaterial y celestial. Por otro lado, la ciudad a la que se refiere el texto es Béziers, donde se produjo la tristemente famosa matanza de cátaros a manos de las tropas cruzadas el 22 de julio de 1209, día de la festividad de la santa.

Este texto tiene gran importancia porque fue escrito muy pocos años después por una persona que fue testigo directo de aquellos sucesos y que formó parte de los cruzados que luchaban contra los herejes. Pero tenemos más: hacia 1213, Ermengaud de Béziers, miembro de otro movimiento herético, los valdenses, que curiosamente estaba enfrentado tanto a los cátaros como a la Iglesia romana, escribió lo siguiente en su obra *Contra haereticus*: «Además, ellos enseñan en sus reuniones secretas que María Magdalena fue la esposa de Cristo».

Parece extraño que los cátaros en general creyesen en esto, sabiendo como sabemos lo importante que para ellos era el celibato y el ascetismo. Por eso, a modo de enroque, se ha dicho que en realidad aquel conocimiento no estaba al alcance de todos, sino que se trataba de una especie de doctrina interna a la que solo accedían algunos iniciados.

En cualquier caso, la Magdalena aparece en estos textos con los atributos característicos que la cristiandad le concedió durante el Medievo: la prostituta pecadora y promiscua redimida. No la muestran como una piadosa discípula ni mucho menos como una diosa.

En conclusión, parece probable que algunos cátaros franceses, inspirados por las leyendas provenzales que situaban a esta santa predicando por la zona y realizando milagros, guardasen una especial simpatía por la Magdalena. El extremo ascetismo y la vida contemplativa que llevó en la cueva de Saint-Baume encajaban perfectamente con algunos de sus ideales. Y quizá, yendo más allá, algunos de ellos llegaron a verla como amante del Jesús humano, en el que los más moderados creían. Pero de ahí a afirmar que sabían que eran pareja y que aquello fue el motivo real por el que fueron exterminados durante la Cruzada Albigense, hay un mundo. Y algunos lo han planteado...

La culpa de todo la tuvo Napoleón Peyrat

Oh, Peyrat, sin tu historia no nos hubiéramos despertado todavía,
y los antepasados, en nuestra memoria, no se hubieran levantado.
PROSPER ESTIEU

Sin duda alguna, el comienzo de la reivindicación nostálgica y apasionada de los cátaros que se vivió en Occitania en el siglo XX tiene su origen en un controvertido estudioso llamado Napoleón Peyrat, responsable, como veremos, de algunos de los principales mitos que se han extendido y acrecentado desde entonces.

Peyrat nació en 1809 en la pequeña aldea de Les Bordes-sur-Arize, en el corazón del montañoso Ariège, no demasiado lejos de Montsegur. Fue educado en el cristianismo protestante, y con tan solo 17 años, en 1826, ingresó en la Universidad de Mountaban para estudiar Teología, finalizando sus estudios cinco años más tarde, en 1831, con una brillante tesis sobre el cristianismo en el siglo XIX. Tras ejercer unos años como tutor de varias familias protestantes y acaudaladas de París y Burdeos, en 1844 fue nombrado pastor asistente de la parroquia de Saint-Germain-en-Laye, al oeste de París, y tres años más tarde fue ordenado sacerdote. Tras casarse con 1851 con Eugénie Poiré, asumió el puesto de pastor principal en 1854.

Desde mucho tiempo antes se había mostrado muy combativo con la Iglesia católica, una institución que consideraba falsa, reaccionaria y antidemocrática. Era lo que comúnmente se conoce como un *bouffeur du curé*, un «comedor de curas».

En 1877 se unió al colectivo Félibrige, del que hablamos anteriormente. Siendo estrictos, Peyrat formó parte de una subdivisión que se conoció como Le Félibrige Rouge, caracterizada por una postura más política y nacionalista, donde también militaban Auguste Fourès y Prosper Estieu, el maestro de escuela de Rennes-le-Château.

Pero lo importante para el tema que nos ocupa son las diversas investigaciones históricas que realizó y que plasmó en sus libros, especialmente en su monumental *Historia de los albigenses*, compuesta por cinco volúmenes y publicada entre 1870 y 1882, un año después de su muerte.

En líneas generales, en esta obra utilizó el drama de la cruzada contra los cátaros para ensalzar las virtudes y los derechos históricos de la civilización occitana y para denostar, a la vez, la barbarie de los barones franceses del norte. Describía la Occitania medieval como un paraíso habitado por hombres y mujeres libres, demócratas y valientes, que fueron masacrados por los iletrados y violentos norteños. Pero no se trata de una obra histórica, pesé a que consultó numerosos archivos y registros de la Inquisición, ya que Peyrat se

Peyrat.

dejó seducir por un buen número de leyendas locales o, lo que es peor, se las inventó. Hay que tener en cuenta que estamos en plena época del romanticismo, cuando primaba más la emoción que la razón, la pasión que la veracidad histórica. Es la época en la que los literatos y los pintores, e incluso los filósofos, se dedicaron a escudriñar en el pasado mítico de sus naciones y recrearon, llenos de nostalgia, sus particulares y nacionales paraísos perdidos.

Los cataros, por lo tanto, fueron exaltados por Peyrat como epítome de lo que, para él, fue el sumun de aquella Occitania idealizada que imaginaba y que reivindicaba. Y para ello no dudo en inventarse o exagerar alguna que otra historieta, aunque siempre con una prosa preciosista, épica y cargada de romanticismo.

Por ejemplo, en el tomo tercero de la *Historia de los albigenses*, al hablar de una peregrinación a Montsegur que realizó en 1867, introdujo la poco creíble historia de Ferrocas, un anciano que a mediados del siglo XIX se enfrentó con el cura local al acusar a la Iglesia de Roma de faltar a la verdad del verdadero mensaje de Cristo. Un tiempo después, tras fallecer, el sacerdote se negó a que fuese enterrado en el camposanto, por lo que los familiares lo enterraron en mitad del bosque, cerca de Montsegur, junto a un gran espino.

La intención de este autor al introducir a este personaje, del que no existe la más mínima evidencia histórica, es demostrar la supervivencia del catarismo en la región, contribuyendo con ello a crear el mito del último cátaro. Ferrocas era un ejemplo contemporáneo de las ideas y del valor de aquellos antiguos herejes que la historia había olvidado y que Peyrat se había propuesto recuperar.

Su tumba, que él mismo visitó en 1867, hoy decorada con una cruz de hierro —una evidente contradicción—, se muestra con orgullo a los turistas que visitan el pueblo de Montsegur. Lo curioso es que algunos autores posteriores, como Robert Conte, pese a que no se conserva ningún registro que hable de él, repitieron y aumentaron su historia.

ESCLARMONDE DE FOIX

Uno de los mitos más bonitos que inventó Peyrat fue la historia de Esclarmonde de Foix, que vino a funcionar como una especie de respuesta occitana al mito moderno de Juana de Arco, heroína de los franceses y emblema nacional.

Hubo un personaje real llamado así, la hermana de Raimundo-Roger, conde de Foix —ambos eran hijos de Roger Bernardo I de Foix y Cecilia de Trencavel—, pero no se sabe mucho sobre ella. Nacida hacia 1150, se casó en 1175 con el conde Jourdain de Isle-Jourdain, con el que tuvo seis hijos. En 1204, tras enviudar, fue consolada en Fanjeaux por el mismísimo Guilhabert de Castres, obispo cátaro, junto a otras importantes damas: Aude de Fanjeaux, Fays de Durfort y Raymonde de Saint-Germain, madres todas de importantes perfectos y dirigentes de la defensa cátara durante la cruzada.

Era respetada no solo por sus importantes lazos familiares, sino por su papel como predicadora del catarismo y por sus labores benéficas. Dirigía una casa de buenas damas en Pamiers, en el Ariège, no muy lejos de Montsegur; y allí, entre otras cosas, como

Estatua de Minerve. Fotografía cedida por José Maria de la Portilla.

ya adelanté páginas atrás, formó parte de uno de los últimos debates públicos entre cátaros y católicos —y valdenses—. Se celebró en 1207 en el salón del castillo del conde de Foix, Raimundo-Roger, y en el que estuvieron presentes el propio Domingo de Guzmán, Amalric Arnaud y el obispo de Toulouse, Folquet de Marsella, por el lado católico; y Guilhabert de Castres por el lado cátaro, entre otros, además del valdense Durand de Huesca. Las crónicas —en este caso, la de Guilhèm de Puèglaurnç— cuentan que cuando Esclarmonde quiso tomar la palabra, uno de los representantes católicos, un tal Étienne de la Miséricorde, le dijo: «Señora, idos a hilar con vuestra rueca, no os toca tomar la palabra sobre estas cuestiones». En cualquier caso, la conferencia no fue un éxito para los católicos, aunque, al menos, consiguieron que el perfecto Arnaud de Crampagnac, valdense, abjurase y regresase al redil.

Postal con el diseño de la estatua, firmada por Prosper Estiu.

Pues bien, según Peyrat, Esclarmonde de Foix, además de ser una predicadora con una verborrea cautivadora y de ostentar una belleza extraordinaria —algo que sí parece real—, fue la encargada de organizar la construcción del castillo de Montsegur. Además, se trataba de la persona encargada de custodiar el tesoro y los textos secretos cátaros. Por si fuera poco, expone que en el momento del asedio puso a salvo el Santo Grial —que para Peyrat era la copa de la Última Cena, en la que poco después José de Arimatea recogió la sangre de Jesús mientras este estaba en la cruz—, escondiéndolo en una gruta del interior del cercano y famoso pico de Saint-Barthélémy —también conocido como monte Tabor—. Lo curioso es que llegó hasta allí desde Montsegur tras convertirse en una paloma blanca... Y dirán ustedes: ¿dónde llevaba el Grial? Pues en el pico, ¿dónde si no?

Repito: una paloma...

Evidentemente, Peyrat mezcló aquí ficción con realidad. Esclarmonde poco tenía que ver con Montsegur. En efecto, su hermano, el conde de Foix, fue amonestado por el obispo Folquet de Toulouse durante el Concilio de Letrán IV, que se celebró en al año 1215, por permitir que Montsegur se convirtiera en un refugio para los cátaros. Además, le acusaba de no haber hecho nada para impedir que su hermana se convirtiera en hereje y contribuyese en la expansión de la herejía. Raimundo Roger de Foix se defendió diciendo: «Si mi hermana fue una mala mujer y una pecadora, no debo perecer yo por culpa de su pecado».

Pero Esclarmonde, conocida como la Dama Blanca, no estaba en Montsegur durante el asedio de 1244, ¡más que nada porque falleció en 1215! Y tampoco se construyó por orden suya, como afirmó Peyrat, inspirado por la *Cançon de la Crosada*. El responsable real, como vimos, fue Raimon de Péreille.

La verdad es que Peyrat se confundió —o no— de Esclarmonde. Era un nombre muy común entre las occitanas —significa «luz del mundo»—. Posiblemente, se refería en realidad a Esclarmonde de Péreille, hija de señor del castillo. Aunque no se sabe mucho sobre ella, sí que es seguro que falleció el 16 de marzo de 1244 en la pira de Montsegur, solo tres días después de haber sido consolada. Tenía unos 20 años.

Sea como fuere, Peyrat convirtió a Esclarmonde en uno de los mayores mitos de los cátaros y, por extensión, del mundo occitano. Tanto que llegaron a hacerse óperas en su honor, como la que escribió en 1889 Jules Massenet. Y no solo eso. Esclarmonde llegó a manifestarse en algunas de las sesiones de espiritismo que realizaban los amantes del ocultismo del París de finales del XIX, capitaneados por el ínclito Joseph Péladan (1858-1918).

Una última curiosidad: en la plaza de la iglesia de la preciosa localidad de Minerve, del actual Hérault, mítica capital del país del Minervois, refugio para los cátaros y los *faydits* de la región durante la cruzada —aunque terminó cayendo el 22 de julio de 1210, y todos los perfectos y perfectas, unos 140, fueron quemados en una gigantesca hoguera, una de las primeras de la cruzada, tras renunciar a abjurar de su fe, a manos del sádico Simón de Montfort—, se levantó en 1982 una estatua conocida como la Paloma de Luz en homenaje a Esclarmonde. El autor fue Jean Luc Séverac.

Si algún día van por allí, no duden en asomarse al museo de Heurepel, dedicado al catarismo y a la Cruzada Albigense.

Pero unas décadas antes, en 1909, cuando la Iglesia católica beatificó a Juana de Arco —fue canonizada unos años más tarde, en 1920—, algunos miembros de Félibrige, con Prosper Estieu a la cabeza, siguiendo la senda de Peyrat, planearon una réplica occitana al evento e intentaron levantar en Foix una estatua en honor a Esclarmonde de Foix, junto al precioso castillo condal. Se llegó incluso a realizar un boceto, obra del escultor local Grégoire Calvet, que nunca llegó a materializarse, en parte por la oposición del obispo, Jean-Marie Vidal, pero también de algunos miembros de Félibrige, como el propio Frédéric Mistral.

Boceto.

Además, Peyrat fue el creador del mito del tesoro de Montsegur, si bien es cierto que los registros de la Inquisición recogen que cuatro cátaros consiguieron romper el asedio —algo que, en realidad, no era nada raro— para poner a buen resguardo un saco repleto de oro, plata y monedas.

Pero Peyrat no hablaba de un tesorillo, sino de algo inmenso. Y además, iba más allá de lo monetario, ya que contenía obras sagradas de los buenos cristianos.

Defendía que estaba dividido en dos: una parte estaba oculta en algún punto desconocido de la enorme red de galerías subterráneas que, según planteaba, había bajo el castillo, «en un arca de granito sellada con hierro»; y la otra, en los bosques circundantes, en una cueva que solo conocían Ramón de Péreille y Guilhabert de Castres, que dos perfectos cátaros habían sacado de Montsegur unos meses antes, en la Navidad de 1243.

Interior del castillo de Montsegur. Foto de Carlos Pascual.

El primer tesoro, «un cofre lleno de dinero», según Peyrat, «fue sacado de su cripta» y puesto a salvo por varios buenos hombres, «Clamens, Limos, Taparel, Guillaume Peyrès y Ramón de Sant-Marti», liderados por un tal Amiel Aicard, que escaparon por el lado más abrupto de la montaña colgados con cuerdas. Luego «se dirigieron por el Sabartés hacia el cercano castillo de So de Quérigut, donde contaron a Esclarmonde de Foix, su piadosa protectora, las últimas batallas y los últimos suspiros de los defensores de Montsegur». Y, posteriormente, tras recuperar la otra parte del tesoro, «escondido en un bosque cercano», Amiel Aicard y los demás cataros lo llevaron a una gruta cercana, a la gruta de Ornolac, «cueva famosa por sus profundidades, sus acantilados interiores, sus misteriosos laberintos» (Vol. II, pág. 368), cueva que, según expone, muy erróneamente, «ahora se llama Lombrives».

Es decir, según Peyrat, llevaron el tesoro a la hermosa y espectacular cueva de Lombrives, en el precioso valle del Ariège, en el municipio de Ussat, a unos 20 kilómetros en línea recta desde Montsegur y al sur de Tarascón.

¿Por qué identificó la cueva de Ornolac con la de Lombrives? Porque es una cueva extraordinaria, no como la de Ornolac; y porque su objetivo era plantear que, en el Sabartés, tras la caída de Montsegur, gracias a un grupo de supervivientes, el catarismo renació renovado en esa enorme gruta, que vendría a representar simbólicamente a una catedral, y en sus tres iglesias-cuevas: Ussat, Ornolac y Bouan.

Eran en realidad *spoulgas* («cueva» en occitano), como se conoce a las diversas cuevas fortificadas que se encuentran en el Ariège, generalmente pequeñas cuevecillas con un muro que cierra por completo su entrada. Si bien es cierto que casi todas se habitaron a partir del siglo XII, no hay nada que permita avalar que solo lo hicieron los cátaros y, lo que es más importante, que tuviesen algún tipo de consideración sagrada, como si de templos de piedra se tratase. Eso es una mistificación reciente.

La verdad

Todo esto está muy bien, pero la verdad es otra. Y es, todo sea dicho, bastante triste.

En efecto, hubo un tesoro en Montsegur. Pero ni fue el Santo Grial, ni era el mítico oro de Toulouse, ni el tan buscado tesoro de los templarios, ni fue lo que encontró el curita Saunière en

Rennes-le-Château. Era, simple y llanamente, el tesoro de la comunidad religiosa que se instaló allí desde principios del siglo XIII.

De hecho, ninguna crónica lo menciona. No lo hace la del clérigo tolosano Guillaume de Puylaurens, capellán de Raimundo VII de Toulouse, del siglo XIII, que sí aporta una breve narración del asedio; ni tampoco Dom Joseph Vaissète y Claude de Vic en su *Histoire générale du Languedoc* (del siglo XVIII), ya que se basaron en aquella.

Pero estos dos sí que se hicieron eco de los procedimientos inquisitoriales que emprendió en Carcasona el monje dominico Ferrier el Catalán a los diecinueve supervivientes del asedio —recuerden, los *faydits* que consiguieron salvar su vida a cambio de entregarse—.

De especial importancia es el testimonio del sargento Imbert de Salles, que declaró dos meses después, el 19 de mayo de 1244. Además de dejar claro que los allí reunidos rompían el asedio cuando querían —él mismo protagonizó varias expediciones—, reconoció haber estado involucrado en la masacre de los inquisidores de Avignonet (el 28 de mayo de 1242) y declaró varias cosas sumamente interesantes en relación al tesoro. Lean con detenimiento este extracto de su declaración:

> El hereje Mathieu me contó que él y Pierre Bonnet, diácono de los herejes de Toulouse, cuando salieron del *castrum* de Montsegur y *sacaron oro, plata y una cantidad infinita de dinero*, pasaron por un lugar donde había hombres de Camon vigilando; estos hombres *les indicaron el lugar y los caminos* para que pudieran pasar libremente y salir. Los citados herejes se dirigieron entonces *a una spoulga en el Sabartés* en manos de Pons Arnaud de Châteauverdun. Fue este año, alrededor de la última fiesta de Navidad[4].

Es decir, casi cinco meses antes de la caída de Montsegur, en la Navidad de 1243, dos cátaros (un perfecto, Mathieu, y un diácono, Bonnet) sacaron parte del tesoro, con la complicidad de algunos de los asediadores de Camon (que se encuentra a unos veinte kilómetros de Montsegur), que les dejaron pasar, y lo llevaron a una *spoulga* cercana que estaba en manos de Pons Arnaud de Châteauverdun, cuñado de Pierre-Roger de Mirepoix, el líder de los defensores del *castrum*.

---

4 Traducción del autor del manuscrito original, perteneciente al volumen XXIV de la llamada «colección Doat», que se conserva en la Biblioteca Nacional de París. El resto de citas de las inquisiciones del hermano Ferrier proceden de la misma fuente, aunque las de Arnaud-Roger de Mirepoix están en el volumen XXII.

Por si fuera poco, Imbert de Salles, además de mencionar en varias ocasiones distintos repartos de dinero que se hicieron con fines diversos, comenta que después de que los asediados prometiesen entregar el *castrum* al rey y a la Iglesia —esto sucedió el 1 de marzo de 1244—, vio a varios herejes «traer a Pierre-Roger de Mirepoix una manta [un saco] de dinero de los herejes», lo que evidencia que aún quedaba parte del tesoro en Montsegur.

De nuevo Pierre-Roger de Mirepoix, señor de Mirepoix, vasallo del conde de Foix. Este señor terminó convirtiéndose en *faydit* tras el Tratado de París de 1229, que le llevó a perder sus tierras, si bien no hay constancia de que llegase a ser consolado. En 1234 se unió a su primo Raimundo de Péreille en Montsegur, contribuyendo a fortificar el *castrum*, que, en la práctica, se encargó de dirigir. Además, fue quien dictó los asesinatos de Avignonet —llegó a pedir la cabeza del inquisidor Guillaume Arnaud, como vimos—. Fue él quien negoció el 1 de marzo la rendición con los franceses, consiguiendo, sorprendentemente, la amnistía para sus hombres, y para él mismo, y una tregua de quince días para los sitiados. ¿Por qué esta tregua? Supuestamente, para poner a buen recaudo el tesoro. Tras la caída de Montsegur, se le pierde la pista por completo.

También tenemos las declaraciones, recogidas en abril y mayo de 1244, de Bérenger de Lavelanet, un perfecto que renunció a su fe en el momento de la quema de Montsegur, y de Arnaud-Roger de Mirepoix, hijo de Guillaume-Roger de Mirepoix (hermano del anteriormente citado). Además de hablar en varias ocasiones de distintos repartos de dinero, informaron de algo que sucedió la noche anterior a la rendición, el 15 de marzo de 1244:

> He oído decir a Raymond Monic que Amiel Aicart, Peytavi y otros dos herejes fueron *escondidos bajo tierra durante la rendición* de los demás herejes, y fueron extraídos del *castrum* de Montsegur. Sin embargo, no sé si he oído quién los extrajo del *castrum*, ni cómo se extrajeron. Añado, sin embargo, que he oído que los cuatro herejes mencionados, que fueron extraídos del *castrum* de Montsegur, se dirigieron a la aldea de Caussou, luego, desde allí, a Prades d'Alion y al *castrum* de Usson, con *el hereje Mathieu, con quien se encontraron*. Agrego que en el *castrum* de Usson permanecen Raymond de Caussou, Guillaume Caramelaire y los demás herejes mencionados anteriormente.
>
> (Bérenger de Lavelanet, 21 de abril de 1244)

> Mientras los herejes eran sacados del *castrum* de Montsegur para ser entregados a la Iglesia y al rey, Pierre-Roger de Mirepoix mantuvo a Amiel Aicart y a su socio hereje Hugon en dicho *castrum*. La *noche antes de que los otros herejes fueran quemados* en masa, el citado Pierre-Roger *escondió* a dichos herejes, y estos escaparon. *Esto se hizo para que la iglesia de los herejes no pudiera perder su tesoro, que estaba escondido en el bosque, y ambos lo conocían.* Esto y lo otro, yo mismo lo oí de Alzieu de Massabrac, que los había visto, y de Guillaume Déjean de Lordat, que los vio después de la fuga de dicho *castrum*. Esto ocurrió en la semana anterior al Domingo de Ramos [es decir, entre el 21 y 27 del mes de marzo].
>
> (Arnaud-Roger de Mirepoix, 22 de abril de 1244)

Por último, tenemos el testimonio de Guillaume de Bouan de Lavelanet, sargento de las tropas *faydits* de Pierre-Roger de Mirepoix, que declaró el 2 de mayo de 1244, y que también dijo algo muy jugoso:

> Oí decir a los herejes Bernard Guilhem y Bernard d'Auverzines, en la línea donde estaba de guardia con estos herejes, que los herejes Amiel Aicart y Hugon habían sido bajados del *castrum* de Montsegur *con una cuerda, por el precipicio* bajo del castillo de Pierre-Roger, durante la noche del día en que el *castrum* fue entregado, junto a los herejes, en manos del rey y de la Iglesia.

Y así llegamos a la clave del supuesto enigma.

Según estos diferentes testimonios, todo parece indicar que el tesoro fue puesto a salvo en la Navidad de 1243. Sería lo que, según Arnaud-Roger de Mirepoix, «estaba escondido en el bosque y ambos lo conocían» y lo que fueron a recuperar los cuatro perfectos fugados de la noche de marras «para que su iglesia no lo perdiera». Es decir, el dinero que Mathieu y Bonnet escondieron en una *spoulga*.

Lo que nos lleva a algo muy importante: no es que los cuatro perfectos sacasen el tesoro la noche del 15 de marzo de 1244, justo antes de la entrega definitiva y la quema de los perfectos, sino que fueron salvados para que fuesen en busca del tesoro de la iglesia y lo custodiasen.

Pues bien, pese a que los testimonios apuntan claramente a esto, no se pueden imaginar la cantidad de investigadores y divulgadores que, al escribir sobre el tesoro de Montsegur, han defendido que el tesoro fue sacado del *castrum* por los cuatro perfectos que huyeron aquella noche o que en realidad, como planteó Peyrat, y muchos que copiaron sus propuestas, eran dos tesoros: el que sacaron Mathieu y Bonnet en la Navidad de 1243, que sería el tesoro «económico» de Montsegur; y lo que portaron consigo los cuatro cátaros que huyeron del castillo la noche antes de la rendición, que debía ser algo pequeño. ¿Por qué algo pequeño? Por algo muy sutil que se decía en la última cita que transcribí hace un momento: «Habían sido bajados del *castrum* de Montsegur con una cuerda, por el precipicio». Esto, necesariamente, implica que no podían llevar nada demasiado pesado ni demasiado grande. ¿Pero qué llevaban? Esa es la clave. La respuesta a esta pregunta ha provocado ríos de tinta. Y no termino de entender muy bien por qué, ya que en ninguna de las declaraciones se dice que llevasen nada.

Gérard de Sède, por ejemplo, plantea que se trataba de algún tipo de documentación, o algunos libros sagrados, o una reliquia, que, por algún transcendente motivo, había que evitar que cayese en manos de los franceses y los católicos. Eso mismo han planteado otros muchos investigadores y divulgadores. Y no sería extraño,

Montsegur. Foto de Carlos Pascual.

pero en las fuentes no se indica, repito, que aquellos cuatro perfectos sacasen nada de Montsegur aquella noche. Su objetivo era poner a buen recaudo el tesoro que unos meses antes, en la Navidad de 1243, habían sacado Mathieu y Bonnet. No hay más.

Lo curioso es que Dom Joseph Vaissète y Claude de Vic no le dieron importancia a esto del tesoro y no lo mencionaron en su crónica, pese a que sí recogieron estos interrogatorios por otros motivos; lo que viene a demostrar que en el siglo XVIII veían normal que los cátaros allí congregados tuviesen un tesoro, como pensaban los propios inquisidores. De algo tenían que vivir...

En cambio, Charles Schmidt, en su *Histoire et doctrine de la secte des Cathares ou Albigeois*, de 1848, sí que lo menciona brevemente, mezclando un poco todos los testimonios anteriores:

En una última reunión, en vísperas de la rendición, *se decidió que solo cuatro perfectos saldrían del castillo para salvar el tesoro de la secta y esconderlo en un bosque*, y para llevar a los hermanos la noticia de la toma de Montsegur y la valiente devoción de sus defensores. La noche siguiente, Amiel Aycart, Poitevin, Hugues y un cuarto perfecto se dejaron deslizar, mediante cuerdas, por las rocas; tras permanecer ocultos durante un tiempo en un profundo barranco, afortunadamente llegaron al castillo de So [Usson], donde les esperaban unos hermanos.

> Es muy probable que en este párrafo esté el origen de la confusión. Schmidt se lio y mezclo las dos tramas, la de Navidad de 1243 y la del 15 de marzo de 1244. Por supuesto, Napoleón Peyrat siguió su senda, aunque en su obra tampoco le dio mucha importancia; para él, no era más que el tesoro monetario del que hablaron los testimonios, que servía, claro está, para mantener tanto a los perfectos cátaros allí congregados como al numeroso grupo de creyentes de a pie y a los *faydits* defensores del *castrum*.

Pero donde si tiró de imaginación es en el sitio en el que pensaba que estaba escondido el tesoro, en la cueva de Lombrives. O en los sitios, ya que, como recordarán, Peyrat hablaba de dos tesoros: uno escondido en un arca bajo la fortaleza y otro en los bosques, en cueva. ¿Qué pasó aquí? Que se lio y mezcló los testimonios, pensando que los cuatro perfectos que huyeron la noche del 15 de marzo sacaron la otra parte del tesoro.

O, directamente, mintió.

No sería raro en él.

Como adelanté brevemente, Peyrat planteó que, tras la caída de Montsegur, un grupo de cátaros liderado por el tal Amiel Aicard, que se había llevado junto a sus compañeros el tesoro, se instaló en la *grotte* de Lombrives. Y es aquí donde la trama urdida por Peyrat da un fantástico giro, sin la más mínima credibilidad, pero tremendamente sugerente.

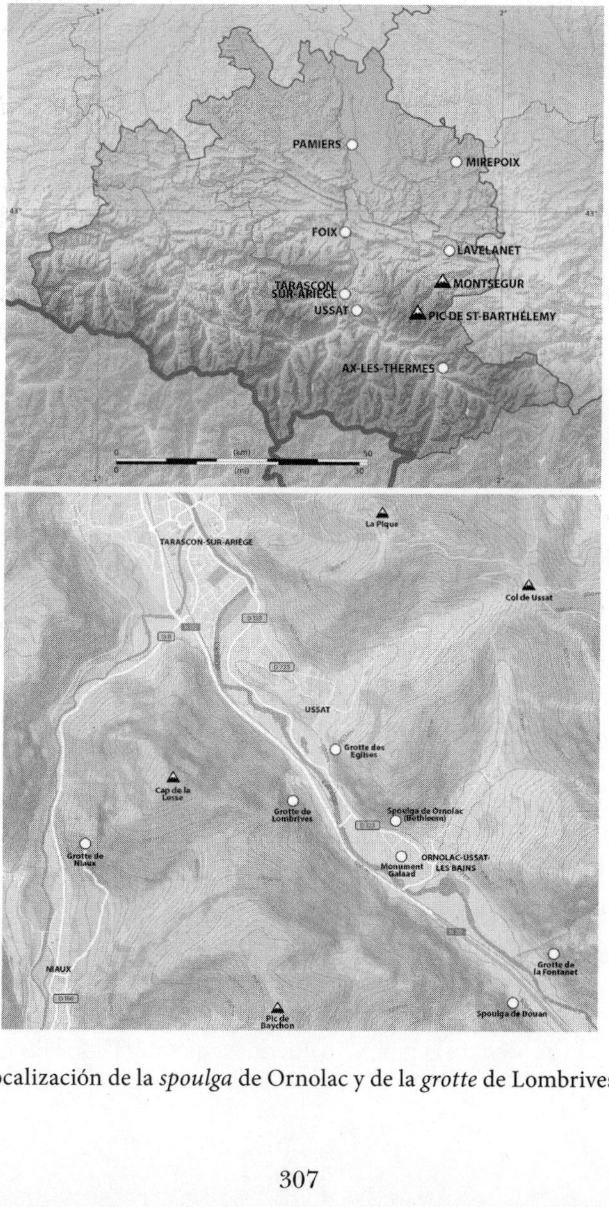

Localización de la *spoulga* de Ornolac y de la *grotte* de Lombrives.

Lo hace en el tercer volumen de su *Historia albigense*, en el que narra que Aicard, tras escapar de Montsegur, y tras pasar un tiempo en el castillo de Usson, terminó convirtiéndose en obispo cátaro y en el líder de un grupo que poco a poco se fue formando alrededor suyo:

> Quinientos o seiscientos montañeses, fugitivos de sus aldeas, se habían instalado, hombres, mujeres y niños, en esta oscuridad [en la cueva de Ornolac/Lombrives] y formaban alrededor del pastor cátaro una mezcla de colonia mística y campamento salvaje. *Se había organizado un nuevo Montsegur*, ya no caballeroso como el otro, ni encaramado a las nubes, sino rustico, por el contrario, y perdido en una cueva de la montaña, una sima perforada por un torrente de agua (Vol. III, 357).

> *La cueva de Ornolac, que por un momento recibió el tesoro de Montsegur*, fue, cien años después, como el último Tabor del catarismo pirenaico (*Ibid*, 361).

Y allí, en la quietud de aquella enorme gruta, se mantuvo durante décadas una comunidad cátara clandestina. Hasta que en 1328 fueron descubiertos por los ejércitos del rey francés, al mando del senescal de Toulouse, con el apoyo de Jacques Fournier, al que ya conocen. En primer lugar, según Peyrat, destruyeron las iglesias de Ussat, Bouan y Ornolac, y luego fueron a por Lombrives.

Intentaron adentrarse en las profundidades de la gigantesca cueva, pero fueron aplastados por una tempestad de flechas y rocas que les lanzaron los allí escondidos; así que tapiaron con ladrillos todas las entradas, provocando que los cátaros refugiados terminasen muriendo de hambre… pero con dignidad. Ni siquiera se plantearon comerse entre ellos. Se entregaron a la muerte con honor, a lo cátaro.

Peyrat lo describe de un modo extraordinariamente bello:

> Un día les faltó todo; la comida, la leña, el fuego y la suave luz, ese reflejo visible de la vida. Luego se agruparon, según sus familias, en los distintos compartimentos; el marido junto a la mujer, la virgen junto a su madre enferma y el niño enfermo sobre su teta seca. Durante unos instantes, por encima del piadoso murmullo de las oraciones, se oyó todavía la voz del ministro cátaro, confesando la Palabra que estaba en Dios y que era Dios. El fiel diácono dio al moribundo el beso de la paz, y se durmió a su vez. Todos descansaban en

> el sueño, y solo las gotas de agua que caían lentamente de las bóvedas perturbaron el silencio sepulcral durante siglos. Así es como probablemente terminaron *estos últimos hijos del Paráclito.* Mientras la Inquisición maldecía su memoria, e incluso sus familiares no se atrevían a pronunciar su nombre, eran llorados por las rocas. La montaña, que, como una tierna madre, los había acogido en su seno, hiló religiosamente un sudario blanco para ellos con sus lágrimas, enterró sus restos sagrados en los pliegues lentamente tejidos de este sudario de piedra caliza, y esculpió sobre sus huesos, que el gusano no profanó, un mausoleo triunfal de estalagmitas (*ibid.*, 361).

Finalmente, 250 años después, durante las guerras de religión, la cueva fue reabierta por otros represaliados religiosos que se enfrentaron a los católicos: los hugonotes, como eran conocidos los protestantes calvinistas franceses. Fueron ellos los que encontraron los restos de las más de quinientas personas que allí perecieron. Lo impactante, tal y como describe románticamente Peyrat, es que estaban todos como dormidos, acostados, cogidos de la mano, formando círculos…

Lombrives desde la spoulga de Bethlehem. Foto de Carlos Pascual.

¿Hay algo de cierto en esto? No, claro. Bueno, sí. Amiel Aicard, en efecto, fue uno de los cuatro *bons hommes* que escaparon de Montsegur la noche del 15 de marzo de 1244, como se atestigua en los archivos de los interrogatorios de los supervivientes —aunque aparece como Amiel Aicart—. Pero nada más.

Y en efecto, la *spoulga* de Ornolac fue mencionada en los registros inquisitoriales que realizó el hermano Ferrier. Hasta allí condujo en 1224 el cátaro Guillaume d'Arvigna a su tío, un perfecto. Y un tal Faure de Birac confesó que allí se había encontrado a dos perfectos hacia 1231, escondidos y protegidos por el señor local. Es más, se sabe por otras fuentes que los condes de Foix tenían seis cuevas fortificadas en la zona: Soulombrié, Subitan, Verdun, Niaux, Alliat y Ornolac. Y posiblemente una séptima, la de Bouan, que aparece en un acta de 1272.

Pyrene

Pero por ningún lado se menciona a Lombrives. ¿Por qué la introdujo Peyrat? Porque en su época ya era muy conocida. No en vano, se trata de la cueva más grande de Europa; y había numerosas leyendas a su alrededor, como la que decía que allí se encontraba la tumba de Pyrene, un personaje mítico del que procede el nombre de los Pirineos. Supongo que conocerán esta historia.

Se cuenta que el famoso Hércules, mientras andaba realizando sus doce trabajos, en busca del mítico gigante Gerión, se alojó en los territorios del rey Bebricio, monarca de los bébrices, un pueblo que vivía en aquellas montañas y cuya corte estaba, precisamente, en Lombrives. Pues bien, Bebricio tenía una hija extraordinariamente bella que era codiciada por todos los señores bébrices, pero ninguno consiguió conquistarla. Hasta que llegó Hércules. Se enamoraron, y una calurosa noche de verano, una cosa llevó a la otra y se entregaron a la pasión carnal, con tan mala suerte que se quedó preñada. Hércules, que andaba a lo suyo, enfrascado como estaba en sus doce trabajos, tuvo que marcharse. Y la joven, por vergüenza y por miedo a la reacción de su padre, decidió huir.

En su huida, un mal día, un terrible oso pardo la atacó y la dejó malherida. Hércules, que estaba lejos de allí, pese a ello, escuchó los gritos de dolor de su amada. Pero, cuando llegó, ya era tarde, había muerto. Fue él el que presidió, junto a Bebricio, el entierro de

Piedra de d'Oô, Musée des Augustins, Toulouse.

la joven Pyrene, que tuvo lugar en el lugar más grandioso de la cueva de Lombrives, en una sala decorada con rocas doradas. «Para que tu nombre, mi querida Pyrene, sea preservado por siempre por los hombres que poblarán esta tierra, estos montes en los que duermes por la eternidad, en adelante se llamarán Pirineos».

Claro, según otras leyendas, como la narrada por Silio Itálico en su poema *Púnica* (sobre la Segunda Guerra Púnica), de finales del siglo I, Pyrene era hija de Tubal, nieto del mismísimo Noé, encargado de repoblar la península ibérica y hacerla prosperar gracias a su dominio de la metalurgia. Hércules fue acogido por Tubal, y tras pasarse con el vino, embriagado, sedujo a Pyrene, que quedó embarazada. La abandonó y se fue en busca de Gerión, que también pretendía a la dama. Pero el monstruo mató a Tubal, y la princesa, sola y abandonada, decidió viajar al norte, a la tierra de los galos. Allí dio a luz, pero el malvado Gerión quería acabar con ella y con su estirpe, y salió en su búsqueda. Como no la conseguía encontrar, tomo la decisión de meterle fuego a toda la zona donde sabía que estaban escondidos Pyrene y sus hijos. Las llamas se extendieron de mar a mar, y Hércules, al verlas, se arrepintió de haber abandonado a su amada y corrió en su auxilio. Pero fue en vano. Cuando llegó, Pyrene estaba agonizando. Tras su muerte, decidió enterrarla bajo un gigantesco manto de piedras, un descomunal mausoleo que, hasta su propio padre, Zeus, desde el Olimpo, podía ver. Y así fue como nacieron los Pirineos…

Las lágrimas de Hércules mientras levantaba el túmulo a su amada formaron los ibones pirenaicos, como se conoce en aragonés a unos pequeños lagos de origen glaciar que hay por la zona. Según esta versión, más extendida por la zona española de la cordillera, la tumba de la joven dama se encontraría bajo el Aneto, su pico más alto.

Según la versión de Silio Itálico, Pyrene, antes de morir, «dio a luz a algo como una serpiente, y tembló ante la ira de su padre» (1, III). Lo interesante es que hacia 1820 se descubrió en una ermita cercana al lago d'Oô una piedra de mármol de un metro en la que se representa a una mujer desnuda de cuyo sexo sale una serpiente que mama de su pecho izquierdo. Se trata de la Piedra d'Oô (por la localidad de la Haute-Garonne donde se encontró), hallada por el arqueólogo Alexandre du Mege y que se conserva en el Museo de los Agustinos de Toulouse. No está nada claro su origen ni su antigüedad. Los académicos defienden que formaba parte de la antigua iglesia de Saint Jacques de aquella localidad, del siglo XI, pero parece mucho más primitiva. Hay quien considera que guarda relación con esta otra leyenda de Pyrene, como defiende el historiador francés Bernard Duhourcau (en su obra *Guide des Pyrénées Mystérieuses*), para quien sería también un símbolo de la fertilidad. No en vano, existen varias representaciones de la Madre Tierra como una mujer que amamanta reptiles o mamíferos.

Y ya para terminar, existe una curiosa tradición en Gascuña, recogida por varios poetas locales del siglo XVII, como Jean-Géraud d'Astros, según la cual los gascones, es decir, los vascones, eran descendientes de Pyrene y Hércules...

Las fuentes de Peyrat

¿De dónde sacó Peyrat esta fascinante trama del nuevo Montsegur en Lombrives?

Por un lado, usó para su embuste una leyenda local del siglo XIX que hablaba de un grupo de ladrones que se habían perdido en Lombrives y que terminaron muriendo de hambre. La historia fue publicada en enero de 1842 en *La Mosaïque du Midi*, un magacín mensual de Toulouse, con el título «Les guérilleros-brigands de Lombrives». El autor, un tal Jules Metman, afirmaba que se la había contado un viejo guía local que le enseñó la cueva. Al parecer, se trataba de una banda de unos cuarenta contrabandistas y/o ladrones que habían convertido la *grotte* en su refugio, desde donde realizaban escaramuzas para robar a los ricos de la zona o los viajeros que circulaban por la carretera que unía Andorra con Tarascón, hasta que el prefecto del Ariège decidió acabar con ellos: mandó a un batallón del ejército, pero no pudieron adentrarse en la cueva ante la exaltada defensa de los forajidos. Comenzó así un asedio que terminó cuando, quinde días después, un segundo batallón consiguió entrar. Aunque encontraron a algunos que aún vivían, la mayoría habían muerto de inanición. Los que sobrevivieron fueron ejecutados en la plaza del mercado de Foix.

No existe constancia alguna que permita avalar esta historia, lo que no impidió que la romántica trama se reprodujese y, como suele pasar, se engrandeciese. En versiones posteriores, como la del doctor Guitard, se afirmó que los soldados tapiaron las entradas y que fue esto lo que provocó que muriesen de hambre.

Pero también debía conocer lo que Bertrandi Hélie, cronista de los condes de Foix, explicó en su obra *Historia fuxentium comitatum*, de 1540. Habló de Lombrives y afirmó que en su interior se encontraron los cuerpos de varios hombres «que en un principio parecían vivos, pero que, apenas se tocaban, se reducían a polvo».

Lo cierto es que en tiempos de Peyrat, Lombrives ya había sido estudiada de una manera más o menos científica. Los primeros fueron el historiador local Adolphe Garrigou (1802-1893), muy interesado en la historia de los cátaros, y el archivero Jean-François Rambaud, que comenzaron a excavar en la gruta en 1822. Encontraron dos cráneos humanos en perfectas condiciones, así como unos cuantos huesos dispuestos en círculo alrededor de una enorme concreción estalagmítica conocida como «el Mamut». Es más, Garrigou también estudió las cercanas *spoulgas* de Ussat, Ornolac y Bouan, llegando a la conclusión, posiblemente antes que nadie, de que aquellas montañas y cuevas habían servido de refugio a los cátaros en tiempos de la persecución. Y aún hay más: fue quien descubrió el famoso pentagrama de la cueva de Ornolac que, años después, popularizó Otto Rahn. Como veremos, Garrigou tendrá una gran relevancia en los acontecimientos posteriores.

Sea como fuere, Peyrat conocía estas excavaciones, hasta el punto de que llegó a afirmar en su obra que los restos encontrados por Garrigou no eran de hombres de la Edad del Bronce, sino de aquellos cátaros. Por este motivo identificó Ornolac con Lombrives, ya que la primera sí aparecía en las crónicas medievales, pero la segunda, no.

Posteriores excavaciones, como las que realizaron Jean-Baptiste Noulet (1872) o Félix Regnault (1882), mucho más profesionales, desvelaron la presencia de restos humanos del Bronce, presentes también en otras cuevas de la región. Pero no hay nada que permita indicar que hubiese presencia allí de cátaros en el siglo XIII.

Pero da igual. Para que vean hasta qué punto los mitos se convierten a veces en verdades que nadie cuestiona, hasta en la propia página web de la cueva de Lombrives se vende la leyenda ideada por Peyrat como si fuese cierta: «Refugio para el hombre del Magdaleniense, lugar de sepultura en la Edad del Bronce, lugar sagrado de los cátaros, refugio protestante, frecuentado por reyes, escondite de bandidos».

Es más, uno de los lugares más conocidos de la cueva, con permiso de la grandiosa sala conocida como la Catedral, de la que se dice que en su interior entraría Notre-Dame de París —no en vano, allí se realizan espectaculares conciertos—, y la supuesta tumba de la princesa Pyrene, es lo que se conoce como la galería del Gran Cementerio, donde Adolphe Garrigou encontró aquellos restos humanos en círculo. Y no es el único caso, en numerosas guías turísticas del Languedoc se menciona que en Lombrives se alojaron los cátaros huidos de Montsegur.

Spoulga de Bouan. Foto de Angie Torres Valenti.

Masones, gnósticos, ocultistas y demás gentes de mal vivir

Sin duda alguna, la monumental *Historia de los albigenses* de Napoleón Peyrat, con su tono de exaltación romántica, marcó el inicio del redescubrimiento del catarismo, siempre en el contexto de la reivindicación nacionalista occitana y de la defensa del protestantismo; de hecho, en numerosas ocasiones establece un paralelismo entre los valientes cátaros que se enfrentaron a la Iglesia de Roma y los reformistas luteranos que varios siglos después hicieron lo propio. Ojo, no sería el primero en hacerlo: en el siglo XVII, el escritor y poeta calvinista Théodore Agrippa d'Aubigné (1552-1630), en su obra *Les Tragiques* (1610), expuso que los protestantes habían recibido la herencia de los antiguos cátaros, que, como ellos, fueron perseguidos por la Iglesia de Roma.

Tras su muerte, los miembros de Le Félibrige Rouge, Prosper Estieu, Arthur Caussou o Jean Gadrat, entre otros, lo tomaron como ejemplo a seguir para sus actividades divulgativas y nacionalistas, y le otorgaron a su obra un estatus casi divino.

Pero, sobre todo, su principal influencia en la moderna cosmogonía neocátara es la invención, porque fue cosa suya, del mito de Montsegur, epicentro de la tragedia y de la épica de la historia antigua, y el punto desde el que volvería a brotar el laurel...

Las cuevas de la región se convirtieron en un lugar de peregrinación para los entusiastas de los cátaros y para los buscadores de tesoros, que, convencidos de que era posible encontrar el mítico tesoro de los cátaros, excavaron por todas partes.

Y sus ideas sobre que el catarismo había recibido la influencia tanto del maniqueísmo como de la escuela pitagórica, los misterios órficos, el budismo, el hinduismo, el mazdeísmo, los esenios, los gnósticos, el neoplatonismo y hasta la cábala judía, tuvieron una influencia importantísima en la forma en la que en las décadas siguientes se reinterpretó la historia de los cátaros.

No debería extrañarnos ver a aquí a casi todos los movimientos religiosos y filosóficos que ya por aquella época, asociados a la masonería y al rosacrucismo, comenzaron a desarrollarse por los ambientes ocultistas de Europa occidental, especialmente de Francia. Peyrat no dudaba en reconocer que aquellos herejes perseguidos y reprimidos habían sido uno de los últimos brotes de un movimiento milenario que había pasado por todas aquellas sendas.

Como verán a continuación, sus seguidores hicieron suyas todas estas ideas, llevándolas a terrenos cada vez más escurridizos y complicados, siempre con la tragedia occitana de telón de fondo.

EL GALAHAD DEL ARIÈGE

Otro personaje esencial en esta trama es Antonin Gadal, un tipo curiosísimo, nacido en Tarascón-sur-Ariège en 1877, que además de ejercer como maestro de escuela en Ussat y como guía turístico de las cuevas del Sabartés, incluida Lombrives, contribuyó como pocos al proceso de mitificación que sufrieron los cátaros a partir de Peyrat, con Montsegur como epicentro de una trama que cada vez se iba mezclando con más elementos procedentes del ocultismo y el esoterismo.

Garrigou, el patriarca del Sabartés

Gadal mantuvo una estrecha relación con Adolphe Garrigou, el historiador local del que les hablé páginas atrás, uno de los personajes más importantes de Tarascón-sur-Ariège, alcalde de la localidad tras la revolución de febrero de 1848 y, como vimos, reputado historiador local. Le conoció siendo un niño, cuando Garrigou, nacido en 1802, ya era casi octogenario. Y desde niño se convirtió en su escudero, haciéndole pequeños servicios y ayudándole a leer la correspondencia, ya que el anciano tenía muy deteriorada su visión; y con el tiempo ejerció como su secretario y confidente. El anciano, al que siempre denominó como el Patriarca del Sabartés, le contó la extraordinaria historia de su vida, y el joven Gadal lo vivió con muchísima intensidad.

Entre otras cosas, Garrigou se unió en su juventud, cuando tenía unos 20 años, a los carbonarios, una curiosa sociedad secreta pseudomasónica. La Carbonaria fue fundada en Nápoles a comienzos del siglo XIX, en pleno *Risorgimento* italiano, como reacción ante la conquista napoleónica, que tuvo lugar en 1798, aunque pronto se extendió por Francia y España. De talante marcadamente liberal y democrático, luchaban contra el absolutismo monárquico aún presente y por el reconocimiento de las libertades civiles, que solo podían ser legitimadas por las necesarias constituciones. Además, en Italia se mostraron partidarios de la unificación, que se terminó concretando

Antonin Gadal mostrando una imagen del dios egipcio Osiris.

en 1870, tras varias guerras civiles —con apoyos extranjeros—, con la conquista de Roma a manos de Garibaldi y su gente. Al margen de esto, sus miembros, casi todos de la alta burguesía, estuvieron detrás de las oleadas revolucionarias de 1820 y 1830. Muchos fueron condenados a muerte en las distintas reacciones monárquicas y absolutistas, lo que provocó que, tras la última revuelta, la de 1830, desapareciesen.

Desde joven, Garrigou se interesó por el catarismo, aunque en aquella época apenas había obras históricas de relevancia, a excepción de la popular, en Occitania, *Histoire générale du Languedoc*, escrita al alimón por los monjes benedictinos Claude de Vic y Dom Joseph Vaissète, que se publicó entre 1730 y 1749. Décadas después, siendo ya anciano, aceptó con pasión la *Historia de los albigenses* de Napoleón Peyrat, publicada entre 1870 y 1882, aunque discrepaba en algunos aspectos concretos, como aquella delirante idea de la nueva Montsegur en Lombrives. Sí aceptaba, en cambio, la idea de que los cátaros se refugiaron tanto en aquella cueva como en las *spoulgas* de la zona, que conocía y que investigó en profundidad, como vimos.

Ahora bien, según comentó Gadal, Garrigou fue iniciado en 1822 en el catarismo por un anónimo ermitaño que vivía en Lombrives, conocido como el Patriarca Cátaro. Este le invitó a que estudiase bien aquella cueva, y las demás que había por la zona, Ussat, Ornolac y Bouan. No sabemos qué hay de cierto en esto, ni cuál de los dos se lo inventó, pero parece falso.

En definitiva, gracias a Garrigou, Gadal comenzó a interesarse por el catarismo. Y cuando este falleció, en 1897, con casi cien años, decidió proseguir su senda, aunque por otros caminos bien distintos. Ambos tenían claro que el renacer del catarismo, amputado de la historia por la conjunción malvada de la Iglesia de Roma y los franceses del norte, tendría lugar, precisamente, en la región donde dio sus últimos pasos, en el Ariège, concretamente, en el Sabartés, en el antiguo condado de Foix, por donde anduvieron los Authié y sus perfectos.

Un extraño pastiche

Pero Gadal se interesó más por los aspectos místicos y espirituales de los antiguos buenos hombres. Creía que derivaban de la forma original joánica del cristianismo gnóstico, basado, según creía, en las enseñanzas secretas que el apóstol Juan, el discípulo a quien Jesús amaba, había recibido directamente del mismo. Por eso consideraba, como los gnósticos cristianos, que el único Evangelio canónico válido era el suyo.

En resumidas cuentas, defendía que el papel de Jesús consistió en explicar a sus discípulos como adquirir la gnosis, el conocimiento, única vía hacia la verdadera salvación, al alcance de todos los que tomasen conciencia de que el camino hacia Dios consiste en renunciar a este mundo material, sin juicio final ni castigo eterno.

Vamos, lo mismo que creían los cátaros.

Para ello, para conseguir la salvación anunciada por Jesús, había que romper los vínculos que nos unen al mundo sensible, liberarse de la materia, renunciar al ego, y regresar espiritualmente al mundo para iluminar a los que aún no han emprendido el camino. Gadal creía que todo aquello estaba contenido en el ritual de la *endura* —que no era un ritual—, aunque no lo veía como una forma radical y desesperada de entregarse voluntariamente a una buena muerte, sino como una forma de vida basada en el desapego, la pasión, el amor, la empatía y el amor a la auténtica divinidad. Sin duda, aquí se pueden apreciar evidentes influencias de la filosofía y la espiritualidad budista.

Eso sí, no compartía con los cátaros la creencia en un dios maligno, creador de este mundo irreal y corrupto de la materia. Lucifer era, en todo caso, «un gran imitador», como lo describió en alguna ocasión, que no creó el mundo físico, sino que lo transformó en una copia imperfecta y fea del mundo celestial. Ni tampoco pensaba que Dios no se hubiese encarnado realmente en Jesús, aunque, decía, «su cuerpo era más bien angélico». De hecho, consideraba que la narración evangélica de la Pasión era real, aunque había que interpretarla desde una perspectiva distinta a la paulina: Jesús no se entregó a la muerte voluntariamente para redimir a la humanidad de sus pecados, sino para mostrarle que el único camino de salvación comenzaba después de abandonar este mundo material, cuando el alma se elevaba hacia Dios. Ese era el auténtico misterio de la cruz para Gadal, y en eso, pensaba, creían los gnósticos, los verdaderos cristianos y los cátaros.

Además, defendía que aquella primitiva comunidad joánica gnóstica que seguía el verdadero mensaje de Jesús estaba emparentada con los esenios, que para Gadal eran también gnósticos, y compartían muchos puntos en común con los posteriores cátaros, como la renuncia a los placeres de la carne y a los bienes mundanos, la prohibición del juramento y la mentira, o las prácticas dietéticas vegetarianas. Juan el Bautista fue uno de ellos, pensaba.

Y no solo eso: consideraba que los cristianos gnósticos y los esenios compartían las mismas ideas y conocimientos que otros movimientos espirituales, desde los druidas celtas a las escuelas mistéricas de Oriente, pasando por los cultos órficos, la escuela de Pitágoras, los maniqueos, los brahmanes de la India o los misterios de Isis. Y a la cabeza de los fundadores de todos estos movimientos situaba a Hermes Trismegisto, el sabio egipcio que, según los ocultistas, creó la alquimia y el sistema de creencias metafísicas del que surgió el hermetismo. Como comprenderán, no puedo entrar en detalle en esto, pero me encantaría...

Ahora bien, ¿cómo llegaron estas ideas hasta el occidente europeo? A partir de los gnósticos egipcios, que mantuvieron el auténtico mensaje que Jesús entregó a su discípulo Juan. Los maniqueos recibieron su influencia, así como lo montanistas del siglo II. Gracias a estos llegó a Roma y se expandió por el imperio, arraigando con especial fuerza en la parte oriental, donde siglos después brotó el gran movimiento de los bogomilos, herederos del auténtico linaje evangélico. Y finalmente, por influencia de estos, pero también por otras corrientes occidentales, como los celtas o el movimiento gnóstico de Prisciliano, aparecieron los cátaros en Occitania.

Además, como anteriormente había propuesto Garrigou, y como Peyrat, pensaba que en las cuevas del Sabartés fue donde todos estos caminos convergieron; desde allí se irradió una corriente que dio lugar también, siempre según Gadal, a los templarios y a los verdaderos rosacruces...

Montsegur representaba para él la parte visible del fenómeno cátaro, el «faro del catarismo», en sus palabras; mientras que las *spoulgas* del Sabartés eran «la puerta del catarismo», ya que era allí donde se realizaban los ritos de iniciación, donde preparaban al iniciado para trascender el mundo material y pasar al mundo espiritual.

De hecho, durante años fue el administrador de Lombrives, que consideraba la catedral de los cátaros, dando por sentada la mítica historia de la nueva Montsegur de Peyrat. Y también ejerció como guía turístico de las cuevas de Ussat, Ornolac y Bouan, todas en la zona que nombró como la Montaña Sagrada. Aunque había muchas más, hasta sesenta, que, pensaba, habían sido usadas por los cátaros, la más importante era la de Ornolac, que desde entonces, y por influencia suya, es conocida como la cueva de Bethlehem. ¿Por qué? Por el famoso pentágono, que para Gadal representaba a la verdadera estrella de Belén, formada por Cristo, María y los tres magos de Oriente; a la vez que representaba, como el hombre de Vitrubio, al hombre verdadero cuya alma irradiaba por sus cinco extremos: las manos, los pies y la cabeza.

Siento no poder dar más detalles sobre esto; él tampoco los daba.

Curiosas amistades

Desde los años veinte, Antonin Gadal comenzó a relacionarse con algunas personas que, como él, veían en los cátaros el último reducto de un movimiento mucho más amplio, el gnosticismo, que brotó en varios lugares, y que, tras ser perseguido y anulado por el catolicismo, pasó a la clandestinidad; una serie de personajes relacionados con el ocultismo y el hermetismo, como el escritor Maurice Magre, el intelectual Déodat Roché, la condesa Miriam de Pujol-Murat —que afirmaba ser descendiente y, a la vez, reencarnación de Esclarmonde Foix—, el estudioso Christian Bernadac, o el poeta, filósofo y estudioso del catarismo René Nelli.

Y por esa misma época terminó conociendo a un joven alemán interesado tanto en el misterio de los cátaros como en la búsqueda del Santo Grial: Otto Rahn, al que conoció en 1931, con el que convivió durante varios meses y al que acompañó durante sus investigaciones por las cuevas del Sabartés. Ya hablaré de Rahn.

Claro, para Gadal el Grial no era la copa de la Última Cena, en la que, según alguna leyenda medieval, José de Arimatea recogió la sangre de Jesús tras el lanzazo de Longinos. Era algo más, algo que había sido reverenciado tanto por los celtas como por los persas y los gnósticos. ¿Qué era pues? Nunca lo tuvo muy claro, pero, *grosso modo*, lo veía como el símbolo de la transmisión de la gnosis, del conocimiento. En alguna ocasión llegó a afirmar que «la búsqueda del Grial era una representación simbólica de la iniciación cátara; el Grial era el objetivo supremo de los perfectos, ya que daba acceso al dominio del Espíritu Santo y confería el poder de curar y consolar a los hombres».

Lo que sí tenía claro es que las historias del Grial que popularizaron Chrétien de Troyes y Wolfram von Eschenbach guardaban relación con los misterios del Sabartés, como Rahn.

Toda esta inquietante y fascinante cosmovisión guardaba mucha relación, como ya les adelanté, con los movimientos ocultistas y herméticos que se estaban desarrollando en Europa occidental. Gadal hablaba de «la Triple Alianza de la Luz», formada por la conjunción entre la Rosa-Cruz, que aportaba el conocimiento sobre Dios, el hombre y el camino; el catarismo, centrado en el amor como senda hacia la salvación; y el Grial, que velaba por la realización de la obra, la construcción del mundo interior mediante la gnosis.

También tuvo relación con el ocultista inglés Francis Rolt-Wheeler, secretario general de la asociación Les Amis de Montsegur et du Saint-Graal, de Sabarthes et d'Occitanie. Además, fue iniciado en la logia rosacruz White Eagle por el inglés Walter Birks en 1939.

Hasta que en 1954 conoció a Jan Leene y a la señora Henriette Stock-Huyser, dos holandeses que habían fundado en 1924 una fraternidad gnóstica conocida como la Rose-Croix d'Or. Posteriormente, durante la Segunda Guerra Mundial, se retiraron de la vida pública y trabajaron en la clandestinidad. El grupo adoptó el nombre Lectorium Rosicrucianum, y sus fundadores, los de Jan van Rijckenborgh y Catharose de Petri, respectivamente.

Se reconocieron mutuamente como maestros iluminados y comenzaron a colaborar, y finalmente, en 1957, fundaron la Escuela

Monumento a Galaad, Ussat-les-Bains.

Gnóstica de la Rosa-Cruz de Oro, con Gadal como primer presidente y sede en Ussat, donde además crearon un museo, el Centro Galaad, que abrió sus puertas en 1958 y en el que se podían ver muchos de sus supuestos hallazgos —el héroe medieval favorito de Gadal era Galahad, en francés Galaad, uno de los caballeros del Grial, y estaba orgulloso de que su apellido fuera un anagrama del de aquel…—.

Por desgracia, tras su muerte, que se produjo en 1962, el edificio fue vendido y todo el patrimonio de Gadal se trasladó a Tarascón. El grupo gnóstico también se fue de allí, pero no le fue mal: en la actualidad cuenta con sedes en unas veinte ciudades de Francia, y con presencia en varios países, hasta 57, según la propia organización (http://www.rose-croix-d-or.org/). Aun hoy sus miembros siguen peregrinando al Ariège y a las cuevas del Sabartés.

En Ussat, por cierto, aún se puede visitar el monumento de Galaad, un cubo de piedra coronado por tres grandes bloques y rodeado por doce piedras verticales de granito, que fue inaugurado el 5 de mayo de 1957 por el propio Gadal y Jan Van Rijckenborgh. Representaría un círculo, un triángulo y un cuadrado. En uno de los lados tiene una inscripción en holandés que dice: «La triple alianza de la luz: Grial, Cátaros y Cruz y Rosas».

Placa del monumento Galaad. Foto de Carlos Pascual.

DOINEL, EL OBISPO GNÓSTICO DE MONTSEGUR

Con Antonin Gadal, como hemos visto, los movimientos ocultistas, herméticos y gnósticos se acabaron fusionando con el catarismo. Pero en realidad no fue el primero. Un tiempo antes, un personaje extraordinariamente curioso, llegó a autoproclamarse patriarca de su propia iglesia cátara.

Se trata de Jules-Benoît Stanislas Doinel du Val-Michel, más conocido como Jules Doinel, un personaje sumamente interesante que, entre otras cosas, también guarda relación con Rennes-le-Château.

Doinel, nacido en Moulins, en la Auvernia, el 8 de diciembre de 1842, pese a que recibió una educación católica, y pese a que llegó a ingresar en un seminario jesuita, acabó alejándose por completo del catolicismo. Se formó como historiador, sin llegar a terminar la carrera, y terminó trabajando como archivero, aunque también escribió varios libros de historia.

Fue aceptado en la logia masónica Les émules de Montyon, adscrita al Gran Oriente de Francia, con sede en Orleans, el 5 de noviembre de 1884. En poco tiempo se convirtió en maestro (en abril de 1885). La logia, bajo su dirección, cambio el nombre a Les Adeptes d'Isis-Montyon. Continuó ascendiendo en la jerarquía masónica y en 1890 llegó a ejercer como archivero del propio Gran Oriente y como bibliotecario del Museo Masónico de París. Pero también se hizo rosacruz, llegando a unirse al grupo de L'Etoile Polaire de París («la estrella polar») y a la orden martinista.

Un tiempo antes había comenzado a interesarse por los cátaros y lo que consideraba que eran sus doctrinas hermanas, los maniqueos y los gnósticos. Por ejemplo, se sabe que en 1888, trabajando como archivista en la biblioteca de Orleans, descubrió unos documentos sobre los famosos canónigos herejes que fueron condenados a la hoguera en el 28 de diciembre de 1022, precursores, como vimos, del catarismo occidental.

Es más, según relató, ese mismo año tuvo una visión de Jesús, que se manifestó como un eón y le encargó fundar una nueva iglesia. Lo haría dos años más tarde, en 1890, cuando creó la Iglesia Gnóstica de Francia, con sede en un anexo de la librería parisina Chamuel. Se autoproclamó obispo de Montsegur y «primado de los albigenses» —siempre siguiendo indicaciones del eón Jesús— y tomó el nombre de Valentín II, en honor al mítico líder los gnósticos coptos.

Además, estuvo relacionado con varios grupos espiritistas, en especial con el de Lady Caithness, cuyo nombre real era María de Mariategui, una londinense de origen español que se convirtió en condesa tras casarse con el conde de Medina-Pomar y que, tras enviudar y heredar una importante fortuna, comenzó a interesarse por las propuestas espiritas de Allan Kardec (1804-1869) y por la teosofía de Madame Blavatsky (1831-1891), llegando a convertirse en su principal representante en Francia. En su salón de París se congregaba la flor y nata del ocultismo parisino, y allí fue donde la conoció Doinel, que fue a verla con el inquietante objetivo de contactar con los espíritus cátaros, cosa que, sin duda, llegó a conseguir...

Según afirmó Doinel, en septiembre de 1889, algo llamado el «Supremo Sínodo de Obispos del Paráclito», formado por los espíritus de cuarenta obispos cátaros, bajo la dirección de Guilhabert de Castres, se le manifestó para indicarle cómo debía organizar su iglesia.

El rito de iniciación, en efecto, era una versión algo *sui generis* del *consolament*, que en aquella época no se conocía con exactitud. La estructura estaba compuesta por el nivel básico, los perfectos y perfectas, y por una jerarquía superior, los obispos y las *sofías* (mujeres). Además, en honor a los cátaros, se creó una orden interna llamada Ordre de la Colombe du Paraclet («Orden de la paloma del Paráclito»). Además, uno de sus ritos, llamado «la participación del pan», estaba inspirado en el rito del pan bendito.

En septiembre de 1893, la Orden Martinista de Papus fue aceptada dentro de la Iglesia Gnóstica. Sin entrar en mucho detalle, Papus (1865-1916), cuyo nombre real era Gérard Anaclet Vincent Encausse, fue un médico francés (aunque nació en A Coruña), masón, ocultista, alquimista y teósofo. Fundó junto a Agustín Chaboseau, en 1891, la Orden Martinista, en la que se mezclaba un cristianismo místico con todas las ramas del esoterismo, sin demasiado criterio. Eso no impidió que muchos nombres interesantes de la escena ocultista e intelectual parisina se uniesen a sus filas, como Maurice Barrès, Joséphin Péladan, la cantante de ópera Emma Calvé o el mismísimo Éliphas Lévi.

Sin embargo, en un curioso e incomprensible giro del destino, a finales de 1894 abjuró del gnosticismo, se convirtió al catolicismo y asumió el nombre de Jean Kostka, como homenaje a san Stanislas Kostka. ¿Por qué? Por nada significativo, simplemente porque su segundo nombre era Stanislas, como el de este santo polaco del siglo XVI, el primer jesuita canonizado.

Por esa época fue expulsado de la masonería, aunque ya llevaba un tiempo alejado. Los motivos no están claros. Al parecer, tuvo que ver con un libro que publicó ese mismo 1895, titulado *Lucifer démasqué* (*Lucifer desenmascarado*), que publicó con dicho seudónimo, en el que denunciaba las maquinaciones en la sombra que los masones, junto a otros grupos de poder en la sombra, como los martinistas, estaban realizando para imponer un gobierno mundial satánico. Ahí queda eso.

Curiosamente, este giro de Doinel coincide en el tiempo con la fascinante farsa orquestada por Marie Joseph Gabriel Antoine Jogand-Pagès (1854-1907), un escritor masón francés que, usando el seudónimo de Leo Taxil, desde 1885, a lo largo de varios años, publicó una serie de libros en los que exponía la existencia de un contubernio masónico-satánico que pretendía controlar el mundo desde las sombras. Sus obras fueron recibidas por entusiasmo por los católicos, hasta el punto de que el propio papa León XIII, famoso por sus encíclicas contra los masones, así como varios obispos, llegaron a financiarle y a recomendar sus escritos. Finalmente,

Jules Doinel vestido con sus ropajes de obispo.

el 19 de abril de 1897 reconoció en una rueda de prensa realizada en la Sociedad Geográfica de París que todo había sido una broma concebida con la intención de burlarse de los antimasones, agradeciendo de camino a los católicos su apoyo económico y la publicidad que le habían dado. Lo curioso es que Jogand-Pagès, alias Leo Taxil, y Jules Doinel se conocieron en 1895 y llegaron a colaborar, incluso, en algún panfleto; esto ha llevado a que algunos estudiosos del ocultismo francés planteen que su hégira y sus proclamas antimasónicas también fuesen una farsa. Viendo lo que sucedió después, es razonable pensarlo.

Tras su misteriosa huida del gnosticismo, la iglesia quedó huérfana, hasta que el 3 de enero de 1896 asumió las riendas otro personaje maravilloso, un ocultista amigo íntimo de Victor Hugo llamado Léonce Fabre des Essarts (1848-1917), que tomó el nombre de Tau Synésius —en honor de Sinesio de Cirene, un filósofo neoplatónico griego, y cristiano, que vivió entre los siglos IV y el V y que fue discípulo de Hipatia de Alejandría—. Bajo su mandato, la iglesia editó su propia revista, *Le Réveil albigeois*, y se asoció con las iglesias gnósticas de Bélgica y Bohemia.

Lo curioso es que Jules Doinel fue admitido de nuevo en 1900, aunque degradado y, con el nombre de Tau Jules, como obispo de Alet y Mirepoix. Y es que, en aquella época, estaba viviendo en el Languedoc: en 1899 fue nombrado conservador de los Archivos Departamentales del Aude, en Carcasona, puesto que ocupó hasta su muerte, que se produjo poco después, el 16 de marzo de 1902. Fue encontrado por su casera arrodillado frente a su cama y con un rosario envuelto alrededor del cuello. Cuatro días más tarde fue enterrado en la parroquia de Saint-Michel de Carcasona como un buen católico. ¿Lo era en realidad? ¿Había abandonado por completo su catarismo gnóstico? Nunca lo sabremos, pero cuesta creerlo.

Además, fue secretario de la Société des Arts et des Sciences de Carcasona durante unos meses, una organización encargada de rescatar y estudiar textos y restos arqueológicos de toda la zona del Aude. Allí, durante su estancia en Carcasona, escribió una obra sobre los merovingios (*Note sur le roi Childéric III,* 1899) en la que acusaba a los carolingios de haberles usurpado el trono. Es curioso, pero unos años antes había escrito un libro sobre Blanca de Castilla (*Histoire de Blanche de Castille,* 1887), en el que planteaba que el tesoro real fue trasladado desde París hasta Carcasona durante la Cruzada de los Pastores.

Como recordarán, ambas ideas guardan relación con la *belle histoire* de Rennes-le-Château de la que les hablé páginas atrás. La conexión está clara: Pierre Plantard, el gran falsificador de esta historia, estuvo investigando en los Archivos Departamentales del Aude a comienzos de los años sesenta, y, sin duda, tuvo que toparse con la figura de Doinel y con sus libros; al fin y al cabo, era un personaje conocido en los ambientes ocultistas de París, que tan bien conocía Plantard.

Por cierto, Bérenger Saunière ejercía en Rennes-le-Château mientras Doinel estaba al cargo de los archivos de Carcasona...

Cuatro años después de la muerte de Doinel, el 7 de diciembre de 1906, la Iglesia Gnóstica fue reconocida formalmente por el estado francés en virtud de la ley de organizaciones de 1905. Un tiempo antes había sido iniciado en el grupo el célebre escritor y ocultista René Guénon (1886-1951). Tras diferentes cismas y movidas internas, y tras la muerte de Fabre des Essarts, que se produjo en 1917, la iglesia terminó desapareciendo a mediados de los años veinte. Aunque en 1953 renació, más o menos, de la mano del escritor ocultista y masón Robert Ambelain (1907-1997), famoso por sus extravagantes obras sobre Jesús de Nazaret, con el nombre de Iglesia Apostólica Gnóstica.

Mencionar a modo de curiosidad, y para ir terminando, que el papa León XIII, durante el acto de consagración del nuevo templo de la Virgen del Rosario de Lourdes, Francia, que tuvo lugar el 8 de septiembre de 1901, hizo una clara referencia a la Iglesia Gnóstica de Doinel, algo que, al menos, indica que llegó a tener una relativa importancia. Lo curioso es lo que dijo sobre los cátaros...:

> Pues, ningún cristiano ignora que el Padre, Santo Domingo, pasando de España a Francia, se opuso victoriosamente a la herejía albigense, que, *cual perniciosa peste*, invadía en aquel tiempo casi todo el Languedoc, en las proximidades de los montes Pirineos; y exponiendo y predicando los admirables y sagrados misterios de los distintos beneficios encendió la luz de la verdad en los mismos parajes que yacían envueltos en las tinieblas de los errores. [...] Mas también en nuestros días, la antigua herejía, *con el nombre cambiado y por obra de otras sectas, revive sorprendentemente en nuevas formas y seducciones de errores e impías mentiras, se vuelve a introducir en dichas regiones y corrompe y contamina extensamente* con su contagio a los pueblos cristianos, a los cuales arrastra miserablemente a la perdición y condenación (Exhortación *Parta Humano Generi*).

DÉODAT ROCHÉ

Siento decirlo, pero aún no hemos acabado con nuestros amiguitos gnósticos, que nos han acompañado casi desde el comienzo de este libro. Como vimos, Antonin Gadal, que estuvo relacionado con varios grupos rosacruces, planteaba que los cátaros eran herederos de las antiguas tradiciones gnósticas, que, pensaba, habían recibido del movimiento de Prisciliano. Jules Doinel también mezcló catarismo y gnosis en su Iglesia Gnóstica. Ambas esferas se unieron en el siguiente personaje, un notario nacido en 1877 en la bella aldea de Arques, en el Alto Valle del Aude, a escasos kilómetros de Carcasona y de Rennes-le-Château, que tuvo relación con Gadal y con Doinel, y que fue miembro, entre otras cosas, de la Iglesia Gnóstica. Me refiero a Déodat Roché, como verán, uno de los principales responsables de la popularización del catarismo en el siglo XX, aunque siempre desde una perspectiva más espiritual y mística que histórica.

Desde joven comenzó a interesarse por los cátaros, influenciado por su padre, que también contribuyó a que se enamorase del esoterismo y el ocultismo.

Déodat Roché..

En 1896, con tan solo 19 años, contactó con Papus, ya saben, uno de los fundadores de la Orden Martinista, en la que fue iniciado dos años más tarde; y con un socio de este, Yvon Le Loup (1871-1926), más conocido como Paul Sédir, otro ocultista francés interesado en el misticismo cristiano. Por influencia de ambos, en 1899 terminó siendo iniciado en la Iglesia Gnóstica de Francia, que Doinel, como vimos, había abandonado en 1894. Tomó el nombre de Tau Theodotos. Dos años después, en 1901, fue ordenado diácono, y en 1903, tras la muerte de Doinel, se convirtió en el obispo de Carcasona.

Por eso misma época, además de entablar amistad con Prosper Estieu, el maestro rebelde de Rennes-le-Château, fundó su primera publicación relacionada con el catarismo: *Le Réveil des Albigeois*, que tendrá una vida efímera.

A la vez que se adentraba en los enrevesados mundos del ocultismo y el misticismo, estudió Derecho y Filosofía, carrera que concluyó con una tesis sobre el neoplatónico Plotino y la influencia que este recibió de los gnósticos valentinianos. Además, consiguió convertirse en magistrado en 1906[5], ejerciendo en primer lugar en Limoux y posteriormente en Carcasona. Allí ingresó en el Gran Oriente de Francia, en la logia Les Vrais Amis Reunis, de la que llegará a ser venerable maestro y en la que estaría trabajando toda su vida.

En 1922, tras quedar fascinado con la obra de Rudolf Steiner (1861-1925), se propuso conocerle, y lo consiguió, convirtiéndose en uno de los más ilustres miembros de la Sociedad Antroposófica del Languedoc. La antroposofía, por si no lo saben, fue creada por Steiner y viene a ser una extraña mezcla entre ciencia y fe, una especie de ciencia espiritual, tan cercana al cristianismo místico como al budismo y el gnosticismo, y a los rosacruces, y…

Al año siguiente fue trasladado al tribunal de Castelnaudary, del que llegó a ser presidente en 1939. A la vez que desarrollaba una exitosa carrera pública, se relacionó con todos los neocátaros implicados en el eje Montsegur-Grial-cuevas del Sabartés: Antonin Gadal, Otto Rahn, Maurice Magre, René Nelli…

---

5 Aclaración: en realidad, fue *magistrat*, un título jurídico francés que no tiene correspondencia en España y que viene a ser una mezcla entre juez de paz y notario.

Pero el estallido de la Segunda Guerra Mundial y la conquista alemana de Francia trastocaron por completo su vida: en 1941 fue destituido del cargo por el gobierno colaboracionista de Vichy debido a su afiliación masónica, que era pública. Antes, entre 1925 y 1935, había sido alcalde de su localidad de nacimiento, Arques. Y después de la guerra, en 1945, llegó a convertirse en consejero general del cantón de Couiza, aunque solo ocupó el cargo durante un año, ya que en 1946 se jubiló para centrarse en lo que realmente le apasionaba: el estudio y la promoción del catarismo.

Tan solo un año más tarde, en 1947, publicó la obra *Le catharisme*, la primera aportación de una extensa producción literaria que dedicó a sus añorados cátaros. En 1948 creó *Les Cahiers d'Études Cathares*, una revista que, con el tiempo, se convirtió en toda una referencia y en la que publicaron los principales investigadores de la segunda mitad del siglo XX. Y dos años después, en 1950, fundó la Société du Souvenir et des Études Cathares («sociedad de recuerdo y estudios cátaros»), de la que fue presidente hasta su muerte. Allí contó con la colaboración de la antroposofista Simone Hannedouche y de una señora interesantísima llamada Lucienne Julien (1907-2000), también oriunda de Arques, heroína de la resistencia francesa, docente de prestigio en la zona y concejala socialista durante años en Narbona. Entre otras cosas, además de organizar charlas

Déodat Roché junto a la famosa estela.

y conferencias sobre catarismo, realizaban todos los veranos unas curiosas convivencias, a medio camino entre el rollo *scout* y el retiro contemplativo espiritual, en los bosques de Rialsesse.

Roché murió en 1978, con 100 años. Lucienne Julien le sustituyó al frente de la Sociedad de Estudios Cátaros, que luego pasó a llamarse Spiritualité Cathare.

Desde 1996, en el corazón del pueblo de Arques, no muy lejos del precioso castillo que preside la localidad, levantado en el 1310, en una calle con su nombre, se puede visitar su casa natal, la *maison* Déodat Roché, convertida en una exposición permanente dedicada al catarismo.

Por cierto, y ya para terminar con este señor. Si han estado en alguna ocasión en Montsegur, o conocen un poco su historia, sabrán de la existencia de una famosa estela, en la que los visitantes suelen fotografiarse, construida en la parte baja de la montaña, antes de comenzar la ascensión, en honor a los héroes que entregaron su vida voluntariamente ante el invasor francés y los inquisidores. Por un lado, tiene tallada una cruz de brazos iguales insertada en un círculo y una cruz occitana. Y en el reverso, además de una estrella de

Estela del Prat dels Cremats. Foto de Angie Torres Valenti.

cinco puntas, un grupo de tres cruces sobre una lanzadera de telar —referencia a uno de los tradicionales oficios de los cátaros— y una frase en occitano: «Als Catars, als martirs del pur amor crestian, 16 mars 1244».

Pues bien, esta estela se instaló el 21 de mayo de 1961 gracias a Déodat Roché, en nombre de su Sociedad de Estudios Cátaros. El lugar es de lo más emblemático: se trata del Prat dels Cremats, donde supuestamente se levantó la gigantesca pira a la que se arrojaron voluntariamente los buenos hombres y las buenas damas de Montsegur.

El Grial de los pirineos

MAURICE MAGRE

Hablando de estelas, y sin dejar Montsegur, en el sendero que sube hasta la cúspide del *pog*, a medio camino, hay otra estela que muchos fotografían, pero muy pocos conocen al personaje al que está dedicada: Maurice Magre, un escritor y poeta tolosano, nacido en 1877, que, siguiendo la senda de Peyrat, además de por el occitanismo, también se interesó por los cátaros y contribuyó a hacerlos populares en la Francia de entreguerras.

Fue todo un *Homo insolitus*, y no solo por sus extraordinarias poesías, que le llevaron a convertirse en uno de los más reconocidos poetas de principios del siglo XX, sino por su vida bohemia y sus excentricidades. Sirva de ejemplo lo que escribió sobre él un crítico literario de *Le Figaro* en 1924: «Magre es un anarquista, un individualista, un sádico, un adicto al opio. Tiene todos los defectos. Pero es un buen escritor. Tienen que leer su trabajo».

Por esa época, en los años veinte, en París, comenzó a interesarse por el ocultismo y el esoterismo. Se hizo martinista y teósofo, y comenzó a investigar el mundo de las religiones y las filosofías orientales. En 1935, aunque estaba gravemente enfermo, emprendió un viaje a la India para conocer a Sri Aurobindo (1872-1950), un gurú místico hinduista que gozó de bastante popularidad en Europa.

Fruto de estas inquietudes metafísicas, escribió varios libros sobre enigmas de la historia, chamanismo, budismo, hinduismo, espiritismo y mitología, entre los que merece la pena destacar *Magiciens et Illuminés* («Magos e iluminados», 1930), un delirante ensayo sobre la influencia en la sombra que un grupo de sabios orientales había ejercido a lo largo de la historia —el indispensable libro *El retorno de los brujos* (*Le Matin des Magiciens*), de Louis Pauwels y Jacques Bergier, bebe mucho de esta obra—; o *La Clé des choses cachées* («La clave de las cosas ocultas», 1935), en el que ahondaba en este tema, aportando algunas interesantes ideas sobre los templarios, el Grial o el Arca de la Alianza. En ambos, por supuesto, los cátaros estaban presentes. Y en ambos consideraba el Grial, como Péladan o Wagner, a los que luego acudiremos, como el símbolo de la comunicación con el espíritu divino, es decir, como el conocimiento que permite a las almas liberarse de la tierra, aunque tampoco negaba la posibilidad de que existiese como algo físico.

Además, este señor escribió dos novelas en las que eran los protagonistas: *Le Sang de Toulouse* («La sangre de Tolosa»), de 1931, centrada en la terrible represión que se produjo durante la cruzada; y *Le Trésor des Albigeois* («El tesoro de los albigenses»), de 1938, en la que

Placa en honor a Maurice Magre.

exponía, dentro de la ficción, sus ideas en torno al Grial. Fueron sus mayores éxitos y contribuyeron a crear el aura mística que terminó adquiriendo el catarismo.

Por si fuera poco, el 26 de julio de 1937, Magre fundó, junto al escritor ocultista inglés Francis Rolt-Wheeler, la Société des Amis de Montségur et du Saint-Graal de Sabarthès et d'Occitanie. En este grupo, que tuvo una vida efímera —fue abolido en 1942 por el Gobierno de Vichy por su cercanía con la masonería y la Rosa-Cruz—, también estaban Antonin Gadal y René Nelli, que llegó a ser vicepresidente —Déodat Roché, en cambio, nunca formó parte—. Nelli, que con los años cambiaría radicalmente de perspectiva, escribió un artículo titulado «El grial invisible y visible» (que apareció publicado en la obra *Le Graal pyrénéen*, «El Grial de los Pirineos», editada por esta sociedad), en el que renegaba de aquellos que, como Otto Rahn, «todavía tienen la esperanza de encontrar el vaso sagrado en el país de los cátaros». Para Nelli, el Grial simbolizaba, sin más, la búsqueda humana de la trascendencia.

Curiosamente, ese mismo año se publicó una obra que tendrá mucha importancia para todo lo relacionado con el Grial, aunque su autor negase cualquier tipo de conexión con los cátaros: *El misterio del Grial*, del filósofo esoterista y neofascista italiano Julius Evola (1898-1974), que, como Rahn, planteaba que nada tenía que ver con el cristianismo.

Magre, que falleció el 11 de diciembre de 1941 en Niza, en plena Segunda Guerra Mundial, pensaba que sí era algo físico, aunque tampoco tenía muy claro qué...

Una última curiosidad, que nada tiene que ver con los cátaros, pero, aprovechando que el Pisuerga pasa por Valladolid... Resulta que Maurice Magre publicó en 1926 una novela titulada *La lujuria de Granada*, gestada a partir de un viaje que realizó por la bella ciudad andaluza dos años antes. Siguiendo su rollete habitual, tiró de leyendas e hizo un libro bonito y entretenido, ambientado en tiempos de la conquista de Granada a manos de los Reyes Católicos, en el que, además de mostrar a la reina Isabel como una promiscua sexual, criticaba duramente a la Iglesia católica y a los soldados cristianos, llegando a establecer un curioso paralelismo entre este episodio histórico y la Cruzada Albigense. De hecho, la novela termina con un auto de fe en Sevilla presidido por el mismísimo inquisidor Torquemada.

La copa en la que bebió Jesús durante la última cena. O la copa en la que José de Arimatea recogió la sangre derramada por Cristo en la cruz. O quizás el recipiente en el que se gestó su descendencia, su sangre sagrada y real. O un objeto que nada tenía que ver con el cristianismo y que fue absorbido, como tantos otros, por la nueva religión. O, simplemente, un símbolo de la necesaria y constante búsqueda de la verdad y el conocimiento…

Como venimos viendo, el Santo Grial, desde que Napoleón Peyrat lo relacionó por primera vez con los cátaros, se ha convertido en una constante en estas últimas páginas. Todos estos personajes que hemos visto, herederos espirituales de Peyrat, se interesaron por el Grial de un modo u otro. Y alguno que está por venir. No es plan de

Parsifal and the Holy Grail, Seymour Millais Stone, 1877.

extenderse mucho, pero sí que debemos tener unas cuantas nociones claras sobre a qué nos referimos cuando hablamos de este objeto.

Todo comenzó con *Le conte du Graal*, la inacabada obra de Chrétien de Troyes (1135-c. 1183), un extraño y desconocido monje y poeta de la Champaña francesa del que ya vimos algo. En este libro, la primera piedra de la mitología literaria del Grial, no se identificó con una copa o un cáliz, ni se relacionó con Jesús. Es más, ni siquiera se trataba de un objeto estrictamente religioso.

El protagonista, un joven y gallardo noble galés llamado Perceval, que vivía en mitad de un bosque, aislado del mundo y con la única compañía de su madre viuda, se encontró fortuitamente con unos caballeros de la corte del rey Arturo, y, pese a la oposición de su madre (que cayó muerta al verlo partir), decidió marcharse con ellos, atraído por su porte y por sus ricas armaduras. Allí, en la corte, tras ser adiestrado en las faenas caballerescas y tras demostrar su valía y su fiereza en el combate, fue ascendiendo poco a poco y consiguió ser nombrado caballero.

Un tiempo después viajó hasta el Castillo del Grial, donde habitaba el Rey Pescador, un extraño personaje que se encontraba postrado en su lecho. Allí presenció una extraña procesión, tras una cena a la que fue invitado, protagonizada por varios personajes: un paje que llevaba una lanza blanca, desde cuya punta se deslizaba una gota de sangre; una doncella que portaba entre sus manos un grial resplandeciente y otra doncella con una bandeja de plata. Pero, curiosamente, ¡no se dice en ningún momento qué era eso llamado Grial!, aunque Chrétien de Troyes especificó que era de oro finísimo y puro, con piedras preciosas costosas y valiosas adosadas.

De hecho, pese a que el pobre Perceval ardía en deseos de hacerlo, no preguntó qué era, ni por el sentido de la extraña procesión, ni por qué sangraba la lanza. Por este motivo, tras dejar el castillo, fue duramente apercibido por una doncella, quién le informó de que, al no preguntar, había perdido la oportunidad de curar al lisiado Rey Pescador, que ansiaba recuperar su reino, entre otros cuantos males más.

A continuación, la novela cambia súbitamente de protagonista y pasa a centrarse en las hazañas de Gauvain, otro caballero artúrico. Solo al final vuelve a aparecer Perceval, en una escena en la que un misterioso ermitaño le revela la causa de su desgracia, el abandono de su madre, además de explicarle que el Rey Pescador se mantenía con vida gracias a que este ermitaño le llevaba cada día una hostia consagrada en el grial, que se había convertido en su único alimento desde hacía años.

Por desgracia, la novela quedó inacabada al morir Chrétien de Troyes. De ahí que no sepamos cuál era el significado de aquella extraña procesión, ni cómo concluye esta perturbadora trama.

Se ha planteado, con bastante acierto, que el grial hacía referencia a un talismán cristiano, basándose en que era llevado por una doncella, que, probablemente, representaba a la Virgen María, y en que otro de los objetos de la procesión, la lanza sangrante, se corresponde con la Lanza de Longinos; además, aquello de que en el Grial se transportaba la hostia que servía de alimento al Rey Pescador parece una clara alusión a la eucaristía. Así, cabe plantearse la siguiente pregunta: ¿por qué Perceval no identificó esos elementos? Seguramente, porque no los conocía. Esa era la intención de Chrétien, mostrar que su formación cristiana era mínima.

Ahora bien, ¿de dónde procede la palabra *Graal* que daba título a la obra? No lo sabemos muy bien, pero la mayoría de estudiosos consideran que procede del vocablo latino *gradalis*, que venía a ser una especie de plato o bandeja en la que se servían las viandas durante las comidas. Un tal Helinand de Froidmont ya aportó esta explicación en el siglo XIII, añadiendo que en francés se le llamaba *greal*. Así, cuando se le añadió el epíteto de santidad, se convirtió en el *San Greal*. De ahí que en la clásica obra *El enigma sagrado* se plantease que en realidad no era *San Greal* sino *Sang Real* («sangre real») y que hacía alusión al linaje sagrado iniciado por Jesús y María Magdalena.

También a finales del siglo XII, a la vez o poco después que Chrétien de Troyes, un caballero borgoñés llamado Robert de Boron escribió una obra titulada *Joseph d'Arimathie* —basada en el apócrifo *Evangelio de Nicodemo*— en la que por primera vez se relacionaba el Grial con el cáliz de la Última Cena. Y esto en pleno siglo XII. Es decir, durante los primeros doce siglos de cristianismo no se mencionó para nada esta historia. Si a esto añadimos que con él también se recogió la sangre de Jesús tras la lanzada de Longinos, según esta misma obra, tenemos un incendiario cóctel que explica la romántica fascinación que ha suscitado esta intrigante copa. Y que haya unos cuantos candidatos a Santo Grial...

La tercera obra es clave para esta fiebre del Grial que se dio en las primeras décadas del siglo XX. Se trata del extenso poema épico *Parzival* (1215), del trovador (*minnesänger*) bávaro Wolfram von Eschenbach (c. 1170-1220), posiblemente la más conocida y la que más influencia ha tenido. El propio autor reconoció que había tomado como punto de partida la obra de Chrétien de Troyes, con la intención de mejorarla y ampliarla con la información aportada por un tal Kyot de Provenza, un extraño alquimista que le sirvió de fuente. Así, realizó un texto tan profundo y trágico como críptico.

La historia viene a ser la misma, aunque ampliada y con muchos detalles novedosos. Perceval, en esta versión, tras ser nombrado caballero por el rey Arturo, se marcha de aventuras y termina en el castillo de Montsalvatsche —que ubica más o menos en el noreste de España—, donde habitan el rey Anfortas, la reina Repanse de Joye, hermana de aquel y custodia del Grial, así como un grupo de caballeros duros, castos y puros, que son un claro *alter ego* de los templarios (les llama *templeisen*, «bautizados»).

Lo que nos interesa es su particular versión del Santo Grial, que aquí es presentado como una piedra mágica que Eschenbach denomina como *lapsit exillis*, un objeto de poder que emanaba riqueza y abundancia y que era fuente de juventud para los que se le acercaban. En la obra, el ermitaño Trevrizent, tío de Parzival, le revela que se trata de una piedra traída del Cielo por una tropa de ángeles cuyos poderes sobrenaturales se renovaban gracias a que cada Viernes Santo una paloma blanca le depositaba encima una hostia.

Lo curioso es que Wolfram no sabía ni leer ni escribir... y pese a ello creó un complejísimo relato con multitud de alusiones a la astrología, la cábala y la alquimia.

PÉLADAN

Ahora bien, ¿cómo se llega a relacionar el Santo Grial con Montsegur? Esa es la pregunta. Peyrat contó aquella preciosa leyenda protagonizada por Esclarmonde de Foix, que, convertida en paloma, llevó el Grial en su pico desde Montsegur hasta el *pic* de Saint-Barthélemy, al sur. ¿Por qué a esa montaña? Porque Peyrat, sin duda, conocía la historia de esa preciosa cumbre, uno de los pocos lugares del Ariège donde se han encontrado monumentos megalíticos. Allí se retiró, entre 1082 y 1085, san Anastasio, un monje veneciano, tras estar un tiempo en la comunidad monástica del Mont-Saint-Michel. Construyó un pequeño oratorio que hasta el siglo XVII aún aparecía en las crónicas, sobre el que se cree que se levantó la actual capilla de san Bartolomé, que da nombre a la montaña. De hecho, el 24 de agosto, día de este santo, se celebraba una curiosa romería. Los peregrinos pasaban la noche en vela y al alba asistían a una misa. Pero la tradición decayó a finales del siglo XIX.

Como vimos, Maurice Magre, el poeta opiómano, planteó la conexión en algunas de sus obras, además de fundar en 1937 la Sociedad de Amigos de Montsegur y del Santo Grial del Sabartés y de Occitania. Se inspiró en Peyrat y en sus seguidores (Garrigou, Antonin Gadal, Jules Doinel), pero, sobre todo, en el famoso ocultista Joséphin Péladan, el primero que relacionó Montsegur con el Montsalvatsche del que habló Wolfram von Eschenbach.

Nacido en Lyon en 1858, con el nombre Joseph-Aimé Péladan, desde joven mostró un carácter rebelde y un inusitado interés por el ocultismo y la magia. Ya con 30 años comenzó a llamarse a sí mismo Sar Péladan (*sar* significa «rey» en asirio) y a vestir de manera extravagante.

Péladan.

Próximo al ocultista y fundador de la orden martinista, Gérard Encausse, alias Papus, del que también hemos hablado, fue el fundador de la Orden Cabalística de la Rosa-Cruz (en 1888), que también acogió a Papus, y de la Orden de la Rosa-Cruz Católica y Estética del Templo y del Grial, creada en 1891. Por todo esto, además de por su prolífica carrera literaria, se convirtió en uno de los principales exponentes del ocultismo de finales del siglo XIX y comienzos del XX.

A lo que iba: Péladan fue un fanático admirador del compositor Richard Wagner (1813-1883), especialmente por su famosa ópera *Parsifal*, estrenada en 1882 e inspirada en la obra de Eschenbach, que, entre otras causas, fue el detonante de un renacido interés por el mito del Grial que se produjo desde finales del siglo XIX.

Wagner, que además de músico tenía mucho de filósofo, consideró el Grial desde una perspectiva más bien simbólica: ferviente convencido de la importancia del desapego por lo material, procedente de este mundo caduco y vanidoso, e influido por el budismo y el hinduismo —tan de moda en la Alemania decimonónica—, pensaba que la verdad última, lo trascendente, solo podía encontrarse fuera del mundo, superándolo: ese pensaba que era el mensaje de las auténticas religiones, el conocimiento, la gnosis, que permitía encontrar en el interior la forma de salir al «exterior». El Grial, en resumidas cuentas, y simplificando mucho todo, representaba para Wagner la gnosis. Y para Péladan, que hizo suyas sus ideas.

Además, en su *Parsifal*, Wagner situó el castillo de Montsalvatsche en los Pirineos y le llamó Monsalvat.

Pues bien, Péladan, en su libro *La Queste du Graal: proses lyriques de l'éthopée, la décadence latine*, de 1892, llegó a la conclusión de que el Montsalvat de Wagner y Eschenbach era Montsegur; además de exponer que muchos de los personajes que aparecían en las obras de ambos eran los protagonistas del épico asedio.

Por aquel entonces estaba muy interesado por los cátaros, aunque la información que había recibido procedía de algunos de los personajes que hemos visto. Mientras que los republicanos anticlericales vieron en los cátaros a los precursores del libre pensamiento, o incluso del espíritu de la Ilustración, Péladan los vio como el ejemplo perfecto que usar en su particular cruzada contra el materialismo ateo y cientificista de su época. Eran un ejemplo de gnosticismo y de renuncia al mundo antiquísimo, y en ese sentido los exaltó.

Años después, en 1906, publicó un librito titulado *Le Secret des Troubadours: de Parsifal à Don Quixote* («El secreto de los trovadores: de Parsifal a Don Quijote»), en el que fue un poco más allá y relacionó todo esto con el *fin'amor*, las novelas de caballería francesas y… Don Quijote. Pero esa es otra historia.

OTTO RAHN

Mis antepasados más lejanos fueron paganos;
los más cercanos, herejes.

Otto Rahn

Y por ello confío mi Cruzada contra el Grial al pueblo francés, que ampara, dentro de los límites de su gran patria, el antiguo castillo del Grial.

Otto Rahn

Y así, queridos lectores, llegamos a uno de los principales responsables de que estemos hoy, en pleno siglo XXI, en mitad de una pandemia, hablando de los cátaros y sus cosillas. Me refiero a un personaje curiosísimo, sobre el que se ha escrito de todo, casi siempre a la ligera, y que contribuyó a popularizar la relación entre los cátaros y el Santo Grial. Su nombre es Otto Wilhelm Rahn (1904-1939), y además de alemán, escritor, miembro del Partido Nazi y aficionado a la historia y al ocultismo, estuvo buscando el Santo Grial por el Languedoc francés y se relacionó con algunos de los personajes que hemos comentado.

Esta es su historia.

Nació el 18 de febrero de 1904 en la aldea de Michelstadt, cerca de Marburg, una ciudad alemana del estado de Hesse, en el seno de una familia de clase media. Desde pequeño se mostró como un joven tímido e introvertido. Además, cuando aún estaba en la escuela, en Bingen am Rhein, comenzó a interesarse por las epopeyas germánicas y las leyendas artúricas. Continuó sus estudios de bachillerato en la ciudad de Giessen, donde, gracias a su profesor de religión, Freiherr von Gall, un experto en historia medieval, tomó contacto por primera vez con los cátaros.

Estudió Derecho entre 1922 y 1925 en las universidades de Giessen, Friburgo y Heidelberg, pero no porque le interesase especialmente el mundo de las leyes, sino más bien para congratularse con su padre, que era juez. Pero no terminó la carrera. Para contrarrestar, quizás, estudió también un curso de Historia Literaria; y gracias a uno de sus profesores, Friedrich Gundolf, se adentró en las novelas del Grial, en especial en la versión de Wolfram von Eschenbach. Se cree que llegó a escribir una tesis sobre este autor en 1929, pero no está claro.

Sea como fuere, fue su pasión por esta obra y por el mundo cátaro lo que le llevó a plantear, como ya había hecho Péladan, que el castillo de Montsalvatsche, del que se decía en la novela que acogía el Grial, era Montsegur. A esta identificación ayudó que Wagner situase en su *Parsifal* el castillo del Grial en los Pirineos y le llamase Monsalvat, un nombre ciertamente parecido.

Así que Rahn empezó a establecer relaciones entre la historia que contaban las crónicas y los personajes de la epopeya. Por ejemplo, en la obra de Eschenbach, Parzival es iniciado en los secretos del grial por el eremita Trevrizent, que para Rahn era el obispo cátaro Guilhabert de Castres. El rey Anfortas era el conde de Foix, Raimundo-Roger; Respanse de Joye, la custodia del Grial, Esclarmonde de Foix; el señor

Otto Rahn.

del Grial en la obra, un tal Perilla, el señor de Montsegur, Raimon de Péreille. Y finalmente, el propio Parzival también estaba inspirado en alguien real: el vizconde de Carcasona Raimundo-Roger Trencavel. Y su madre, Adelaide de Toulouse, sería Herzeloide, la madre de Parzival en la ficción.

Además, Montsalvatsche, según la novela, estaba protegido por una fuente «salvaje» que Rahn identificó con la fuente intermitente de Fontestorbes, a pocos kilómetros del *pog*.

Todo esto está muy bien, pero aquí hay un problema grave de fechas: el poema de Eschenbach se terminó hacia 1215. Algunos de estos personajes ya habían muerto en aquel entonces, por lo tanto, nada tuvieron que ver con Montsegur; por ejemplo, Trencavel o Esclarmonde de Foix. Otros, en cambio, como Raimon de Péreille, sí que guardan relación con el *pog*. Pero, en cualquier caso, el asedio y la caída, como recordarán, no se produjo hasta 1244. En definitiva, cuesta creer que hacia 1215 Eschenbach tuviese constancia de lo que estaba pasando en Montsegur; eso sin tener en cuenta que en su obra habla claramente de templarios. Que sepamos, no hubo ninguno allí, y si los hubo, que no, estarían en el bando de los cruzados.

Lo interesante es que para Otto Rahn el Grial no era el cáliz de la Última Cena, sino una esmeralda que se cayó de la corona de Lucifer cuando fue expulsado del Cielo por Dios y que tenía poderes milagrosos. Como recordarán, Eschenbach planteó algo parecido: el Grial era una piedra traída del Cielo por unos ángeles, aunque no dijo nada del «portador de la luz». Sea como fuere, para Rahn, la piedra preciosa acabó, como habrán imaginado, en lo alto de la montaña de Montsegur. Los cátaros, pensaba, fueron los últimos de una larga cadena de elegidos que se encargaron de custodiar la sagrada reliquia. ¿Por qué iban a tener interés los cátaros en esta piedra? No lo explicó muy bien, para qué nos vamos a engañar. Se supone que es porque, al fin y al cabo, era un objeto divino, material, pero venido del Cielo. Por ese mismo motivo los cruzados católicos codiciaban el Grial. De ahí el ímpetu con el que se lanzaron a tomar Montsegur.

Evidentemente, esto es bastante más complejo. Pero el espacio es muy importante en un libro, y ya casi vamos pasados de páginas. Si quieren saber más, háganse con un ejemplar de *La corte del Grial*, el delirante libro que Otto Rahn publicó en el otoño de 1934, solo dos años después de dejar el Languedoc… Críptico y complicado como pocos, pero más que interesante.

¿Cómo llegó a esto?

En efecto, Rahn estuvo en el Languedoc en busca del Santo Grial. No parece que lo encontrase, aunque algunos avispados han planteado que sí. Lo interesante es que llegó allí a instancias de Maurice Magre, el poeta opiómano, al que conoció en París en 1929, durante un largo viaje por media Europa que realizó a lo largo de tres o cuatro años.

Magre, recordarán, estaba muy relacionado con los ambientes ocultistas de la ciudad de Sena, y entre otros contubernios, fue miembro de una sociedad causimasónica y Rosa-Cruz conocida como Les Polaires o la Fraternité Polaire, cuyos miembros defendían que actuaban bajo la dirección de los «maestros ascendidos» que vivían en el subsuelo del Himalaya, en la mítica tierra de Agartha, con los que se comunicaban a través de un oráculo numérico conocido como el Oráculo de la Fuerza Astral.

A esta sociedad, además de Magre, pertenecían Rene Guenon y Miriam de Pujol-Murat, la condesa aquella que aseguraba ser

Bulletin des Polaires, publicación del grupo de Magre.

descendiente y, a la vez, reencarnación de Esclarmonde de Foix. ¿Qué relación había entre los cátaros, Montsegur y las creencias de los Polaires? Sencillo: pensaban que los cátaros eran los herederos de una corriente subterránea que desde la más remota antigüedad había mantenido el secreto de la gnosis como camino hacia la salvación. El Grial, aunque tampoco lo explicaron muy bien, vendría a ser un objeto que simbolizaba el conocimiento secreto, a la vez que ayudaba a aprehenderlo. Algo así.

Magre y Rahn se hicieron amigos, y además de introducirle en su sociedad y en la *jet set* del ocultismo galo, le animó a investigar el tema sobre el terreno, además de presentarle a varios contactos que tenía en la zona, como Arthur Caussou (1848-1945), que fue quién le informó de la obra de Peyrat, y Antonin Gadal, con quién mantenía una estrecha relación Magre. La financiación fue cosa de la condesa Pujol-Murat, que, según las malas lenguas, se enamoró perdida y platónicamente de Rahn.

Viajó al Languedoc en 1931, aunque no tenemos muy clara la fecha. Los datos, aunque hay, son muy escuetos y fragmentarios.

Supuesta imagen de Otto Rahn en la cueva de Betlehem. No era él.

Parece ser que estuvo un tiempo alojado en una casa en Montsegur, propiedad del cura; y que se instaló durante varios meses en la cercana aldea de Lavelanet, gracias al banquero, político y terrateniente Arthur Caussou, autor de varias novelas sobre los cátaros, como *Montségur, première partie Trencavel* (escrita en occitano en 1890), miembro también de Félibrige y responsable de algún que otro hallazgo en el *pog*, como algunas monedas de oro y plata acuñadas en Toulouse en el siglo XIII y una paloma tallada en piedra blanca. Se hicieron bastante amigos.

Pero finalmente, cuando su relación con Gadal se hizo íntima, se trasladó a la zona de Ussat-les-Bains. Convertidos en uña y carne, juntos investigaron en profundidad tanto la montaña de Montsegur como la *grotte* de Lombrives y las *spoulgas* de Ornolac, Ussat y Boan, en las que pensaban que podían haberse refugiado los cátaros huidos con el tesoro… y los templarios, a los que Rahn metió también en este lío. Evidencia de ello serían los signos garabateados que se pueden encontrar en algunas de estas cuevas —por ejemplo, la cruz roja octogonal o la cruz amarilla de los cátaros—. Los descreídos, siempre atentos, consideran que en realidad los hicieron Rahn y Gadal. No en vano, Joseph Mandemant, el presidente de la sociedad histórica de Tarascon-sur-Ariège, aseguró que había pillado a Rahn tallando la cara de Beatriz de Dante, que representaba el camino de regreso a Dios, en el centro del famoso pentágono de la gruta de Ornolac.

Otto Rahn en la Cueva del Ermitaño, 1932.

En ese lugar Gadal le tomó, según se ha dicho, una famosísima fotografía. Pero el señor de la foto no se parece demasiado a Rahn. Se trataba, al parecer, de un tal Karl Rinderknecht, un adepto de Gadal de Holanda.

Sea como fuere, Rahn llegó a considerar a Gadal como su mentor, «el Trevrizent que nunca esperé encontrar». Sus ideas sobre los cátaros, como se puede comprobar en *La corte del Grial*, proceden claramente del gnóstico occitano: Rahn planteó que existía una relación entre los cátaros, los druidas celtas y los santones íberos, y pensaba que sus conocimientos arcanos habían sido preservados por los trovadores y los bardos viajeros de la Europa medieval. Además, influido por Maurice Magre, consideró como plausible que todos ellos estuvieran influidos por los tibetanos a través de los zoroastristas persas y de los posteriores maniqueos. En definitiva, todo lo que defendía Gadal, que no llegó a escribir ningún libro sobre sus teorías. Lo haría el alemán...

A instancias de Gadal, Otto Rahn abrió en mayo de 1932 un pequeño hotel en Ussat-les-Bains, el Hotel Restaurant des Marronniers, en la carretera nacional Toulouse-Andorra. Lo curioso es que pagó 15.000 francos por el alquiler de un año, aunque firmó un contrato de nueve. No está muy claro de dónde sacó el dinero, aunque algunos investigadores apuntan a la condesa.

Antiguo hotel Restaurant des Marroniers en Ornolac-Ussat-les-Bains, en el valle de Ariège.

EST-CE UNE NOUVELLE « RUEE VERS L'OR » ?

Sous la conduite d'un Allemand une troupe de « Polaires » se livrent à des fouilles dans la région de Massat

Nous avions signalé — nos lecteurs se le rappellent peut-être, ceux du moins que la chose intéresse — le séjour, l'été dernier, dans la haute Ariège, d'une bande de visiteurs étrangers appartenant à une Société théosophique dont le siège est à Paris (avneu Rapp) : les Polaires.

Il serait trop long d'exposer en détail aujourd'hui l'origine et le but de cette société, bien connue d'ailleurs dans les cercles théosophiques en France et à l'étranger, principalement en Angleterre.

Que venaient faire cet été les Polaires en Ariège? Nous l'avons dit à l'époque et nous avons précisé de nouveau, ces temps derniers, à l'occasion des fouilles pratiquées au château de Montségur : leur objectif est de rechercher les trésors qui ont pu être abandonnés par les Albigeois, au treizième siècle, dans les ruines des châteaux-forts et dans les grottes, et surtout de découvrir les vestiges de la relique cathare, entre autres ce fameux évangile de saint Barthélemy... dont certains affirment que des copies se trouveraient à Londres, au British Museum.

En somme, les investigations des Polaires visent au même but que celles auxquelles procède en ce moment M. Arnaud, l'ingénieur bordelais dont un de nos confrères régionaux a longuement claironné à tous les échos du Sud-Ouest, les... futures et sensationnelles découvertes, il y a quelques semaines.

Toutefois, M. Arnaud a déclaré, paraît-il, qu'il ignorait les recherches effectuées, l'été dernier, dans la région de Lordat par les Polaires et qu'il n'opérait aucunement pour le compte de cette société, mais pour son propre compte.

Or, les Polaires, qui avaient disparu pendant un temps de la circulation, sont revenus tout récemment en Ariège, sans doute attirés par le bruit fait dans la presse autour des fouilles de M. l'ingénieur Arnaud. Ils se trouvent actuellement à Ussat-Ornolac et « farfouillent » de nouveau dans toutes les grottes de la région, sous la direction d'un étranger nommé Rams, qui se dit d'origine allemande... (?)

Que donneront ces recherches et qui découvrira le premier les trésors et manuscrits cathare, de M. Arnaud, l'ingénieur français, à Montségur, ou de M. Rams, le « Polaire » allemand, à Ornolac? Les paris sont ouverts — D. L.

Artículo de *La Depeche* del 6 de marzo de 1932.

LE MYSTÈRE CATHARE

EN RECHERCHANT LE TRESOR

Noticia aparecida en *La depeche*, con fecha del 8 de julio de 1932, en la que de nuevo se hacen eco los periodistas de la búsqueda del tesoro de Montsegur.

Dos meses antes, el 6 de marzo de 1932, había aparecido un artículo en el periódico local *La Depeche* con el título de «¿Es esta una fiebre del oro moderna?», en el que se hablaba de que un grupo de miembros de una sociedad secreta llamada Les Polaires, bajo la dirección de un alemán llamado «Rams», estaban energéticamente excavando en Montsegur y en las cuevas de la zona —se citan las de Ussat y Ornolac— en busca de los tesoros cátaros. Un segundo artículo apareció en el siguiente número con el título de «¿Quiénes son los Polaires y que está haciendo el Sr. Rahu en Ussat?».

No sabemos de dónde sacaron la información los periodistas, pero parecían saber bastante, aunque no atinasen con el nombre de Rahn.

El 10 de marzo apareció una extensa replica que comenzaba así: «Mis queridos señores... ustedes están totalmente equivocados. Mi nombre es Rahn, no Rams...». Eso sí, no negaban sus actividades... pero sí que perteneciese a los Polaires.

No está muy claro el motivo, pero en septiembre de 1932 Rahn abandonó el Languedoc de forma precipitada, se rumorea que por deudas, por algún problema legal con las autoridades. Es raro, ya que, como vimos, había pagado el alquiler de un año. Hay quien especula que le acusaron de ser un espía alemán; el propio Maurice Magre llegó a pensarlo.

Después

Apenas dos años después, Rahn publicó *La corte del Grial.* Por esta época comenzó a relacionarse con el Partido Nazi y tomó contacto con Heinrich Himmler (1900-1945), el comandante en jefe de las SS, un aficionado al ocultismo que creó la Ahnenerbe, una entidad dedicada a investigar los vestigios de la raza aria y a buscar diferentes reliquias míticas por todo Europa. Rahn entró en las SS el 12 de marzo de 1936 como *unteroffizier* («suboficial»), convirtiéndose en miembro de pleno derecho en abril de 1938 con el grado de *obersturmführer* («teniente primero») —siempre he querido usar estos nombrecicos de cargos nazis en un libro—.

Al parecer, Himmler contactó con él gracias a que un joven de las SS llamado Gabrielle Winckler-Dechend le obsequió un ejemplar del libro a su superior, el misterioso coronel Karl Maria Willigut-Weisthor, jefe de la sección de archivos de la Oficina Principal de Colonización y Raza, que a su vez se lo pasó el *reichsfuhrer* Himmler.

Willigut se merece unas líneas.

Nacido en 1866, llegó a considerarse a sí mismo como el rey secreto de Alemania, el último descendiente de un linaje real mítico, los Uiligotis del Asa-Uana-Sippe. Era un mago rúnico, además de médium y adepto de Krist, una deidad pagana que, pensaba, había sido plagiada por los cristianos. Además, asegura haber vivido decenas de vidas pasadas y conservar la memoria de cerca de 8000 años de historia.

No debería extrañarnos que llegase a ser confinado en un manicomio en Salzburgo después de que se le diagnosticase esquizofrenia paranoide y delirios de grandeza. Pero un tiempo después fue liberado y, por distintos avatares, terminó conectando con Himmler, que le reclutó para las SS con el apodo de Weisthor, que significa Thor, el guerrero sabio. Tenía 67 años. Se convirtió, de alguna manera, en su mentor. Suyo es el diseño del uniforme de las SS y el famoso anillo de calavera (el *totenkopfring*). Además, fue quien planteó la compra y restauración del castillo de Schloss Wewelsburg, futura sede de las SS.

Por todo esto, es comprensible que se encandilase con la obra de Rahn y que convenciese a Himmler para que le reclutase. Desde mayo de 1935, antes incluso de entrar a formar parte de las SS, comenzó a trabajar con Wiligut en la Oficina Principal de Colonización y Raza.

La Cruzada contra el Grial se convirtió en lectura obligatoria para todos los rangos superiores de las SS, y Rahn continuó con sus investigaciones sobre el Grial en la propia Alemania, interesándose por el castillo de Wildenborg, cerca de Amorbach —donde

Emblema de la Ahnenerbe.

Eschenbach inició la escritura de su *Parzifal*— los círculos de piedra de Domburg y Willnesdorf y el lugar de nacimiento de Christian Rosenkreutz.

Poco después, en julio de 1936, participó en una expedición a Islandia, organizada por la Ahnenerbe, en busca de vestigios arios, de la que dejó constancia en su segundo libro, *La corte de Lucifer*, de 1937, en el que también habla de cátaros, pero sin aportar nada realmente interesante ni nuevo. El objetivo era investigar la mítica isla Thule, relacionada con los mitos de los hiperbóreos. Viajó junto a veinte SS, y además de pasar el solsticio de verano en Reykholt, el lugar de nacimiento de Snorri Sturlusson, autor de la Edda menor, garabateó las primeras páginas de su tercera obra, que nunca publicó, y que pensaba titular *Orfeo: un viaje al infierno y más allá*.

Nunca estuvo cómodo en las SS. Ni le gustaban las armas ni el ejercicio físico, ni la poca estima por el conocimiento que se vivía entre las tropas. No duro mucho tampoco. El 1 de septiembre de 1937 fue degradado tras montar un escándalo cuando iba borracho y mostrar una conducta deshonrosa con un compañero llamado Karl Mahler, que fue quien le denunció. Le mandaron durante tres meses al campo de concentración de Dachau, al norte de Múnich, donde por aquel entonces solo había presos políticos alemanes, y así fue hasta la Noche de los Cristales Rotos (el 9 de noviembre de 1938), cuando comenzó la locura genocida de los nazis. Además, tuvo que jurar que durante dos años no cataría el alcohol.

Finalmente, solo estuvo un mes en Dachau, entre el 23 de noviembre y el 21 de diciembre de 1937. A finales del año siguiente pasó dos meses de servicio en otro campo de concentración, el de Buchenwald.

Era homosexual. Su editor en *La corte de Lucifer*, Albert von Haller, aseguraba que lo era, que no lo disimulaba en absoluto, pese a que estaba prohibido para los SS, y que esa había sido la causa de su caída. De hecho, le presionaron para que se casase con una chica llamada Asta Bach, una joven divorciada de Luneberg, y estuvo a punto de hacerlo, pero no llegó a consumarse.

Terminó entablando contacto con los opositores al régimen nazi y renunciando a las SS el 28 febrero de 1939. Fue entonces cuando se lanzó una campaña de descrédito contra él, saliendo a la luz su homosexualidad y su ascendencia judía por vía materna.

Su renuncia fue aprobada por Himmler el 17 de marzo de 1939, cuatro días después de su muerte, o, mejor dicho, de su desaparición…

Muerte

Finalmente, el 13 de marzo de 1939 apareció muerto en la ladera de la montaña Wildee Kaiser, cerca de la localidad tirolesa de Söll. Su cadáver estaba congelado y boca abajo. Al lado se encontraron dos botes de medicinas vacíos que, supuestamente, habían contenido veneno, aunque la versión oficial dicta que murió por congelamiento, después de precipitarse por un glaciar durante una tormenta de nieve. Lo identificaron gracias a su pasaporte.

Se ha dicho que se suicidó poniéndose en *endura*, pero no hay nada que lo avale.

Fue enterrado en la base del Kufstein, hasta que, tras la guerra y la caída del régimen nazi, sus restos fueron trasladados al panteón familiar en Darmstadt.

La noticia no se supo hasta el 18 de mayo, cuando apareció un obituario firmado por Karl Wolff, el jefe de personal de Himmler. No existe un certificado de defunción. Y claro, esto ha dado pie a elucubraciones. El investigador francés Christian Bernadac, por ejemplo, plantea que realmente no falleció en 1939, sino que cambió de nombre y de identidad y comenzó una nueva vida, lejos del nazismo. De hecho, propone que se trataba de Rudolph Rahn, el embajador de Alemania en Italia durante la Segunda Guerra Mundial. Los argumentos que pone sobre la mesa son bastante endebles, aunque

Tumba de Otto Rahn.

algunos son inquietantes. Por ejemplo, ambos tuvieron la misma secretaria, Tita. A saber si es verdad…

En 1964, una organización conocida como Nerother Bund, una rama de la Wandervogel, la asociación de excursionistas alemanes, dirigida por un tal Pater Martin Kuhn, erigió un monumento dedicado a Rahn en el bosque de Hunsruck. En la base del pedestal circular, construido con piedras traídas desde Montsegur, aparece una cita del *Parzival* de Eschenbach: «Cuidado, este camino conduce a la perdición».

Antes de concluir con Rahn me gustaría aclarar otro de los mitos que se crearon en torno a él: se afirma en muchas fuentes que nunca fue realmente un nazi, pero una simple lectura de *La corte de Lucifer* deja claro lo contrario:

> No necesitamos el Dios de Roma, ya tenemos el nuestro. No necesitamos los mandamientos de Moisés, llevamos en nuestro corazón el legado de nuestros antepasados. Es Moisés el imperfecto e impuro. […] Nosotros, occidentales de sangre nórdica, nos llamamos cátaros igual que los orientales de sangre nórdica se llaman parsis, los Puros. Nuestro cielo está abierto solo a aquellos que no son criaturas de una raza inferior, o bastardos, o esclavos. Está abierto a los arios. Su nombre significa que son nobles y señores (O'Shea, 2015).

Pero la relación entre los nazis y el Grial no terminó con Rahn: el 23 de octubre de 1940, en la estación de trenes de la localidad francesa de Hendaya, fronteriza con España, el dictador Francisco Franco se entrevistó con Adolf Hitler para negociar la entrada de España en la Segunda Guerra Mundial. Ese mismo día, Heinrich Himmler visitó el Monasterio de Montserrat. Lo sabemos gracias al padre Andreu Ripol Noble, encargado de atender a los alemanes, gracias a que conocía el idioma, y que años después contó su historia. Lo fuerte es que Himmler iba buscando información sobre el Santo Grial, tal y como dijo cuando entraron en la biblioteca del famoso monasterio. ¿Por qué allí? Porque desde hacía tiempo se había asociado el Montsalvatsche de Eschenbach con la montaña catalana.

Por cierto, Ripol recuerda con estupefacción el modo como Himmler defendía que los judíos procedían de Esaú, uno de los hijos de Isaac, y que de su hermano Jacob descendían los arios. Por lo tanto, según él, Jesús era ario…

Además, aunque no hay evidencia contrastada y suficiente, hay quien dice, como el investigador José Lesta (en su libro *El enigma nazi, el secreto esotérico del III Reich*, de 2003, haciéndose eco del trabajo del estadounidense Howard Buechner), que en junio de 1943 Himmler mandó una expedición al Languedoc para terminar el trabajo de Otto Rahn, bajo la batuta del coronel de las SS Otto Skorzeny (1908-1975), líder de la famosa operación de rescate de Mussolini. Lo asombroso es que encontraron el tesoro cátaro, formado por una gran cantidad de monedas de oro y plata romanas y, lo que llama aún más la atención, la Menorah judía (el candelabro de siete brazos) y una copa de plata que identificaron como el Santo Grial. Todo procedía del saqueo que Tito realizó en el Templo de Salomón en el año 70, durante la primera guerra judeo-romana.

Por supuesto, de esto no hay ninguna prueba. Como tampoco de algo que también se ha comentado en numerosas obras: que el 16 de marzo de 1944, un grupo de nostálgicos del catarismo se desplazaron hasta el *pog* para rendir tributo a los caídos. Estando allí vieron sobrevolar un avión alemán que dibujó en el cielo una cruz occitana. En su interior, dicen, viajaba el ocultista e ideólogo nazi Alfred Rosenberg (1893-1946).

LA VANGUARDIA
BARCELONA
Jueves 24 de octubre de 1940
ESPAÑOLA
15 cénts. Precio de este ejemplar
REDACCIÓN Y ADMINISTRACIÓN:
Pelayo, 28. - Teléfono 14135
FUNDADORES: DON CARLOS Y DON BARTOLOMÉ GODÓ
Año LVI. - Número 23.117
DIRECTOR: LUIS DE GALINSOGA

S. E. HEINRICH HIMMLER EN BARCELONA

I. A su llegada al aeródromo del Prat, donde fué recibido por las autoridades, el reichführer de la S. S. y jefe supremo de la Policía alemana, S. E. Himmler, revista las fuerzas militares que le rindieron honores.
II. Heinrich Himmler, acompañado

Primera página de *La Vanguardia Española* del día 24 de octubre de 1940.

El libro chino de Montsegur

No puedo cerrar estas páginas dedicadas a Montsegur sin hacerme eco de una curiosidad que René Nelli contó en su obra *Los cátaros* (1981) y que nos conduce a una dimensión desconocida.

Nelli se quedó muy tocado por algo inquietante que aparecía en *La corte de Lucifer* de Otto Rahn. Este contaba que Arthur Caussou le reveló que un colega suyo había encontrado en las ruinas del castillo un libro escrito en caracteres chinos o árabes, aunque, por desgracia, desapareció poco después. Además, Caussou aseguraba haber contactado en Montsegur con espíritus de maestros tibetanos, y que en alguna ocasión tuvo una visión de ellos mientras excavaba por la zona. Tampoco debería extrañarnos. Como recordarán, los Polaires defendían que el mundo estaba controlado por los maestros ascendidos desde el mítico reino de Agartha, situado en algún lugar desconocido del Tíbet.

Lo sorprendente es que, en enero de 1971, un investigador llamado Ch. Delpoux le hizo llegar a Nelli un cuaderno que, al parecer, había pertenecido a Caussou, en el que se incluía la transcripción de un texto que un tal J. Guibaud, también de Lavelanet, había escrito entre 1852 y 1872.

Nelli reproduce en su obra el texto completo. Y es alucinante. Les dejo algunos fragmentos:

> Pero el objeto más sorprendente por su apariencia entre los que se han descubierto es, por lo que se dice, un libro de papel, con encuadernación de pergamino, que está en posesión del mismo habitante de Montsegur del que acabamos de hablar, y que tampoco he tenido la fortuna de ver por mí mismo, lo que me impide afirmar. Sin embargo, poseo una hoja de ese libro, que me parece escrito en caracteres chinos. Es de gran formato, in 16. Esta encabezada por dos personajes, con la cabeza desnuda, sentados uno junto al otro al pie de un árbol, cuyo tronco y ramas presentan una vegetación extraña. […] Las dos figuras, que parecen ser personas muy jóvenes más que adultos, son fáciles de reconocer como chinos. […] Me resulta difícil explicarme cómo se pudo descubrir un libro chino en las ruinas de este castillo, situado en mitad de las tierras, en una expresión más exacta, en una de las cimas más elevadas de las montañas del departamento del Ariège. Comprenderíamos perfectamente la presencia de este volumen en las ruinas de un castillo del litoral francés, adonde pudo ser

> llevado por un marino a cuyas manos hubiera llegado procedente de sus viajes a china o que lo hubiera recogido en un naufragio o como botín en la toma de algún junco pirata.
>
> Prefiero creer en una broma, en un engaño por parte del habitante de Montsegur con respecto a mi donador, el cual, aunque hombre muy inteligente, no es demasiado experto en estas materias y cayó completamente en la trampa…
>
> (Nelli 1989, 166-168).

No solo le gastaron una broma al tal J. Guibaud, sino también a Nelli…

A modo de conclusión

Era inevitable que sucediese. La acción de todos estos personajes relacionados con el ocultismo, la masonería, las sociedades secretas y algunas propuestas religiosas bastante heterodoxas, llevó a que «lo cátaro» se pusiese de moda; primero, durante los años treinta, y luego, en los sesenta, con el terremoto de la *new age* y el *boom* de ese cajón de sastre que denominamos «mundo del misterio». Cátaros y templarios compartían páginas en las revistas especializadas con los extraterrestres, los fenómenos paranormales, la astrología, la vida más allá de la muerte y los poderes psíquicos. Y así sigue siendo. Pero bien, yo mismo colaboro en ello. Al fin y al cabo, si hay algo misterioso de verdad es la historia, y sus enigmas, qué decir, se cuentan por miles.

No es de extrañar, por lo tanto, que surgieran mil y una ideas relacionadas con los cátaros desde perspectivas muy variadas.

Por ejemplo, se ha hablado mucho de su relación con la astrología. El historiador galo Fernand Niel (1903-1985), amiguete de Déodat Roché y René Nelli, en su libro *Montségur, la Montagne Inspirée* (1954), y en otros posteriores, aseguraba que el castillo de Montsegur, dado que ninguno de sus muros estaba orientado hacia los puntos cardinales, había sido un templo solar orientado hacia las principales posiciones del sol a lo largo del año y que estaba relacionado con las constelaciones del zodiaco —como Stonehenge, que pensaba que había sido levantado por los antiguos galos—. Y seguramente tendría razón, el problema es que, como vimos, ese castillo no es el mismo que había antes de la caída, sino que es la reconstrucción posterior de Guy de Levis. Esto no ha impedido que cada año, en el solsticio de verano, turistas, curiosos y aficionados al esoterismo se reúnan en la cumbre del *pog* para ver cómo los primeros rayos del alba cruzan la torre del castillo a través de la saetera. Ni que otros estudiosos hayan aceptado sus propuestas, como René Nelli —que se acabó desdiciendo— o Zoé Oldenbourg.

Por influencia de este señor, la tristemente famosa Orden del Templo Solar también guarda relación con los cátaros. Se sabe que los miembros franceses de esta secta, fundada en 1984 por el rosacruz Joseph di Mambro y el homeópata nazi Luc Jouret, especialmente activa en Francia, Suiza y Canadá, peregrinaban hasta Montsegur porque estaban convencidos de que el viaje de salvación que tendrían que hacer se haría «a la manera de los cátaros».

Como recordarán, entre 1994 y 1997 se fueron suicidando, en distintas oleadas, casi todos sus integrantes, convencidos de que iban a iniciar un viaje rumbo a Sirio, gracias a los extraterrestres, para escapar del eminente fin del mundo que se produciría en el año 2000.

Otro ejemplo, mucho más alucinante: el psiquiatra inglés Arthur Guirdham (1905-1992) publicó la obra *Cátaros y reencarnación*

La extracción de la piedra de la locura, El Bosco (1475-1480).

(1970), con prólogo de René Nelli, en la que hablaba de una paciente suya, la señorita Smith, de unos 30 años, que padecía unas pesadillas terribles y que resultó ser una cátara del siglo XIII reencarnada. Tras numerosas sesiones de hipnosis, y alguna de espiritismo, fue recordando su pasado. Además, otras mujeres, casi todas de la localidad inglesa de Bath, comenzaron a manifestar «síntomas» similares. Esto le llevó a creer que estaba siendo testigo de una reencarnación masiva.

Es más, el propio Guirdham, que también tenía sus propias pesadillas, pensaba que había sido un cátaro en otra vida —Roger de Grissolles, pareja de Peirone, la cátara que se reencarnó en la señorita Smith— y terminó contactando en sueños con varios de sus antiguos compañeros, entre los que estaba el obispo Guilhabert de Castres, ni más ni menos. Entre otras cosas, le hablaron de su sistema de curación con plantas medicinales, de sus creencias, de la reencarnación y... de sus relaciones sexuales con seres divinos. Aquí lo dejo...

Y ya para terminar, me veo en la obligación de comentar algo que la escritora estadounidense Lynda Harris expuso en su obra *La herejía secreta de Hieronymus Bosch* (1995): que el famoso pintor Jheronimus van Aken (1450-1516), más conocido como El Bosco, pudo haber sido cátaro, doscientos años después de su desaparición. Los argumentos, aunque son bastante endebles, resultan interesantes. En resumidas cuentas, considera que en sus obras se encuentran claras referencias a las creencias cátaras, especialmente a su dualismo exacerbado. Sin entrar en mucho detalle, les comento tres referencias curiosas: por ejemplo, en *La extracción de la piedra de la locura* (1475-1480), además de mostrarse a un fraile borracho, aparece lo que se asemeja a una monja con un libro cerrado sobre su cabeza. Harris interpreta esto como una referencia al *consolament*: se trataría del Evangelio de Juan.

En *La muerte de un avaro* (1490-1500) aparece un señor en su lecho de muerte dudando entre seguir el camino que le indica un ángel (que tiene su mano izquierda apoyada en su hombro), señalando a un crucifijo que emana luz, y un demonio que asoma por debajo de una cortina y le ofrece un saco de dinero. Y en *La ascensión al Empíreo* (1500-1504), se muestra a unos ángeles conduciendo a unas almas hacia la luz divina a través de una especie de cilindro. Para Harris esto representa claramente la redención en la que creían los cátaros...

Maravilloso.

Todo esto contribuyó a que ustedes, desocupados lectores, y yo, desocupado escritor, estemos hoy, en plena pandemia, hablando de aquellas buenas gentes que por muy diversos motivos han pasado a formar parte de la cultura popular. Tanto es así que hasta hay canciones dedicadas a ellos: en 2003, la popular banda británica de *heavy metal* Iron Maiden incluyó en su álbum *Dance of the Death* un temazo llamado «Montsegur», fruto de unas vacaciones que el cantante, Bruce Dickinson, se marcó por el Languedoc. La letra es de lo más bonita.

Estoy solo en este espacio desolado.
En la muerte ellos están realmente vivos.
Inocentes masacrados, el mal tuvo lugar.
Los ángeles ardían por dentro.
Siglos después me pregunto por qué.
¿Qué secreto se llevaron a la tumba?
Todavía queman herejes bajo nuestros cielos.
La religión sigue ardiendo por dentro.

A las puertas y las murallas de Montsegur,
sangre en las piedras de la ciudadela.

Mientras los matamos a todos para que Dios conozca a los suyos.
Los inocentes murieron por el papa en su trono.
La codicia católica y su celo paranoico.
La maldición del grial y la sangre de la cruz.
Los creyentes templarios con sangre en sus manos
se unieron al coro para matar a la orden.
Quemados en la hoguera por la libertad de su alma.
Para ponerse de pie con los cátaros para morir y ser libre.

VINO

Pero no hay que olvidar una conexión importante que ayuda a entender el *boom* de lo cátaro: sirvieron como símbolo, y como instrumento, para los occitanistas de finales del siglo XIX y del siglo XX, que, siguiendo la estela de Peyrat y el movimiento Félibrige, exaltaron la Occitania del Medievo, denunciaron la invasión norteña de los franceses y atacaron a la Iglesia católica por su complicidad.

Así, exaltados y convertidos en una especie de ancestros lejanos y misteriosos, fueron los compañeros espirituales de los nacionalistas occitanos en sus luchas políticas. Un ejemplo brutal lo tenemos en la famosa revuelta de los viticultores de 1907. Les pongo en situación.

Aunque el cultivo de vid era tradicional en el Languedoc desde la época romana, fue a partir de los siglos XVIII y XIX cuando se intensificó gracias a las mejoras en las infraestructuras, especialmente el canal Du Midi y el ferrocarril, que permitieron aumentar las exportaciones de vino al norte del país, donde había una gran demanda, hasta tal punto que la mayoría de las tierras destinadas al cultivo de las zonas menos montañesas se dedicaban a la vid. A principios del siglo XX producían el 45 % del vino francés; sin embargo, los caldos languedocianos ni tenían el prestigio de los de Burdeos o la Borgoña, ni sus precios.

Pues bien, tras una serie de plagas, unas criticadas bajadas de aranceles a las exportaciones de vinos extranjeros (de España, Italia y, sobre todo, Argelia, cuyos caldos entraban por el puerto de Séte en Occitania) y un exceso de producción a la que no daban salida, empezaron a producirse manifestaciones por todo el Languedoc reclamando mejoras fiscales, ayudas gubernamentales y, sobre todo, más dureza contra las exportaciones y los falsificadores de vino, que comercializaban productos de mala calidad a precios ridículos en los mismos mercados del norte en los que se distribuían los caldos baratos occitanos, ya que esta competencia desleal hacía que bajasen aún más los precios.

En 1906 la situación llegó a ser crítica. La caída de precios generalizada llevó a una crisis económica brutal que arruinó a miles de pequeños productores y dejó sin trabajo a otros tantos. Los primeros en levantarse fueron los viticultores del Minervois, al norte de Carcasona, en marzo de 1907, pero en las siguientes semanas lo fueron haciendo los de toda la región, con manifestaciones populosísimas en las que se juntaban decenas de miles de personas. El 12 de mayo, en Béziers, fueron más 150.000; en Perpiñán, cinco días más tarde, 170.000; en Carcasona, el 26 de mayo, unas 220.000; y en Montpellier, el 9 de junio, más de 600.000.

Lo curioso es que las manifestaciones fueron cogiendo, a lo largo de aquellas semanas, un tono occitanista cada vez mayor.

En la manifestación de Carcasona del 26 de mayo, por ejemplo, uno de los líderes, Marcelin Albert, dijo: «Los albigenses una vez estuvieron unidos bajo estos muros, cayeron allí en defensa de su libertad. ¡Haremos como ellos! ¡Adelante en defensa de nuestros derechos! ¡El Sur lo quiere, el Sur lo tendrá!».

Ernest Ferroul, el alcalde de Narbona, comentó algo similar: «Me persigue un recuerdo, un recuerdo de miseria como el tuyo. Cuando los barones feudales invadieron el Sur y lo saquearon, un trovador gritó así, en occitano: "¡Ah! Toulouse y Provenza, de Argence, Béziers y Carcasona, ¡quién te ha visto y quién te ve!". Desde entonces, los barones de la industria del norte nos han invadido y arruinado. No queremos aguantarlos más».

La mayor protesta se produjo el 9 de junio de 1907 en Montpellier, donde se congregaron entre 600.000 y 800.000 personas, una barbaridad, si tenemos en cuenta que en aquella época la región del Languedoc no tenía más de un millón y medio de habitantes. Todos los líderes del movimiento, con Ferroul a la cabeza, llamaron a la desobediencia civil y fiscal. Tanto él, alcalde de Narbona, como otros 442 alcaldes del Languedoc-Rosellón dimitieron durante la semana siguiente.

La respuesta del Gobierno, liderado por el izquierdista Georges Benjamin Clemenceau, fue más bien esquiva y poco conciliadora. Y ni siquiera supo reaccionar ante la dimisión masiva de los alcaldes. Pero lo peor fue cuando tomó la decisión de movilizar al ejército por gran parte del Languedoc para reprimir las protestas. El 19 de junio fue detenido Ernest Ferroul, lo que provocó disturbios en todas las ciudades. Los agricultores de los cuatro departamentos (Gard, Hérault, Aude y Pirineos Orientales) se lanzaron a destruir las prefecturas de los edificios gubernamentales. La revolución había estallado. En todas las ciudades las multitudes se enfrentaron violentamente a las fuerzas armadas. Se producen varias muertes y cientos de heridos.

El 17° regimiento de infantería ligera, acuartelado en Béziers, fue movilizado el 18 de junio de 1907 para reprimir una protesta en la ciudad de Agde. Pero dos días después, la inmensa mayoría de los soldados decidieron amotinarse y regresar, a pie, a Béziers, donde fueron recibidos como héroes por la población. Habían empatizado con sus vecinos.

Finalmente, a finales de junio, Clemenceau se ve obligado a ceder y firmó una ley que, en la práctica, prohibía la adulteración de vinos y su comercialización. Además, prometió devolver lo cobrado en impuestos en los tres años anteriores y regular la exportación de vino de Argelia.

Se solucionó así la crisis del vino, pero no se apagó la llama del occitanismo.

Un ejemplo lo tenemos en el CRAV (Comité régional d'action viticole), un grupo radical occitano formado, de nuevo, por viticultores, que desde los años sesenta han realizado numerosas acciones terroristas, generalmente contra la llegada de vinos extranjeros.

Su primera acción importante, por ejemplo, tuvo lugar a principios de marzo de 1976, cuando un grupo de viticultores de Narbona se echó a las calles para protestar por los bajos precios y la importación de vino italiano. El día 4, tras un par de jornadas de manifestaciones, algunos miembros de CRAV se enfrentaron a la policía cerca de la cercana localidad de Montredon-des-Corbières, desmantelaron varias vías de ferrocarril y quemaron un tren de mercancías. Además, un coche y un helicóptero de la gendarmería fueron tiroteados. Fue el comienzo de un intercambio de disparos que terminó con decenas de policías y viticultores heridos, y un fallecido por cada parte.

Su época de mayor actividad fue durante los primeros años de este siglo, cuando realizaron un buen número de atentados de diversa consideración, desde sabotajes en centrales eléctricas o emisoras de radio a la colocación de explosivos en edificios oficiales, casi siempre en sedes de la Hacienda francesa. Aún están activos.

Si bien el CRAV no tiene un componente nacionalista explícito, sí que han reivindicado en alguna ocasión el espíritu de resistencia cátaro frente al invasor francés y, sobre todo, el ejemplo de los *faydits*, como reflejo de su lucha armada en un pasado exaltado.

En realidad, esto del CRAV está íntimamente relacionado con el amplio movimiento nacionalista occitano que surgió en el sur de Francia durante los años setenta y que se ha manifestado mediante grupos como el Partit de la Nacion Occitana (PNO), fundado en 1959, abiertamente independentista y de centro, pero con un componente etnicista y algo racista preocupante; Lutte Occitane, nacido en 1970, de tendencias marxistas y más a favor del federalismo, lo que le enfrentó con el PNO; o el Comité Occitan d'Etudes et d'Action (COEA), de 1962, también federalista y de izquierdas, que terminó integrándose en Lutte Occitane.

Lo curioso es que todos estos partidos, así como algunos posteriores, e incluso algunos actuales, han tirado de la épica cátara para justificar su romántica lucha. Unos, más a la izquierda, los ven como unos anarquistas del Medievo o unos heraldos del libre pensamiento; otros, simplemente, usan la persecución contra los cátaros para identificar el momento en que Occitania fue invadida por los norteños franceses, idealizando hasta límites algo ridículos la grandeza de aquella tierra, que ven como una nación modelo.

Y todos, de alguna manera, defienden que, sin la Cruzada Albigense, Occitania habría existido como país independiente. Esto, como entenderán, es mucho decir. Primero, porque la persecución contra los cátaros y la invasión francesa se dieron solo en una parte de Occitania, en la región del Languedoc; segundo, porque es muy atrevido plantear esa relación causa-efecto. La historia es mucho más compleja y no se puede usar para este tipo de fines ideológicos, y menos para plantear futuribles absurdos. Si la cruzada no hubiese existido, es posible que todas aquellas tierras terminasen siendo del reino de Aragón, o de una hipotética nación catalana… o mil cosas más.

Apéndice: El último profeta cátaro

¿Recuerdan que al comienzo de este libro les hablé de unas señoras que me abordaron por la calle justo cuando estaba terminando de hacer las revisiones finales? No me gustaría despedirme sin comentar brevemente en qué consiste su particular culto.

Como adelanté, eran seguidoras de un señor llamado Juan de San Grial, un anciano con pinta de afable, barba y una mirada dadora, que en su propia página web se autodefine de esta manera tan bonita: «Músico, escritor, poeta, humanista y sobretodo [escrito así, junto] buena persona» (https://juangrial.com/). Le faltó añadir «humilde».

Este señor, en realidad, se llama Veniamin Yákovlevich Bereslavskiy. Lo de Juan de San Grial, al parecer, se debe a que conoce los misterios que rodean al verdadero Santo Grial y a que, según él mismo afirma, los grandes caballeros del cáliz santo, los cátaros, a los que considera los auténticos cristianos, los más fieles representantes del cristianismo primitivo, le ven como su heredero —sí, en presente—. De hecho, haciéndose eco de la famosa profecía supuestamente vertida por Guilhem de Bélibaste, asegura que aquello de que «a partir de setecientos años el laurel reverdecerá» hacía referencia a él.

Su historia, como suele suceder con los creadores de este tipo de cultos, es bastante opaca. Y claro, una cosa es lo que cuente él y otra la realidad.

Nació en Moscú en 1946, en pleno régimen soviético. Al parecer, estudió música y obtuvo una licenciatura en idiomas. Desde joven manifestó profundas inquietudes espirituales y humanistas. Comenzó a buscar la iluminación y a viajar por el mundo, siempre según él mismo declara, hasta que se produjo su primer contacto con el catarismo, cuando conoció en Ucrania a una supuesta perfecta cátara a la que denomina Madre Eufrosinia, miembro de un grupo de cátaros apartados de la Iglesia: «Pertenecía a la rama de las catacumbas de los bogomilos. Ella era portadora y madre del linaje de los Mártires que habían sido perseguidos durante siglos». Más tarde, se le apareció la Virgen.

A partir de ahí comenzó a recibir revelaciones sobre la verdadera naturaleza de lo divino, casi siempre mientras meditaba. Pronto comenzó a realizar sanaciones y no tardó mucho en construir una delirante cosmogonía en la que se mezclan sin criterio ideas cátaras con elementos tomados de la espiritualidad budista, la astrología, el sufismo, algunas contradictorias creencias marianas, un culto bastante extraño a María Magdalena y ciertas creencias sobre antiguas civilizaciones míticas —defiende que los cátaros eran los herederos de la antigua Hiperbórea, una región de la que se hablaba en la mitología griega y que estaría situada al norte de Europa—.

Juan de San Grial propone un nuevo catarismo para el siglo XXI —ya lo propuso hace unas décadas, para finales del XX—, marcado por un nuevo humanismo que se caracterizaría por la exaltación del amor y la amistad como requisitos indispensables de una nueva fraternidad humana, tomando siempre como ejemplo lo que, según este señor, representan los cátaros. Sería, más que una propuesta religiosa o ritual, un modo de vivir y de pensar. Además, en su proyecto se le da mucha importancia a la música y a la poesía, ya que se considera descendiente espiritual de los trovadores y los *minnesinger* del Medievo.

Además de grabar decenas de versiones de algunos grandes de la música clásica (como Haydn, Mozart, Beethoven o Tchaikovsky), reinterpretándolos a su manera, es autor de unos cuatrocientos libros, que se dice pronto, de los más diversos temas (desde templarios y cátaros a María Magdalena, pasando por ensayos sobre filosofía oriental o alguna crónica sobre la persecución de los ortodoxos por los comunistas). Claro, lo hace con ayuda, ya que, supuestamente, recibe revelaciones de las diferentes esferas celestiales, e incluso, de las infernales, y conversa habitualmente con ángeles y santos de todas las culturas y creencias. Además, es capaz de escuchar las voces de los muertos y, lo que es más interesante y novedoso, de las generaciones futuras. Y por si fuera poco, literalmente «su corazón guarda resonancias de 84 civilizaciones ya existidas y saluda el acercamiento de la civilización 85, la gran civilización del divino amor»[6].

Lo cierto es que este hombre ha adquirido cierta relevancia en España durante los últimos años. En el año 2007 fundó un grupo en Cataluña, en Girona, en el que se enseña una inquietante mezcla de catarismo, gnosticismo, maniqueísmo, cristianismo ortodoxo y hermetismo. Se trata de lo que se conoce como Asociación para el Estudio de la Cultura Cátara, con comunidades activas, al menos, en Girona, Barcelona, Valencia, Madrid, Cartagena, Albacete... y quizás en Almería, tierra mía, donde están muy activos.

Estos supuestos neocátaros se dedican a hacer talleres y cursos sobre catarismo —incluso hay de cocina cátara— y a vender libros por toda la geografía española, siendo bastante habituales en ferias medievales y en eventos de la Nueva Era. De hecho, esta es su principal fuente de ingresos y su principal actividad. Son una gran editorial.

Pero claro, como suele pasar con este tipo de movimientos, y con sus líderes, no es oro todo lo que reluce. Llama poderosamente la atención que este señor también haya fundado una iglesia cercana al cristianismo ortodoxo. Sucedió en 1991, cuando creó en Moscú la Iglesia Ortodoxa de la Madre de Dios Derjavnaya, muy ortodoxa en sus creencias y propuestas, aunque con cierto regustillo milenarista.

Siete años antes, en 1984, había sido ordenado sacerdote por un obispo enfrentado al Patriarcado ortodoxo moscovita, al que repudiaba públicamente desde esta nueva iglesia que creó y que, según algunas fuentes, ha llegado a tener unos 3500 seguidores, en su mayor parte rusos, pero también de la antigua Yugoslavia. Con los años, ha ido cambiando de nombre, adoptando algunos tan sugerentes como estos: Iglesia de la Santa Rusia, Iglesia de la Transfiguración de la Madre de Dios, Centro de la Madre de Dios o Centro Bogorodichny.

Sí, es cierto que esto lo montó antes de venirse a España y montar su asociación, y es posible que en el ínterin haya tenido algún tipo de epifanía, pero resulta llamativo que haya montado dos movimientos religiosos prácticamente opuestos.

Hoy en día el movimiento tiene sedes en el Reino Unido, Croacia y Estados Unidos.

6 https://elcorreodeburgos.elmundo.es/articulo/cultura/ultimo-profeta-cataro/20120610000000164461.html

Pero no crean que este Juan de San Grial es el último cátaro. Hay más.

Eric Delmas, por ejemplo, fundó la Iglesia Cátara de Francia (Église Cathare de France) en 2009. El propio Delmas, que expone sus ideas en su sitio llamado *catharisme.eu*, donde reúne artículos sobre el catarismo, y en la página de Facebook Catharisme Today, y que ha escrito el libro *Catharisme d'Aujourd'hui*, asegura haber aplicado el *consolament* a varios de sus decenas de seguidores. Eso sí, se muestra tremendamente crítico con la comercialización del catarismo con fines turísticos. «Aquí nos hemos proclamado país cátaro, pero más bien hemos transformado el catarismo en una actividad lúdica y turística», comentó en una entrevista que le hicieron en *La Depeche* en 2016.

Qué cosas…

Epílogo. Los Cátaros: cristianismo y alteridad

Los cátaros, como bien apunta Óscar Fábrega en este exhaustivo y fascinante estudio sobre el tema, eran considerados herejes por la Iglesia, y fue a manos de esta que encontraron su fin. Para Fábrega, el término hereje es honorario, y yo me suscribo también a esta noción: los cátaros europeos no seguían un dogma férreo en común y resolvían el problema de la teodicea, como sus antepasados teológicos —los gnósticos—, a través de un dualismo exacerbado. Además, aceptaban como libros sagrados otros textos aparte de la Biblia, dándole asimismo mucho mayor protagonismo e igualdad de condiciones a la mujer, algo realmente fuera de lugar en la Edad Media. Según los cátaros, Jesús nunca había sido encarnado y su cuerpo era una mera ilusión. Esta es una idea que sostenían en común con los docetistas. Aunque la Iglesia ya había establecido su lugar en las estructuras de poder de Europa y parte de Asia, tras la desaparición de los maniqueos y la supresión de otros grupos de herejes, los cátaros constituían el último bastión no conformista de cristianismo alternativo de los siglos XII y XIII.

Fábrega apunta, muy acertadamente desde mi punto de vista, que la popularidad de la que gozaban los cátaros se basaba, en gran medida, en su rechazo del clericalismo de la Iglesia y de casi todos los dogmas cristianos, como el infierno. Como herederos de los gnósticos, para los cátaros esta idea, como castigo en el más allá, era un fraude, porque, según pensaban, este mundo físico y material ya es el infierno. Este anticlericalismo característico y su defensa de una vida básica, simple y sin opulencia podría interpretarse no solo como una herejía gnóstica y docetista, sino también como un antecedente de la reforma protestante.

El autor, con su prosa ágil y accesible, sabe dejar muy clara la etimología del término «cátaro» y es capaz de explicar con rigor académico las bases históricas y antropológicas que proporcionan el contexto a este otro cristianismo representado en la Edad Media por el mal llamado catarismo. Fábrega, del mismo modo, nos comenta con todo lujo de detalles todos y cada uno de los fascinantes hechos y personajes históricos que estuvieron envueltos en la Cruzada Albigense, que culminó con el exterminio de los cátaros en Montsegur y la captura y muerte del último cátaro Bélibaste, descendiente de una familia cátara quemada en la hoguera medio siglo después.

Pero Fábrega nos introduce también a lo que podemos denominar neocatarismo, es decir los diferentes renacimientos del catarismo que siguieron y siguen en nuestros días a manos de masones como Doinel y Roche, de rosacruces, martinistas, ocultistas varios y personajes de la *New Age*; desde el increíble fraude de la narrativa de Rennes-le-Château, al que Fábrega dedica mucho tiempo en su libro y sobre el que posee un conocimiento extenso, hasta la figura de Juan de San Grial. Este libro es, en realidad, varios libros en uno, porque, aunque Fábrega trata principalmente de los cátaros y de su supuesta herejía, hay muchos más temas tratados, como el lector habrá descubierto tras su lectura: teología, historia, esoterismo, teorías conspiratorias, etc.; además de la visión clara y lúcida del autor.

Los cátaros forman parte de la tradición esotérica occidental y de ese hilo dorado que comienza con las religiones mistéricas, el neoplatonismo, el gnosticismo y los primeros cristianismos. Y Óscar Fábrega hace un trabajo soberbio narrándonos no solo la historiografía de los cátaros, sino dándonos todo un contexto religioso y cultural del papel que esta secta cristiana de tinte gnóstico juega en la historia de occidente.

Darren Lorente-Bull
Londres, febrero de 2022

Bibliografía

Libros

Alvar, C.: *El rey Arturo y su mundo. Diccionario de mitología artúrica*, Madrid: Alianza, 1991.

Ambelain, R.: *Jesús o el secreto mortal de los templarios*, Barcelona: Ediciones Martínez Roca, 1982.

Andrade, G.: *Jesucristo ¡vaya timo!*, Pamplona: Laetoli, 2015.

___*Breve historia de Satanás*, Madrid: Nowtilus, 2020.

Andrews, R. y P. Schellenberger: *La tumba de Dios: el cuerpo de Jesús y la solución a un misterio de 2000 años*, Madrid: Ediciones Martínez Roca, 1997.

Angebert, J-M.: *Hitler y la tradición cátara*, Barcelona: Plaza y Janés, 1975.

Aracil, M. G.: *Guía práctica de la Cataluña cátara y templaria*, Barcelona: Gómez Editor, 2010.

___*Historia oculta de los templarios*, Madrid: Editorial América Ibérica, 2010.

Atienza, J. G.: *Los secretos templarios*, Madrid: Espacio y Tiempo, 1992.

Ávila Granados, J.: *La herejía cátara*, Madrid: Editorial América Ibérica, 2012.

___*El holocausto cátaro*, Granada: Nazarí, 2021.

Baigent, M., R. Leigh y H. Lincoln: *El enigma sagrado*, Madrid: Ediciones Martínez Roca, 2006*a*.

___*El legado mesiánico: ¿hubo más de un Cristo?*, Madrid: Ediciones Martínez Roca, 2006*b*.

Barreras, D.: *La Cruzada Albigense y el Imperio Aragonés*, Madrid: Nowtilus, 2007.

Barreras, D. y C. Durán: *Breve historia de los cátaros*, Madrid: Nowtilus, 2012.

Bendriss, E.: *Los cátaros, la herejía que pudo vencer*, Madrid: Dilema, 2011.

Bernardac, C.: *Le mystère Otto Rahn, du catharisme au nazisme*, Paris: Éditions France Empire, 1978.

Besse, G.: *Histoire des ducs, marquis et comtes de Narbonne autrement appelez Princes des Goths, ducs de Septimanie et marquis de Gothie*, Paris: 1660.

Blum, J.: *Cátaros, su misterio y su mensaje*, Madrid: EDAF, 2002.

Bonet, X. y A. Loro: *El caballo del Diablo: Jaque mate a los pergaminos de Rennes-le-Château*, Sevilla: Punto Rojo Libros, 2013.

Bonet, X., O. Fábrega y E. Sabarich: *Compendium Rhedae, 100 años de Rennes-le-Château*, El Ejido: Círculo Rojo, 2017.

Brenon, A.: *La verdadera historia de los cátaros*, Madrid: Ediciones Martínez Roca, 1997.

___*Los cátaros, hacia una pureza absoluta*, Barcelona: Ediciones B, 1998.

___*Mujeres víctimas de la hoguera: la herejía de los cátaros a través de sus mujeres*, Barcelona: Susaeta, 2003.

Brown, D.: *El código Da Vinci*, Barcelona: Umbriel Editores, 2003.

Burton Russell, J.: *Dissent and reform in the early Middle Ages*, Los Angeles: University of California Press, 1965.

Callejo, J.: *Misterios de la Edad Media*, Madrid: Editorial América Ibérica, 2011.

Campbell, J.: *Las máscaras de Dios. Mitología creativa*, Madrid: Alianza Editorial, 1992

Cardero, J. L.: *Los dioses oscuros del nazismo*, Porriño: Cydonia, 2018.

Chao, R.: *Prisciliano de Compostela*, Barcelona: Seix Barral, 1999.

Collins, A.: *El Santo Grial: en busca de una leyenda*, Barcelona: Minotauro, 2005.

Coppens, P.: *Servants of the Grail – The real-life characters of the Grail legend identified*, Londres: John Hunt Publishing, 2009.

Crossan, J. D.: *El Jesús de la historia: vida de un campesino judío*, Barcelona: Crítica, 2000.

De Casas Fernández, F.: *Fin'amor y herejía catara en la poesía trovadoresca*, Madrid: Universidad Complutense (tesis doctoral), 2015.

De Gérin-Ricard, L.: *Historia del ocultismo*, Barcelona: Caralt, 1975.

Duhourcau, B: *Guide des Pyrénées Mystérieuses*, París: Sand & Tchou, 1973.

Duvernoy, J.: *Le Registre d'Inquisition de Jacques Fournier*, Paris/La Haye: Mouton, 1978.

___*La captura del cátaro Bélibaste. Delación ante el tribunal de la Inquisición en Pamiers, el 21 de octubre de 1321*, Barcelona: Ed. Muchnik, 1987.

___*Le dossier de Montségur, Interrogatoires d'Inquisition*, 1242-1247, Toulouse: Le Pérégrinateur, 1998.

Eschenbach, W.: *Parzival*, Madrid: Siruela, 1999.

Eslava Galán, J.: *Los templarios y otros enigmas medievales*, Barcelona: Planeta, 1997-

___*El fraude de la Sabana Santa y las reliquias de Cristo*, Barcelona: Planeta, 2004.

___*El catolicismo explicado a las ovejas*, Barcelona: Booket, 2013.

Fabrega, O.: *Prohibido excavar en este pueblo*, Barcelona: Planeta, 2014.

___*Pongamos que hablo de Jesús*, Barcelona: Planeta, 2017.

___*¿Son reales? Reliquias de Cristo*, Barcelona: Ediciones Oblicuas, 2017.

___*La Magdalena, verdades y mentiras*, El Ejido: Guante Blanco, 2018.

Fanthorpe, L. y P. Fanthorpe: *El secreto de Rennes-le-Château y el misterio del tesoro de los templarios*, Madrid: Editorial Edaf, 2005.

Fernández Bueno, L. y M. Fernández Urresti: *Las claves del Código Da Vinci: ¿cuál es la historia real?*, Barcelona: Puzzle Editorial de Libros, 2006.

___. y J. Guijarro Triado: *Rex Mundi*, Madrid: Aguilar, 2006.

Fernández Urresti, M.: *La vida secreta de Jesús de Nazaret*, Madrid: EDAF, 2005.

___*Los pecados de la Biblia*, Madrid: Ed. América Ibérica, 2011.

___*Crónica negra del Grial: La maldición de cátaros, templarios y nazis*, Barcelona: Aguilar, 2016.

Gadal, A.: *Sur le Chemin du Saint Graal*, Haarlem: Ed. Rozekruis Pers, 2011.

García-Guijarro, L.: *Papado, cruzadas y órdenes militares, siglos XI-XIII*, Madrid: Cátedra, 1995.

García-Herrera, A.: *Eso no estaba en mi libro de mitología griega*, Córdoba: Almuzara, 2021.

Glaber, R.: *Les cinq libres de ses histoires (900-1044)*. Hachette Livre BNF, 2012.

González Gutiérrez, J. G.: *Enigmas del cristianismo: el Santo Grial, la Sábana Santa, el Arca de la Alianza y otros misterios*, Barcelona: Puzzle Editorial de Libros, 2006.

___*Magia, ocultismo y sociedades secretas en el Tercer Reich*, Córdoba: Almuzara, 2020.

Guirdham, A.: *Cátaros y reencarnación*, Madrid: JC Ediciones, 1995.

James, E. O.: *Introducción a la historia comparada de las religiones*, Madrid: Ediciones Cristiandad, 1973.

___*Historia de las religiones*, Madrid: Alianza Editorial, 1985.

Keale, M.: *Historia de las creencias contada por un ateo*, Madrid: Santillana, 2013.

Kollamnn, B.: *Los mitos de Jesús: sensacionalismo y leyenda*, Bogotá: San Pablo, 2011.

Labal, P.: *Los Cátaros; Herejía y crisis social*, Barcelona: Crítica, 1984.

Lachman, G.: *El ocultismo en la política, historia secreta de la búsqueda del poder*, Barcelona: Luciérnaga, 2017.

Lambert, M.: *Medieval Heresy: Popular Movements from the Gregorian Reform to the Reformation*, Oxford: Blackwell, 2002.

___*La otra historia de los cátaros*, Barcelona: Martínez Roca, 2005.

Lesta, J.: *El enigma nazi, el secreto esotérico del III Reich*, Madrid: Edaf, 2010.

Lincoln, H.: *La clave del enigma sagrado: la historia nunca contada de Rennes-le-Château*, Madrid: Equipo Difusor del Libro, 2011.

___y E. Haagensen: *La isla secreta de los templarios*, Madrid: Equipo Difusor del Libro, 2006.

Martínez-Pinna, J.: *Grandes tesoros ocultos*, Madrid: Nowtilus, 2015.

___*Los exploradores de Hitler, SS-Ahnenerbe*, Madrid: Nowtilus, 2017.

___*Eso no estaba en mi libro de historia de la Edad Media*, Córdoba: Almuzara, 2019.

Menéndez Pelayo, M.: *Historia de los heterodoxos españoles, libro II*. Versión digital: http://www.larramendi.es/menendezpelayo/es/corpus/unidad.do?idUnidad=100704&idCorpus=1000.

Mercier, F., y A. Boltanski (Eds.): *Le salut par les armes: Noblesse et défense de l'orthodoxie, XIIIe-XVIIe siècle*. Presses universitaires de Rennes, 2011

Mestre, J.: *Los cátaros, problema religioso, pretexto político*, Barcelona: Ed. Península, 1995.

Nataf, A.: *El milagro cátaro*, Barcelona: Bruguera, 1970.

Nelli, R.: *La vida cotidiana entre los cátaros*, Barcelona: Argos Vergara, 1984.

___*Los cátaros*, Barcelona: Martínez Roca, 1989.

___*Ecritures cathares*, Carcasona: Du Rocher éditions, 2011.

Niel, F.: *Les Cathares De Montsegur*, París: Robert laffont, 1976.

O'Shea, S.: *Los cátaros, la herejía perfecta*, Barcelona: Ediciones B, 2015.

Pau, A.: *Herejes*, Madrid: Trotta, 2020.

Paul, J.: *El cristianismo occidental en la Edad Media*, Valencia: Universidad de Valencia, 2014.

Peyrat, N.: *Histoire des Albigeois*, Paris: Lacroix et Verboeckhoven, 1842.

Picknett, L. y C. Prince: *La revelación de Sion*, Madrid: Ediciones Martínez Roca, 2008.

___*La revelación de los templarios*, Madrid: Ediciones Martínez Roca, 2006.

Piñero, A.: *Guía para entender el Nuevo Testamento*, Madrid: Trotta, 2006.

___*Los libros del Nuevo Testamento, edición de Antonio Piñero*, Madrid: Trotta, 2021.

Putnam, B. y J. E. Wood: *El tesoro de Rennes-le-Château, un misterio resuelto*, Madrid: Ediciones Jaguar, 2007.

Ridley, J. G.: *Los masones*, Barcelona: Ediciones B, 2010.

Robin, J. L.: *Rennes-le-Château, el secreto del abad Saunière*, Barcelona: Ediciones Obelisco, 2007.

Roquebert, M.: *L'épopée cathare, vol. 2, l'Inquisition*, Toulouse: Perrin/Privat, 2001.

Rodríguez, P.: *Mentiras fundamentales de la Iglesia Católica*, Barcelona: Ediciones B, 1997.

Runciman, S.: *Los maniqueos de la Edad Media: un estudio de los herejes dualistas cristianos*, México: Fondo de Cultura Económica, 1989.

Sède, G. de: El tesoro cátaro, Barcelona: Plaza y Janés, 1969.

___*El oro de Rennes*, Barcelona: Plaza y Janés, 1980.

___*Los templarios están entre nosotros*, Málaga: Editorial Sirio, 2002.

Sierra, J.: *La ruta prohibida y otros enigmas de la historia*, Barcelona: Planeta, 2008.

Schmidt, C.: *Histoire et doctrine de la secte des Cathares ou Albigeois*, Bayona: 1983.
Starbird, M.: *María Magdalena y el Santo Grial*, Barcelona: Planeta, 2004.
___*El legado perdido de María Magdalena: nuevas revelaciones sobre la esposa de Cristo*, Barcelona: Planeta, 2005.
Taranilla, C.: *El Santo Grial*, Córdoba: Almuzara, 2018.
Thibaux, J. M.: *El misterio del Priorato de Sion*, Barcelona: Roca Editorial de Libros, 2008.
VV. AA.: *Los ibones, los ecosistemas subacuáticos menos conocidos del Pirineo aragonés*, Zaragoza, Institución Fernando el Católico, 2014.
Vidal, C.: *Los hijos de la luz*, Barcelona: Planeta DeAgostini, 2007.
Walford, R.: *Los cátaros, entre el mito y la realidad*; Londres: Ed. Amazonia, 1998.

Artículos

Alvira Cabrer, M.: «El venerable Arnaldo Amalarico (h. 1196-1225): Idea y realidad de un cisterciense entre dos cruzadas»; en *Hispania Sacra*, vol. 48, nº 98, 1996.
Amiel, C.: «La fin des derniers cathares ou le retour de Bélibaste», *Lengas* [En línea], 2007, consultado el 7 de diciembre de 2021. https://journals.openedition.org/lengas/3202.
Arcuri, A.: «Da movimiento ereticale a Chiesa riformata: una lettura del valdismo attraverso le sue confessioni di fede», en Saitabi [en línea], 2018. https://ojs.uv.es/index.php/saitabi/article/view/10902/14970.
Barthet, L. y M. Sabatier: «Montségur: le mythe à l'épreuve de l'archéologie», en *Patrimoines du Sud* [en línea], 2019. http://journals.openedition.org/pds/3186.
Cazenave, A.: «Napoleón Peyrat et Montségur», actas del Congreso nacional de sociedades históricas y científicas [en línea], 2011, págs. 97-110. https://www.persee.fr/doc/acths_1764-7355_2011_act_134_4_1997#acths_1764-7355_2011_act_134_4_T9_0098_0000
Conte, H. R.: «La légende de FERROCAS, le dernier Cathare de Monségur», *Folklore*, tomo XXXIII, 1980, págs. 10-12. [En línea] http://garae.fr/Folklore/R52_179_AUTOMNE_1980.pdf
Czeski, A. y J-P. Sarret: «Monségur – Le Pog», en *ADLFI. Archéologie de la France - Informations* [En línea], 1997. http://journals.openedition.org/adlfi/10717.
Dossat, Y.: «Remarques sur un prétendu évêque cathare du Val d'Aran en 1167», *Bulletin philologique et historique du comité des travaux historiques et scientifiques*, Paris, 1957.
Gascón Chopo, C.: «La carta de Niquinta y la Ecclesia Aranensis: una reflexión sobre los orígenes del catarismo en Cataluña». *Espacio, Tiempo y Forma*,

Serie III, Historia Medieval, t. 21, 2008, págs. 139-158. UNED. [En línea] http://e-spacio.uned.es/fez/eserv/bibliuned:ETFSerieIII2008n21-10515 /Documento.pdf

Fernández Conde, F. J.: «Prisciliano y el priscilianismo. Historiografía y realidad», *Clio & Crimen*, 1, 2004, págs. 43-85.

Harrison, R.: «Eckbert of Schönau and Catharism: A Reevaluation», *Comitatus: A Journal of Medieval and Renaissance Studies*, 22, p. 41-54.

Marcos San Fulgencio, J. A.: «Cátaros. Una revisión doctrinal (de sus aspectos claves) y su influencia en el arte del Midi Francés». [En línea] https://www.academia.edu/36521182/C%C3%81TAROS_Una_revisi%C3%B3n_doctrinal_de_sus_aspectos_claves_y_su_influencia_en_el_arte_del_Midi_franc%C3%A9s

Ortiz Millán, G.: «¿Cuándo entra el alma al cuerpo?», en *Theoría. Revista del Colegio de Filosofía*, 2017.

Roquebert, M.: «Napoléon Peyrat, le trésor et le "Nouveau Montségur"», Association d'Etudes du Catharisme René Nelli.

Sánchez Oro-Rosa, J. J.: «Montsegur, mito y realidad del tesoro cátaro, el templo solar y el Santo Grial», en *El Ojo Crítico*, nº 74 [en línea] http://elojocritico.info/montsegur-mito-y-realidad-del-tesoro-cataro-el-templo-solar-y-el-santo-grial/

Ventura, J.: «El catarismo en Cataluña», *Boletín de la Real Academia de Buenas Letras de Barcelona*, vol. 28, 1959-1960.